0,15

Abt Gregor Henckel Donnersmarck

Über Gott und die Welt und das Paradies auf Erden

Das Buch

Das Kloster Heiligenkreuz in Österreich zählt spätestens seit der CD-Veröffentlichung »Chant« zu den bekanntesten Klöstern im deutschsprachigen Raum. Der Abt der Zisterzienser-Abtei, Abt Gregor Henckel Donnersmarck, gibt in diesem Buch einleuchtende und unerwartet offene Antworten auf drängende Fragen zu Glauben und Kirche. Ausgehend von den drei göttlichen Tugenden Glaube, Hoffnung, Liebe macht er deutlich, weshalb Religion, Spiritualität und Werte gerade in Zeiten der Krise Kraftquellen sind.

Die Autoren

Abt Gregor Henckel Donnersmarck
geboren 1943 in Breslau, aufgewachsen in Klagenfurt, studierte an der Hochschule für Welthandel in Wien. Von 1970 bis 1977 war der Diplomkaufmann bei der Firma Schenker & Co. in Frankfurt und Barcelona tätig. 1977 trat er in das Cistercienserkloster Heiligenkreuz ein, dem er seit 1999 als Abt vorsteht. 1978 bis 1986 studierte er an der Philosophisch-Theologischen Hochschule Heiligenkreuz, 1982 wurde er zum Priester geweiht. 1986 bis 1991 war er Prior im Cistercienserkloster Rein bei Graz, 1992 bis 1993 Assistent des Generalabtes des Cistercienserordens in Rom, 1994 bis 1999 Nationaldirektor von Missio Austria, den Päpstlichen Missionswerken in Österreich. Von 2003 bis 2007 war er Abtpräses der Österreichischen Cistercienserkongregation. Seit der Erhebung zur »Päpstlichen Hochschule« durch Papst Benedikt XVI. ist Abt Gregor »Magnus Cancellarius« der Hochschule Heiligenkreuz. Darüber hinaus ist er Aumônier-Vicaire des Ordens vom Goldenen Vlies, Ehren-Konventualkaplan im Souveränen Malteser-Ritter-Orden, Mitglied des Diözesanen Kirchenrates der Erzdiözese Wien, Kuratoriumsmitglied der Ökumenischen Stiftung Pro Oriente, des Afro-Asiatischen Institutes und der Internationalen Alexander-Lernet-Holenia-Gesellschaft. Zuletzt erschienen: »Wandelnde Zebrastreifen. Anekdoten aus dem Klosterleben« (2009)

Judith Grohmann
geboren 1966 in Wien, ist als freie Journalistin im Themenbereich Wirtschaft tätig für Magazine und Tageszeitungen in Deutschland, der Schweiz und Österreich, seit 2003 als Österreich-Korrespondentin für den »Münchner Merkur«. Sie lebt und arbeitet zwischen Wien, Paris und Nizza. Zuletzt erschienen: »Das Ösi-Phänomen. Was die Österreicher so erfolgreich macht« (2006)

Abt Gregor Henckel Donnersmarck

Über Gott und die Welt und das Paradies auf Erden.

Ansichten eines Abtes

HERDER

FREIBURG · BASEL · WIEN

HERDER spektrum – Band 6350

Meinen lieben Mitbrüdern im
Cistercienserkloster Heiligenkreuz gewidmet.
Abt Gregor Henckel Donnersmarck

Meinen Eltern Christine und Karl Grohmann
und meinem Freund Wolfgang gewidmet.
Judith Grohmann

FSC
www.fsc.org
MIX
Papier aus verantwortungsvollen Quellen
FSC® C106847

Titel der Originalausgabe:
Abt Gregor Henckel Donnersmarck, ora @ labora

Im Niederösterreichischen Pressehaus
Druck- und Verlagsgesellschaft mbH
St. Pölten – Salzburg

1. Auflage

www.herder.de

Umschlagkonzeption: Agentur RME Roland Eschlbeck
Umschlaggestaltung: Verlag Herder
Umschlagmotiv: © Lukas Beck

Satz: Layoutsatz Kendlinger Mediendesign, Freiburg
Herstellung: fgb · freiburger graphische betriebe
www.fgb.de

Printed in Germany

ISBN 978-3-451-06350-3

Inhalt

Zu diesem Buch

ora @ labora: Unter diesem Titel habe ich schon oftmals Vorträge gehalten, auch vor Managern, und konnte dabei auf meine eigenen Erfahrungen zurückgreifen, war ich doch selbst Diplomkaufmann und Manager, bevor ich Mönch wurde. Immer wieder wurde ich von den Zuhörern meiner Vorträge und meiner Predigten gefragt, wo sie meine Ausführungen denn nachlesen könnten, ob es sie nicht in Buchform gebe? Aber der Tagesablauf in einem Cistercienserkloster und meine vielfältigen Aufgaben als Abt von Stift Heiligenkreuz gaben einer solchen schönen Idee wie einem Buchprojekt wenig Realisierungsmöglichkeit.

Wichtige Gedanken lassen sich jedoch am besten im Gespräch formulieren. Und so habe ich gerne die Anregung der Journalistin Judith Grohmann aufgenommen, meine Gedanken zum Thema »ora @ labora« in einem groß angelegten Interview zu formulieren, in dem sie mir mit ihren Fragen half, diese weiterzuentwickeln und zu strukturieren.

Der heilige Benedikt hat in seiner Regel, nach der auch wir in Stift Heiligenkreuz leben, Gebet und Arbeit als zwei ganz wichtige Säulen im Bauwerk des klösterlichen Lebens festgeschrieben. Im ersten Teil dieses Buches, »ora – bete«, sprechen wir über die drei göttlichen Tugenden: Glaube, Hoffnung, Liebe. Die größte und wichtigste Tugend ist die Liebe.

Die vier Cardinaltugenden – Tapferkeit, Klugheit, Maß, Gerechtigkeit – sind den drei göttlichen Tugenden untergeordnet, um diese auf sinnvolle Weise zu untermauern. Über sie sprechen wir im zweiten Teil dieses Buches: »labora – arbeite«.

Mit dem @ wollen wir die Aktualität der Benediktregel betonen und gleichzeitig andeuten, dass Gebet und Arbeit nicht nur nebeneinander stehen oder zeitlich aufeinanderfolgen, sondern dass man den ganzen weiten Themenkreis der Arbeit und der Wirtschaft, über den wir hier sprechen, letztlich nur aus dem Gebet und der Meditation sinnvoll gestalten kann. Das Zwischenkapitel mit dem »@« enthält drei Themen, die wesentlich für die Gestaltung christlicher Lebensführung sind: Liturgie, Sendung, Hierarchie.

Der Titel dieses Buches zeigt, dass im Gespräch zwischen einem Abt und einer Wirtschaftsjournalistin der gute Vorsatz, der Struktur des »ora @ labora« zu folgen, nicht immer eingehalten werden konnte und auch nicht eingehalten werden wollte. Wir sprachen also »über Gott und die Welt und das Paradies auf Erden« und stießen im freien Assoziieren dabei auf vielerlei Fragen, die die Menschen heute bewegen, auch heikle Themen bleiben nicht ausgespart. In meinen Antworten will ich vor dem Hintergrund meiner eigenen Erfahrung deutlich machen, dass Religion, Glaube, Spiritualität und Werte gerade in Zeiten der Krise Kraftquellen sind.

Als Mensch, der aus der Geschichte lebt, habe ich eine Marotte bezüglich der Orthographie. Ich möchte, so weit als möglich, die Herkunft und Bedeutung der Begriffe sichtbar und hörbar machen. Daher schreibe ich »Cistercienser« mit »C«, was die Bedeutung zu »Citeaux« erkennbar macht, und ich schreibe das Wort »Cardinal« lateinisch.

Stift Heiligenkreuz, im April 2010

ora – bete

Kapitel 1
Glaube – fides

Abt Gregor, Sie waren ein erfolgreicher Manager, als Sie eines Tages beschlossen haben, Ihr Leben zu verändern. Wie kamen Sie auf die Idee, Priester und Ordensmann zu werden?

Ich hatte weder eine Vision, noch gab es private oder geschäftliche Katastrophen. Ich habe mich im Jahr 1976 entschieden, einer besonderen Berufung zu folgen: nämlich der Berufung als Priester und als Ordenschrist. Meine feste Beziehung und Zugehörigkeit zur Kirche war schon vorher gegeben und war die Voraussetzung dafür. Von diesem Wissen ausgehend habe ich mich immer um den Glauben bemüht. Ich weiß, dass man immer um Glauben ringen muss. Mein Entschluss, Priester zu werden und ins Kloster zu gehen, war eine entschiedene Solidaritätserklärung mit der Kirche – ja sogar mit dem Petrusamt, also mit dem Papst. In meinem Ringen um den Glauben eine positive Stütze zu erhalten und mein Leben aus dem Glauben vor allem im Gebet zu intensivieren, das hat mich motiviert.

Und das nach mehreren Jahren in führender Position als Manager einer ausländischen Niederlassung der Speditionsfirma Schenker?

Dazu muss ich sagen, dass ich sehr gerne als Manager gearbeitet habe und an diese Zeit gerne zurückdenke. Die Entscheidung selbst war sicherlich durch drei Jahrzehnte in meiner Biographie »gewachsen«, ohne dass mir das selbst bewusst war. Erst später habe ich erfahren, dass es Menschen gibt, die viel früher als ich »gewusst« haben, oder, besser gesagt, gespürt haben, wie mein Lebensweg letztlich verlaufen würde. Ein guter alter Freund aus dem Gymnasium und vom Präsenzdienst beim österreichischen Bundesheer hat mir nach meiner Primiz in Klagenfurt im Kärntner Dialekt gesagt: »Ulli, dass du amol Pfarrer wirst, hob i imma g'wusst!« Und in dieselbe Kerbe hat ein Neffe von mir geschlagen: »Der Onkel Ulli ist kein Spätberufener, sondern ein Spätgefolgter!«

Wann fiel Ihre Entscheidung Priester zu werden?

Die eigentliche Entscheidung fiel für mich unvorbereitet und sehr plötzlich im Herbst 1976. Das darauf folgende Jahr brauchte ich dann, um mich in geordneter Weise aus meinen beruflichen Verpflichtungen zu lösen. Die so plötzliche Entscheidung im Herbst 1976 war aber, wie gesagt, weder durch eine »Vision« noch durch irgendeine Katastrophe ausgelöst worden, sondern durch einen Moment des Innehaltens mit den Fragen danach, was mich in meinem Leben bisher wirklich beschäftigt hatte und was ich jetzt also tun sollte: Der Diplomkaufmann zieht Bilanz.

Obwohl ich seit 1977, also seit meinem Klostereintritt, unendlich viel Schönes und Gutes erlebt habe, von dem mein Herz voll ist und mein Mund daher übergehen möchte, stelle ich ein wenig belustigt fest, dass die Frage nach den Gründen für meine Entscheidung die meisten Menschen auch dreißig Jahre danach noch immer am stärksten beschäftigt.

Die Frage nach dem Wie und Warum Ihrer Entscheidung wird Ihnen also oft gestellt.

Der Grund für dieses Nachfragen liegt darin, so glaube ich, dass in Zeiten, in denen der Glaube, die Kirche und schon gar geistliche Berufungen überhaupt nicht im Bewusstsein sind, Karriere, Geld und Erfolg, bei den Menschen eine unangemessen hohe Bedeutung haben. Selbst dann, wenn man innerlich spürt, dass diese Dinge – also Karriere, Geld und Erfolg – für die Frage des Glücklichseins keine entscheidende Rolle spielen.

War Gott für Sie inspirierender als die große weite Welt der Wirtschaft?

Ja. Aber ich darf den dreifaltigen Gott nicht allzu sehr mit den Details meiner Biographie belasten!

Aber ich würde Sie gerne nach Ihren Motiven fragen.

Meine Motive waren damals die folgenden drei: Erstens stellte ich immer wieder fest, dass mir Menschen, die ich privat oder geschäftlich kannte, Fragen zu Glaube, Kirche, Gebet, Wahrheit stellten und ich mir nach einiger Zeit darüber klar wurde, dass der Grund für diese Fragen irgendwie bei mir lag. Das Thema entwickelte sich in Gesprächen zu oft in diese religiöse Richtung – ganz gleich, ob nach der Aufsichtsratssitzung in Frankfurt oder nach dem Schifahren mit Freunden in den Pyrenäen um zwei Uhr nachts an der Bar. Das zweite Motiv war meine bereits erwähnte Zugehörigkeit zur römisch-katholischen Kirche und noch konkreter: meine Solidarität mit dem Papst. Immer wieder musste ich feststellen, dass viele Menschen über Kirche und Papst herzogen und negative Urteile fällten. Dabei wussten sie im Detail oft gar nicht Bescheid. Die Zeit war ja auch nicht ganz ohne Probleme – es war die Zeit nach dem Zweiten Vatikanischen Konzil und nach der Enzyklika »Humanae Vitae« von Papst Paul VI. Ich war überzeugt davon, dass ich über diese Themen besser informiert war und mehr wusste als meine Gesprächspartner und auch viele Journalisten, die in den Zeitungen ebenfalls sehr negativ über die Kirche und den Papst schrieben. Ich wollte durch meine Lebensentscheidung bewusst ein Zeichen der Solidarität setzen. Es hat mich daher auch sehr gefreut, dass ich den Namen Gregor als neuen Namen im Kloster erhielt, denn das ist der Name eines bedeutenden Papstes. Drittens hatte ich schließlich das Gefühl, dass ich zwar tapfer in der Argumentation für Kirche und Papst einstand, mein praktisches Leben aber religiös doch sehr »dünn« geworden war. Ich bin gerade noch am Sonntag – wenn nichts dazwischen gekommen ist – in die Messe gegangen. Aber mehr war eigentlich nicht los. Ich hatte das Gefühl, dass ich in dieser Hinsicht unter meinem Niveau lebte. Und dass ich durch einen klaren Schritt tiefer ins religiöse Leben hinein mir selbst helfen könnte, mein persönliches religiöses Leben im Niveau anzuheben und zu vertiefen. Das war für mich der richtige Weg.

Glauben Sie, dass Ihre Entscheidung richtig war?

Die Antwort heißt: Ja. Das Leben im Kloster hat mir tatsächlich geholfen, mehr Zeit, mehr Lektüre und mehr menschliches Gespräch in die richtige Richtung zu lenken. Je tiefer man allerdings in das religiöse Leben eindringt, umso mehr realisiert man auch die Problematik des Suchens. Ich bin mir im Klaren darüber, dass ich mich heute keineswegs im »Besitz« der Wahrheit oder einer hohen Religiosität befinde. Trotzdem weiß ich, dass mein Weg der richtige war und ich ihn weitergehen möchte!

Wie haben Ihre Kollegen und Mitarbeiter reagiert?

Die meisten meiner Kollegen waren verblüfft und überrascht. Sie befürchteten, dass ich irgendeine schreckliche Katastrophe erlebt hätte und mich daher verzweifelt von der Welt abwenden wollte. Die erste Reaktion war also Unverständnis. Überall dort aber, wo es mir möglich war, im Gespräch meine Motive zu erklären, war die Reaktion meistens eine positive: »Ja, das verstehe sogar ich, obwohl ich kein gläubiger Mensch bin!« Mein unmittelbarer Chef in der Zentralleitung in Frankfurt, Dr. Strunz, war ein guter westfälischer Katholik. Trotzdem war seine erste Reaktion durchaus negativ: »Mensch, bei Ihnen piept's wohl! Was ist denn passiert? Ich komme sofort nach Barcelona!« Aber auch bei ihm habe ich durch ein Gespräch Verständnis gefunden. Er hat mir dann alle Wege geebnet und war bei meiner Primiz im Klagenfurt anwesend. Nach seinem relativ frühen Tod hatte ich die Aufgabe, seinem Wunsch entsprechend in Frankfurt ein Requiem zu zelebrieren – ein für mich unvergesslicher Moment unter anderem auch deshalb, weil ich nach fast zehn Jahren in einer völlig ungewohnten Situation mit den früheren Schenker-Kollegen zusammentraf.

Wurden Sie in Ihrem Entschluss von Ihrer Familie bestärkt?

Nein und ja! Am stärksten fiel die Reaktion meiner Mutter aus, die eine sehr spontane und lebenssprühende Frau war. Sie war erst durch die Liebe zu meinem Vater katholisch geworden und hatte daher wohl für eine priesterliche Berufung – noch dazu beim eigenen Sohn – im ersten Moment überhaupt kein Verständnis. Auch sie vermutete wohl, dass ich geschäftlich oder privat irgendwelche Probleme hätte und nun durch diesen Schritt eine Art »versteckten Selbstmord« begehen wollte. Jedenfalls war ihre Reaktion sehr emotional und ganz negativ. Mir wurde erzählt, dass sie in der Küche in Klagenfurt über dem Eisschrank weinend zusammengebrochen sei, mein Vater war dabei. Die ablehnende Reaktion meiner Mutter bekamen vor allem die anderen Familienmitglieder, Verwandte und Freunde mit, denn ich war in Barcelona und sie lebte in Klagenfurt. Mir gegenüber hat sie sich wohl nicht getraut, ihre negative Reaktion allzu offen zu zeigen. Mein Vater, Friedrich-Carl Henckel Donnersmarck, hingegen hat mir in seiner stillen und zurückhaltenden Art von Anfang an zu verstehen gegeben, dass er meinen Schritt nicht nur billigt, sondern versteht und gutheißt. Man muss dazu wissen, dass mein Vater meinem älteren Bruder Leo-Ferdinand und mir im Glauben Entscheidendes mitgeben konnte. Im religiösen Leben meiner Familie war er das bestimmende Element. Ich kann mir gut vorstellen, dass er in seiner Jugend mit dem Gedanken gespielt hat, Geistlicher zu werden. Mein Bruder hat mich von Anfang an verstanden und mich in jeder Hinsicht unterstützt. Später, als meine Mutter dann gesehen hat, dass ich im Kloster gut aufgehoben bin und nicht leide, und sie auch das Kloster durch Besuche kennengelernt hat, war sie dann mit meiner Entscheidung versöhnt. Es ist aber nicht auszuschließen, das sie trotzdem noch von einer Schwiegertochter und von Enkeln geträumt hat.

Hat sich Ihr Glaube in den letzten dreißig Jahren verändert?

Um diese Frage zu beantworten, muss ich vorausschicken, dass religiöser Glaube niemals »fester Besitz« ist, sondern immer ein Ringen, ein Umkreisen, ja manchmal sogar ein Kampf. Das weiß man, wenn man sich auf das Priestertum einlässt, wenn man Theologie studiert und als Ordenschrist leben will, noch besser und existenzieller als ohne diese Berufung. Vor allem aber ist es wichtig, dass man weiß und akzeptiert, dass Glaube eine »Tugend« ist, wie es die Systematik dieses Buches auch andeutet. Und daher die bewusste, begründete, rationale, menschlich verantwortete Entscheidung, auf jemanden sein Vertrauen zu setzen. Indem ich mein Vertrauen auf die Kirche, auf Jesus Christus und auf Gott setze, treffe ich diese Entscheidung, im vollen Bewusstsein um die menschliche Unsicherheit. In diese Unsicherheit hinein aber wirkt die Gnade Gottes. In dieser Dimension ist der Glaube ein Geschenk Gottes im Heiligen Geist. Und nicht ein »Für-wahr-Halten bestimmter Formeln«. Das hätte ich so vor dreißig Jahren nicht formulieren können. Ich bin mir heute tiefer und problembewusster über diese Lage im Klaren. Ich bleibe in meiner Entscheidung, die Tugend des Glaubens zu verwirklichen, frei. Und Gott hilft mir mit seiner Gnade.

Abt Gregor, warum glauben Sie?

Ich habe nach einer Antwort auf die Frage meines Seins gesucht. Warum bin ich auf dieser Welt? Was ist meine konkrete Aufgabe? Und so bin ich in den Glauben an Jesus Christus hineingewachsen. Es war für mich das überzeugendste in der Vielzahl von Glaubensangeboten.

Warum glauben Sie gerade an Gott? Sprich: Warum haben Sie sich den Glauben an Christus als Religion ausgesucht und nicht etwa den Buddhismus, den Glauben des jüdischen Volkes oder den Islam?

Ich habe mir vorerst gar nichts ausgesucht, ich bin hineingeboren! Wären meine Eltern Buddhisten gewesen, wäre ich vermutlich zunächst einmal ebenfalls Buddhist geworden. Ich weiß nicht, wie stark ich in meiner eigenen Entscheidung gewesen wäre. So, wie ich heute die Möglichkeit des Glaubens sehe, stellt für mich der christliche Glaube an Jesus Christus und die Dreifaltigkeit wirklich die plausibelste Erklärung dar. Damit bin ich kein Träumer, sondern ein Realist. Zu glauben ist in meinen Augen weder ein Verdienst noch eine Schuldigkeit, sondern vor allem ein Geschenk Gottes. Seit dem 9. September 2007, als der Papst bei uns in Heiligenkreuz war, habe ich aber noch einen wichtigen Gedanken dazugelernt: »Unser Licht, unsere Wahrheit, unser Ziel, unsere Erfüllung, unser Leben – all das ist nicht eine religiöse Lehre, sondern eine Person: Jesus Christus.«

Seit wann glauben Sie an Gott?

Eigentlich seit meiner Kindheit. Ich hatte das große Glück, den Glauben vor allem durch meinen Vater auf sehr intellektuelle Art vorgelebt zu bekommen. Er hat meinen älteren Bruder und mich früh und auf subtile Weise mit den Themen Glaube an Gott, an Jesus Christus, an die Kirche als Form einer Glaubensgemeinschaft vertraut gemacht.

Wie hat Ihr Vater das gemacht?

Unaufdringlich und klassisch zugleich: in Form eines stillen Gebetes. Wenn mein Vater mit meinem Bruder und mir bei der Sonntagsmesse war, ist er nach dem Schlusssegen nicht sofort hinausgelaufen. Er hat sich vielmehr niedergekniet und eine Zeit lang die heilige Messe, den Empfang der heiligen Kommunion und auch seine persönlichen Anliegen ins Gebet getragen. Es war für uns, als wir noch Kinder waren, sehr beeindruckend, unseren Vater kniend und im Gebet versunken zu betrachten.

Was hat das Beobachten Ihres betenden Vaters bei Ihnen als Kind ausgelöst?

Das hat mir langsam, aber sicher ermöglicht, über den Glauben reflektiert zu sprechen. Mein Vater brauchte uns nicht zu sagen: Ihr müsst am Sonntag in die heilige Messe gehen. Das hat er zwar auch zu uns gesagt, aber er hat außerdem versucht, uns zu dem, was Glaube, Offenbarung, Christus-Nachfolge und Sakramente von ihrem Inhalt her bedeuten, Antworten zu geben. Dazu muss man wissen, dass er ein überaus gebildeter Mann war, mit enormen Kenntnissen vor allem in Geschichte und Philosophie. Er hatte ein Doktorat der scholastischen Philosophie in Innsbruck erworben. Vor diesem Hintergrund waren seine Erklärungen über Religion für uns absolut glaubwürdig.

War die Begegnung mit dem Glauben für Sie immer so harmonisch?

Nein, natürlich ist uns unser Vater manchmal auch gehörig auf die Nerven gegangen mit seiner Art des Glaubens, der uns Jugendlichen nicht zeitgemäß erschien. Dennoch ging eine stark prägende Kraft von meinem Vater auf uns aus. Ich weiß, dass es meinem um sieben Jahre älteren Bruder Leo-Ferdinand damals ähnlich erging.

Waren Sie sich Ihres Glaubens eigentlich immer sicher?

Es hat auch in meiner Entwicklung und in meinem Erwachsenwerden Phasen des Fragens, des Abschweifens, des Suchens und der Unsicherheit gegeben. Doch dieser Glaube meines Vaters – der kein autoritärer, dafür aber ein sehr intelligenter Mensch war, der über den Glauben reflektiert sprechen konnte – imponierte mir ungemein.

Wie sah der Einfluss in Ihrem religiösen Leben durch Ihre Mutter, Anna-Ilse von Zitzewitz, aus?

Ich muss gestehen, dass ich zu meiner Mutter ein nicht ganz spannungsfreies, doch an sich gutes Verhältnis hatte. Meine Mutter war ganz anders als mein Vater. Sie stammte aus einer protestantischen preußischen Junkerfamilie und war eine sehr spontane, erdhafte und natürliche Frau. Mein Vater war manchmal sehr zurückhaltend, während meine Mutter diejenige war, die auf die Menschen zugegangen ist. Sie war von einer natürlichen Gläubigkeit. Es war ihr egal, ob man evangelisch oder katholisch war. Aus Liebe zu meinem Vater ist sie vor ihrer Hochzeit katholisch geworden. Der Jesuitenpater, der meine Mutter auf die Konversion vorbereitet hatte, meinte danach zu meinem Vater: »Ich glaube, das Fräulein von Zitzewitz würde katholisch werden, auch wenn Sie sie nicht heiraten würden.«

Ihr Vater war also der größere Förderer Ihres Glaubens?

Als ich erwachsen wurde, kam ich in eine Phase des Fragens und des Suchens. Und da hat mir all das, was mir mein Vater jemals erzählt hatte, sicherlich geholfen. Ausgereicht hat es aber nicht ganz, ich habe auch selbstständig weiterdenken müssen. Doch vielleicht spielt in meiner religiösen Erziehung auch noch etwas anderes eine große Rolle. Ich bin in Klagenfurt zur Schule gegangen. Dort gab es eine Jugendorganisation für Gymnasiasten, die katholische Mittelschuljugend. Das war freiwillig und fand am Nachmittag statt. Dort habe ich viele Anregungen für meinen Glauben erhalten. Eines muss ich hinzufügen: Ich war von meinem zehnten Lebensjahr an in der Klagenfurter Domkirche Ministrant, dreimal in der Woche vor Schulbeginn. Ich gestehe, ich habe nicht immer die Disziplin aufgebracht, das wirklich durchzuhalten. Manchmal habe ich auch verschlafen. Aber im Prinzip gab es dreimal in der Woche vor Schulbeginn in der Früh Ministrantendienst im Dom und am Sonntag um halb zwölf Uhr die Sonntagsmesse. Dieses Erlebnis des Dienstes am Altar war für mich ein ganz wichtiger Punkt im Glaubensleben – auch Jahrzehnte später beim Finden meiner Berufung, als Priester und Ordensmann. Das sind entscheidende Aspekte im Werden meines Glaubens.

Was haben Sie aus dieser Zeit für sich selbst dazugelernt?

Ich weiß heute, dass der Glaube während des Erwachsenwerdens immer wieder gefährdet ist. Das bedeutet, man muss sich in jeder neuen Lebenssituation erneut Fragen zum Glauben stellen.

Meinen Sie damit, dass man als gläubiger Mensch immer wieder am Glauben zweifelt – auch zweifeln soll?

Ja. Man muss immer wieder neu suchen und sich immer wieder fragen: Wie kann ich das alles vor mir selbst verantworten? Ein ganz wichtiger Gedanke, der mir hilft, ist das Denken in Alternativen. Also ich sage mir: Was wäre, wenn es Gott nicht gäbe? Und dann denke ich diese Alternative zu Ende. Dadurch komme ich dann weiter in meinem Gedankengang: Wenn es Gott nicht gibt, wenn ich keine Ursache und auch kein Ziel habe und die Welt sowie das Universum – alles, was wir sehen und erleben – weder eine Ursache noch ein Ziel haben, dann ist alles de facto sinnlos. Und sehen Sie, das kann ich nicht glauben. So etwas Absurdes überfordert meine Glaubenskraft.

Ist der Glaube in Ihren Augen mehr eine Grundhaltung oder eher eine Philosophie?

Letzten Endes ist er eine religiöse Grundhaltung, die aus dem Vertrauen entsteht. Da geht es weniger darum, dass ich bestimmte Sätze aus der Bibel für glaubwürdig halte. Der verstorbene Wiener Erzbischof, Franz Cardinal König, hätte gesagt, da geht es um die klassischen Fragen: Woher komme ich? Wohin gehe ich? Was ist der Sinn meines Lebens? Diese Trias hat eine wichtige Bedeutung im Glauben. Wenn man sich nicht mehr traut, diese Fragen zu stellen, dann verkommt das Leben zur Banalität. Wenn ich mir aber diese Fragen stelle, dann muss ich aus dem Grundvertrauen heraus auch eine Antwort geben. Die Philosophie ist dabei sehr hilfreich als die »Kunst, Fragen zu stellen«.

Sie kommen aus der bekannten Adelsfamilie Henckel von Donnersmarck. Wäre es gegen die Interessen Ihrer Familie gewesen, wenn Sie sich eine andere Form des Glaubens ausgesucht hätten oder gar Atheist geworden wären?

Meine Familie ist grundsätzlich eine christliche Familie. Es gibt sie in einem katholischen und in einem evangelischen Zweig. Wie in jeder Großfamilie gibt es auch bei uns Mitglieder, die den Glauben gar nicht oder nur in sehr oberflächlicher Weise leben. Meine Großmutter entstammt der Familie Kinsky und hatte wohl von daher ein sehr katholisches Glaubensbewusstsein. Wer von der Aufgabe und Funktion der Aristokratie in Europa spricht, weiß, dass sie sich im Mittelalter aus dem Ideal des Rittertums und des Gottesgnadentums entwickelt hat. Wenn sich die Aristokratie heute darauf beschränkte, tolle Banker zu erzeugen oder den Jetset elegant zu bevölkern, dann wäre sie am Ende. Doch die eigentliche Dimension der Noblesse verpflichtet uns Adelige. Noblesse oblige, sagt man in Frankreich. Und ich würde sagen: Adel verpflichtet zum Christentum.

Bestand die einzige Möglichkeit, Ihre Glaubensunsicherheit zu verlieren, für Sie darin, sich der Religion berufsbedingt zuzuwenden?

Ich war in der Frage des Glaubens nicht unsicher, im Innersten war ich glaubend. Was ich aber vernachlässigt habe, war die Praxis. Das heißt, ich hatte zwar mit Dankbarkeit meinen Glauben und stand zur Kirche, zu Christus, zu Gott, zum Sinn des Lebens und zur moralischen Verpflichtung jedes Menschen. Aber das spielte in meiner sonstigen Entwicklung und in meinem Alltag als Geschäftsführer eines international tätigen Konzerns keine große Rolle.

So geht es doch vielen Menschen.

Irgendwann einmal war mir das aber zu wenig. Ich möchte an dieser Stelle betonen, dass ich alle Menschen, die im Berufs- und Familienleben stehen und vielleicht sogar noch ein politisches oder ehrenamtliches Engagement haben und dennoch ein religiöses Leben führen können, wirklich sehr bewundere. Ich persönlich bin wahrlich nicht derjenige, der sagt, alle Menschen müssen ins Kloster gehen, um glücklich zu werden. Ich bewundere jeden Menschen, der stärker ist als ich und der es, ohne ins Kloster zu gehen, schafft, seinen Glauben zu leben. Bei der Undiszipliniertheit, die ich viele Jahre lang an den Tag gelegt hatte, waren das Priestertum und der Ordensstand offensichtlich der Weg, der mir geschenkt wurde. Sie können jetzt selbstverständlich zu mir sagen, dass ich diesen Weg selbst gewählt habe. Mag sein. Ich habe aber erst viel später bemerkt, dass ich nicht selbst der Gestaltende war, sondern dass mir das alles geschenkt worden ist. Man kann sich ja vorher nicht im Entferntesten ausmalen, was da wirklich auf einen zukommt.

Ich finde es interessant, dass Sie zugeben, dass es für den Menschen nicht leicht ist, zu glauben. Und man dann auf einmal da steht und sich fragt: Wie gehe ich mit dem Glauben eigentlich um? Was bedeutet der Glauben denn im Leben?

Ein Aspekt ist, dass man versucht, den Glauben mit dem Leben zu verbinden: mit der Liebe, der Mitmenschlichkeit, der Hilfsbereitschaft, der Nächstenliebe, wie Christus sie uns vorgezeigt hat. Also durch den Glauben dem Leben einen Sinn zu geben, sich zu betätigen und Liebe zu schenken. Geduld, Nachsicht, Vergebungsbereitschaft. Das ist auch bei der Liebe zwischen Mann und Frau wichtig. Die eheliche Liebe, also das besonders qualifizierte, schöne Sakrament der Ehe, als die geheiligte Höchstform der Liebe, die dann sogar menschliches Leben weitergeben darf. Aber in einer sehr stark sündengebundenen Welt sind der Hass und die Lieblosigkeit Kräfte, die wir Menschen überwinden müssen und genau das erfordert die Tugenden. Das ist für mich ein ganz wichtiger Aspekt der Konsequenz des Glaubens.

Was ist das Spezifische am Klosterleben und am Ordenberuf?

Die konkrete Form meines klösterlichen Ordenslebens ist die des Cistercienser-Ordenspriesters. Auch die Cistercienser leben nach der Regel des heiligen Benedikt. Die Regel des heiligen Benedikt ist ein Werk, das ich sehr liebe. Und zwar, weil sie einerseits die Verfassung unseres Klosters darstellt, andererseits, weil sie 1500 Jahre alt und ein wirklich großes Dokument christlicher, mönchischer Weisheit und Liebe – im besten Sinne des Wortes – ist.

Welche Forderungen stellt denn der heilige Benedikt in seiner Regel auf?

Der heilige Benedikt schreibt in seiner Regel die wichtigen Dinge eigentlich immer in einem Nebensatz. Ich gebe ihnen ein Beispiel: Benedikt schreibt, was der Abt beim Novizen prüfen soll, um zu sehen ob dieser für das Ordensleben wirklich geeignet ist. Unter anderem muss der Abt schauen, ob der Novize »wirklich Gott sucht«. Und dieses »Gott suchen« nimmt Basil Cardinal Hume, der frühere Abt von Ampleforth, späterer Erzbischof von Westminster, als Titel seines Buches: »Searching for God«. Offenbar stimmen sowohl der heilige Benedikt als auch Basil Hume dahingehend überein, dass man sich im Glauben lebenslang auf eine vorsichtige Suche macht, die immer im Gegenlicht, in Unsicherheit, im Vertrauen, in einer gewissen Gefährdung gesehen wird. Wir sind hier übrigens auch beim Problem der Freiheit des Glaubens. Die Freiheit muss bestehen bleiben. Er darf nicht überwältigen und vergewaltigen. Gott muss verborgen bleiben, um umso mehr geliebt werden zu können. Wenn Gott beweisbar wäre, wäre er nicht mehr Gott! Und zum Glauben hilft dann schließlich auch die Gnade Gottes.
Ein zweites Beispiel für diese charakteristischen Nebensätze in der Regel des heiligen Benedikt ist die Beschreibung, in der es darum geht, wie ein Mönch im Auftrag des Abtes das Glockenzeichen zum Gebet gibt, und dass alle sich dann ohne Eile, aber doch sofort, zum Gebet begeben. Und da kommt am Schluss der Satz: »Dem Gottesdienst darf nichts vorgezogen werden.« Und dieser Satz kann dann durchaus als Motto der gesamten Spiritualität des heiligen Benedikt verwendet werden.

Also muss die Suche nach dem Glauben andauern?

Ich glaube, dass im Leben die Unsicherheit über den Glauben und die Liebe immer bestehen bleiben werden. Ich nehme einmal an, dass wir in einem Sein bei Gott nach dem Tode, über das wir heute noch nichts Genaues sagen können, einfach erkennen werden: Ja. Er ist. Und es ist richtig gewesen, an ihn zu glauben.

Man sagt: »Der Glaube kann Berge versetzen. Wenn du nur glaubst, dann geschieht alles.« Was kann man mit dem Glauben so alles bewegen?

Einerseits ist natürlich dieses Wort ein Verweis auf unseren mangelnden Glauben. »Und wenn ich prophetisch reden könnte und alle Geheimnisse wüsste und alle Erkenntnis hätte; wenn ich alle Glaubenskraft besäße und Berge damit versetzen könnte, hätte aber die Liebe nicht, wäre ich nichts.« (1 Kor 13, 2) Doch der Mensch kann gar nicht so viel glauben, wie Gott Wunder wirkt. Ich schließe nicht aus, dass es unter den heiligen und geistlichen Menschen etliche gegeben hat, die einen Glauben hatten, der sogar Berge versetzen konnte. Und die auch Unglaubliches bewirkt haben. Eine Konsequenz lautet: Glaubt, so gut ihr könnt. Wisset aber um eure Beschränkung. Ein Punkt erscheint mir dabei wichtig: Nämlich, dass man weiß, dass die Probleme dieser Welt nur bewältigt werden können, wenn man einen Angelpunkt außerhalb der Welt hat.

Wie ist das konkret gemeint?

Wenn wir in der Welt eingeschlossen sind, sind wir in einem Zirkelschluss gefangen. Wir müssen einen Impuls von außen erhalten und wissen, dass es eine Verantwortung gibt. Eine Verantwortung dem gegenüber, dem wir uns verdanken. Und das bedeutet, einen Standpunkt außerhalb der Welt zu haben. Alle Systeme, die versucht haben, auf dieser Welt mit den Mitteln der Politik und der Wirtschaft den Himmel herzustellen, haben die Hölle gebracht.

Der Glaube hilft den Menschen. Was passiert, wenn man nicht glaubt?

Zum Ersten ist der Glaube eine Herausforderung und kein sanftes Ruhekissen. Wenn man nicht glaubt, passiert in dieser Welt überhaupt nichts. Nur muss der Ungläubige seine Position genauso rechtfertigen, wie der Gläubige es tut. Wir sind gleichberechtigt! Karl Marx sagte: Glaube ist Opium des Volkes. Und der Wiener Journalist Günther Nenning hat 1995 das Buch: »Mehr Opium, Herr! Rückwege zur Religion«, veröffentlicht. Wenn damit gemeint ist, dass der Glaube wirklich die Menschen beruhigt, dann wäre ich mir nicht so sicher. Die Herausforderung besteht darin, dass man sich ständig fragen muss. Kann ich in dem, was ich durch den Glauben geschenkt bekomme, eine Lebenspraxis finden? Bin ich so liebevoll, verzeihensbereit, liebe ich meinen Nächsten und so weiter, wie mir das vom Glauben aufgetragen wird? Aber den Glauben für, wie wir so schön auf Wienerisch sagen würden, »a gmahte Weisen« zu halten, das ist keineswegs richtig. Man lebt in der ständigen Herausforderung, einem Gott zu folgen, den man nicht sehen kann. Kein Mammon, keine konkrete Diesseitsbestätigung. Und das ist durchaus beunruhigend. An der Konkretheit Gottes in Jesus wird immer gezweifelt: Kann das denn wirklich sein, dass dieser Rabbi aus Nazareth Gott war, so wie er selbst sagt?

In der Unsicherheit dieser Frage ist unsere Freiheit begründet. Und wenn man dann im Glauben und Vertrauen zustimmt, dann weiß ich, dass man »das beste Produkt gekauft hat«. Den Extremfall dieser Freiheit erlebt man bei großen Mystikern. Die bekannten Heiligen, wie Theresa von Ávila, Johannes vom Kreuz oder Mutter Teresa von Kalkutta, erlebten, wie wir heute wissen, in ihrem Glauben das, was wir die »dunkle Nacht der Mystiker« nennen. Also eine entsetzliche Gottesferne, die gerade den Heiligen nie zugeraut wird, weil sie sich hundertprozentig auf Gott eingelassen haben und dann erst recht seine Unerreichbarkeit und Unbegreiflichkeit auf tragische Weise scherzhaft erleben.

Würden Sie sagen, dass alle Menschen glauben müssen?

Ich kenne viele Menschen, die nicht glauben und die vernünftige und gute Menschen sind. Leider ist es so, dass man nicht mit jedem Menschen unbedingt auf das Thema Glaube zu sprechen kommt. Die Schwierigkeit besteht ja darin, dass es fast ein Tabu ist, über den Glauben zu reden. Es scheint ja heute quasi politisch unkorrekt zu sein, darüber zu sprechen.

Warum ist das so?

Ich denke, dass der Grund dafür in einer gewissen Verletzlichkeit der Menschen liegt. Denn es geht ja wirklich um die entscheidenden Fragen des Lebens, denen sich die Menschen ungern stellen. Es gibt eine andere Gefahr, nämlich die, dass der Staat oder die Politik sagen: Der Glaube ist nützlich und ich setze ihn politisch ein. Ich gebe Ihnen ein Beispiel: Als Papst Benedikt XVI. mit Nicolas Sarkozy zusammentraf, hat Sarkozy als Katholik und als Staatspräsident Frankreichs den Papst gebeten, endlich einmal von Werten zu sprechen, damit man damit gegen den Terrorismus mobil machen könne. Erstens zeigt sich hier, dass auch ein Mann wie Sarkozy eigentlich dem Papst nicht zuhört. Denn seitdem die Päpste reden, reden sie von nichts anderem als von Werten, von Liebe – und somit auch gegen den Terror. Andererseits frage ich mich, ob Sarkozy denn weiß, was Religion und Glaube bedeuten. Die katholische Kirche ist keine moralische Anstalt, die irgendwelche vom Staat nicht gelösten Probleme mittels einer »Werteinjektion« löst. Die katholische Kirche hat Werte, sie steht zu ihnen und sie verkündet sie. Aber sie darf nicht instrumentalisiert werden.

Wie beurteilen Sie die Zukunft des Glaubens?

Solange es Menschen gibt, werden sie nach dem Sinn des Lebens fragen. Auf diese Frage gibt es innerweltlich keine gültige Antwort sondern man muss sich im Glauben einer Offenbarung öffnen. Welcher konkreten Offenbarung, lasse ich an dieser Stelle einmal bewusst offen, obwohl ich mich der Offenbarung in Christus angeschlossen habe. Aufgrund dieser Frage des Menschen wird es immer Glauben geben: Vertrauen darauf, dass uns Antworten gegeben, ja sogar geschenkt werden. Weltweit betrachtet, ist der Glaube derzeit sogar in einer sehr positiven Entwicklung. Nur in bestimmten Ländern – vor allem in Europa – gibt es viele Menschen, die die entscheidenden Fragen ausklammern und daher keine Veranlassung mehr zum Glaubens sehen. Nebenbei gesagt, sind das die Länder, die nach den Erkenntnissen der Demographie biologisch am Ende sind und wo die derzeit dort lebenden Menschen in wenigen Generationen ausgestorben sein werden.

Wenn die Frage nach der Zukunft des Glaubens gemeint ist als Aufforderung an die Kirche, sich den Tendenzen der heutigen Zeit stärker anzunähern, dann verkennt man den innersten Gehalt dieser Kirche. Denn sie ist berufen, nach dem Vorbild Jesu Christi zu verkündigen – sei es gelegen oder ungelegen. Sie darf nicht auf Quote, Marktanteil oder Wahlerfolg schielen. Nicht einmal die Frage, wie man mehr Priester haben könnte, darf zentral sein. Denn die Kirche ist keine Produktionsfirma, die nach betriebswirtschaftlichen Kriterien den Personalstand erhöhen will und daher zum Beispiel den Zölibat einfach mal so abschafft. Diese Kalkulation geht am eigentlichen Thema »Wie finde ich einen gnädigen Gott?« vollständig vorbei und bringt uns in der entscheidenden Frage keinen Schritt weiter.

Die transzendente Dimension des Lebens ist der eigentliche Gegenstand von Glaube und Kirche. Meist spricht man aber nur über die Außenansicht, den Diesseitsaspekt der Kirche. Warum ist das so? Weil es einfacher für uns Menschen zu verstehen ist.

Sicherlich ist in unserer konkreten Welt das Verstehen oder Kritisieren der konkreten »Institution Kirche« leichter als das philosophisch-religiöse Diskutieren und Meditieren der Transzendenz. Die Kirche dient dem Glauben und ist trotzdem eine überaus diesseitige Organisation. An dieser äußeren Dimension stoßen sich viele Menschen, nur weil sie nicht so ertragreich ist wie Banken oder diverse Mischkonzerne, und weil sie nicht so politisch korrekt ist, wie es Greenpeace, andere NGOs oder das Rote Kreuz sind. Und trotzdem ist sie die größte Organisation überhaupt und jagt schon von daher offenbar Angst und Schrecken ein. Sie verkündet eine Botschaft, die man in der Welt nicht so ohne Weiteres vorfindet, und auch das löst wohl Missverständnisse aus.

Ist das nicht ein Zeichen unserer Zeit? Dass Menschen vermuten, alles über den Glauben zu wissen, und in Wirklichkeit wissen sie viel zu wenig?

Einerseits gibt es Menschen, die ganz ungebildet und auch von religiösem Wissen unbeleckt sind und trotzdem aus einer inneren Stimme, die man Weisheit nennen könnte, zum Glauben finden, ihn annehmen, ihn leben und durch ihr Beispiel auch anderen nahebringen können. Andererseits aber ist es eine berechtigte Sehnsucht des Menschen in unserer Zeit, viel zu wissen. Und hier ist sicherlich im religiösen Bereich ein großes Defizit gegeben. Das gilt für gebildete Menschen mit enormen Kenntnissen im technischen und wissenschaftlichen Bereich, gilt aber leider auch für Meinungsmacher, die über die Medien ihre Urteile über Religion und Glauben abgeben, ohne wirklich informiert zu sein. Der Religionsunterricht reicht nicht aus und ist meistens längst vergessen. Wir haben in Heiligenkreuz in den letzten Jahren eine interessante Erfahrung gemacht: Wir sind Gastgeber eines Kurses, der im Fernstudium und mit Vorlesungen in Heiligenkreuz Erwachsenen das Wissen – also das Know-how – liefern soll, um den Glauben zu verkünden. Die Absolventen dieses Kurses werden dann von ihren Bischöfen als Katechisten beauftragt. Das Erstaunliche an diesem Kurs ist, dass diese Menschen mittels des Wissens über unseren christlichen Glauben in ihrem persönlichen Glauben selbst stärker werden. Es gibt gerade von Menschen aus dem Vorderen Orient die erstaunlichsten Bekehrungsgeschichten durch diese Katechisten. Vermutlich gewinnt der Glaube seine Tiefe und Präzision erst in der Situation der Verkündigung, ja der Mission, das ist die Sendung. Aus dieser Erfahrung heraus sehe ich auch die große Chance der »Initiative Apostelgeschichte 2010«, die unser Erzbischof Cardinal Schönborn für das Jahr 2010 ausgerufen hat.

Wenn ich Sie richtig verstehe, gibt es immer noch zu viele Missverständnisse zwischen den Menschen und der Kirche?

Ja, so sehe ich das. Und sicherlich wäre vieles durch eine umfassende Bildung und Ausbildung im religiösen Bereich zu überwinden. Dazu wäre natürlich die Mitarbeit der Medien sehr wünschenswert. Ein anderer wichtiger Beitrag sind gute und richtige Bücher für den Religionsunterricht, wie sie Weihbischof Andreas Laun aus eigenem Antrieb jetzt herausgebracht hat.

Kann man sagen, dass die Menschen eigentlich immer am Papst und an der katholischen Kirche vorbeireden?

Es ist klar, dass die Botschaft der Kirche nicht von allen Menschen angenommen wird. Außerdem werden nach dem Prinzip »nur schlechte Nachrichten sind gute Nachrichten« Konflikte und Skandale überproportional betont. Das führt logischerweise zu Missverständnissen und zu dem von Ihnen erwähnten »Vorbeireden«.

Wenn nun aber der Mensch zwischen verschiedenen Religionen wählen kann, welche Religion soll er dann annehmen?

Ich weiß, dass ich mit dem Christentum in der katholischen Kirche »das beste Produkt« gewählt habe, und zwar sozusagen urbi et orbi (von Stadt- und Erdkreis). Wichtige Voraussetzung dafür, dass man diese einzigartige Qualität des kirchlichen Glaubens erkennt, ist das wirkliche Ernstnehmen religiöser Fragen. Und das fällt vielen Menschen in Europa heute schwer.

Warum ist das so?

Wir leben in Europa seit fünfzig Jahren in einer einzigartigen Situation, die es noch nie gegeben hat: Wir leben in politischer Freiheit und materiellem Wohlstand. Ich halte fest, dass beides Worte und Güter sind, die wir erhalten und die wir verbreiten sollen. Ich habe aber den Eindruck, dass diese Situation für die menschliche Rasse etwas Neues ist und sie sich erst daran gewöhnen muss. Die Menschen haben ja schließlich auch einige hunderttausend Jahre gebraucht, um körperlich den aufrechten Gang zu erlernen. Warum sollten sie nicht einige Generationen benötigen, um in Freiheit und Wohlstand lebend trotzdem die philosophischen Grundlagen nicht zu vergessen? Der heutige Europäer ist, so meine ich, in Gefahr, Freiheit und Wohlstand als die Endpunkte seiner Entwicklung zu sehen. Dieses Problem ist vorerst gar nicht einmal ein religiöses, sondern ein philosophisches. Eine Welt, die sich nur mehr zwischen Gaspedal und Mausklick am Computer bewegt, ist ausschließlich pragmatisch und nicht mehr philosophisch orientiert. Meine Hoffnung ist, dass auch die Menschen in Europa nach einer gewissen Zeit den Ausweg aus dieser Situation nicht nur in Depression und Burnout erleben, sondern in einem Nachdenken à la Sokrates. Und dieses gründliche Nachdenken führt dann zu der philosophischen Frage, ob man sich einer Offenbarung nähert. Wenn die Religion die Philosophie als Dienerin anerkennt, so ist damit nicht eine Herabwürdigung der Philosophie gemeint, sondern das Faktum, dass die Religion ohne Philosophie überhaupt nicht auskommen kann. Die »Kunst des Fragens« führt unvermeidlich auch zu den religiösen Grundfragen.

Abt Gregor, im religiösen Glauben wird Gott als transzendente und personifizierte Macht dargestellt. Wer ist Gott wirklich? Ist er ein Mensch, eine Macht oder eine Idee?

Nach der Idee der Kirche (Erstes Vatikanisches Konzil, 1869/70) steht dem Menschen die Möglichkeit offen, die Notwendigkeit Gottes aus seinem persönlichen Denken zu erkennen. Biblisch begründet ist diese Sichtweise beim heiligen Paulus. Trotzdem ist hier Gott in gewisser Hinsicht nur eine Idee des Menschen oder ein Postulat. Wenn man aber über diese Idee nachsinnt, kommt man unvermeidlich dazu, dass Gott die größte Macht aller Mächte sein muss und daher für den Menschen unerreichbar ist. In der Liturgie singt die Kirche diesen Gedanken mit den Worten der Präfation: »Du wohnst in unzugänglichem Lichte, alles hast du erschaffen, denn du bist die Liebe und der Ursprung des Lebens.« Über diese Unzugänglichkeit schlägt Gott aber die Brücke der Offenbarung. Diese darf nie zwingend sein, weil sonst der Mensch seine Freiheit verlöre. Und sie hat ihre höchst charakteristische eigene geschichtliche Entwicklung im Alten Testament, in der Offenbarung Gottes an das auserwählte Volk. Hier wird neben vielem Anderen schon die Personalität Gottes klar. Und diese Offenbarung setzt sich fort in der Menschwerdung Gottes in Jesus Christus. Das ist der entscheidende Schritt über den für uns unüberbrückbaren Abgrund vor dem transzendenten Gott. Nun wird Gott Mensch, ja er wird sogar Kind. Und er spricht zu uns. Dies ist wiederum, abgesehen von der Großartigkeit des Inhalts der Offenbarung, auch in der Methode der Offenbarung die höchste Qualität, die ich mir vorstellen kann. Das schließt nicht aus, dass in anderen Offenbarungen, anderen Religionen, Wertvolles und Gutes enthalten ist. Teile der Wahrheit, die aber letztlich alle auf Jesus Christus hinzielen. Das ist die Lehre des Zweiten Vatikanischen Konzils im Dokument »Nostra Aetate« (»In unserer Zeit«) über die nichtchristlichen Religionen.

Warum müssen wir an jemanden glauben, den wir niemals sehen werden?

Zuerst möchte ich wiederholen: Niemand kann zum Glauben gezwungen werden. Zu dieser persönlichen Freiheit der Entscheidung des Menschen als Person in Würde bekennt sich ebenfalls das Zweite Vatikanische Konzil in seinem Dokument »Dignitatis Humanae« (»Die Würde der menschlichen Person«) über die Religionsfreiheit. Trotzdem kommt der Mensch auf dem Weg der oben beschriebenen natürlichen Gotteserkenntnis zur Frage nach ihm und wie er wohl sein könne. Dabei erkennt er die Macht und Größe, aber eben auch die Unnahbarkeit Gottes. Und jetzt zum Sehen: Einerseits haben wir »seine Herrlichkeit gesehen« in Jesus Christus, seinem Sohn. Andererseits erhoffen wir im Glauben, dass wir diesen unendlichen und großen Gott nach unserem Tode beziehungsweise am Ende der Zeiten doch sehen werden, »wie er ist«! In der Situation der Begegnung mit Gott im Jenseits, die wir uns nicht vorstellen können, besteht nicht mehr das Problem der Freiheit. Wenn wir unsere Freiheit auf Erden gut genützt haben, »werden wir ihn sehen, wie er ist«. Die Freiheit ist in der Liebe aufgehoben. Und Gott ist die Liebe.

Glauben Sie, dass das Leben eigentlich nur einen Sinn hat, wenn es Gott gibt?

Ja. Ich wüsste nicht, was in der Vergänglichkeit unseres eigenen Lebens Bedeutung haben könnte, wenn wir es nicht verantwortlich auf den Ursprung und das Ziel unseres Seins beziehen können. Wir müssen konsequent die Alternativen zum Glauben durchdenken. Das haben nach dem Zweiten Weltkrieg in verdienstvoller Weise die Existenzialisten getan. Ihnen wurde klar, dass der Mensch auf tragische Weise in eine absurde, sinnlose Welt geworfen ist und er dies entweder aushalten oder den Selbstmord als legitimen Ausweg wählen muss. Ich erkenne die innere Logik dieses Gedankens durchaus an, muss aber wiederum sagen, dass mir die persönliche »Glaubenskraft« fehlt, um eine solche Absurdität glauben zu können. Dazu ist die Welt zu schön und ein eigenes Sein zu »sinnsüchtig«, um mich diesem (Un-)Glauben der Existenzialisten anzuschließen. Aber durchdenken muss man ihn dennoch.

Der Schriftsteller und Existenzialist Albert Camus hat den Selbstmord aber schließlich abgelehnt: Sich umzubringen bedeutete für ihn, dem Absurden zu unterliegen. Das wollte Camus dann doch nicht. Wie fassen Sie diese Gedankengänge von Camus auf?

Wenn Albert Camus dem Absurden nicht unterliegen wollte, so halte ich das für den Beginn einer Entscheidung zum transzendenten Sinn, zur Religion, ja wenn man will, schon zu Gott hin. Leider ist Albert Camus vor fünfzig Jahren viel zu früh durch einen Unfall ums Leben gekommen. Wenn mein obiger Satz stimmt, hätte es vielleicht eine aufregende religiöse Entwicklung bei ihm geben können.

Worauf kommt es beim Glauben an, für den Nicht-Gläubigen gesprochen?

Ein höchst wichtiges Argument für den Unglauben ist natürlich der Vorwurf an die Gläubigen: Ihr erfüllt eure Wünsche, indem ihr euch Gott ausdenkt. Das ist der von Ludwig Feuerbach erhobene Projektionsvorwurf an die Glaubenden. Ich gebe zu, dass ich bis vor Kurzem bei diesem Vorwurf auch etwas ratlos war, wie man ihn beantworten könnte. Da hat mir vor wenigen Monaten die Lektüre des Buches »Gott. Eine kleine Geschichte des Größten« von Manfred Lütz sehr geholfen. In diesem Buch stellt Lütz die Gleichberechtigung zwischen Glaubenden und Nicht-Glaubenden her, indem er auch für den Nicht-Glauben die Notwendigkeit der Projektion entdeckt. So wie der Glaubende Gott entdeckt und somit seine Sehnsucht stillt, ist die Projektion, dass es Gott nicht gibt, ebenfalls erwünscht durch den emanzipatorischen Drang des Menschen, in seinen Handlungen absolut frei zu sein und vor niemandem, außer vor sich selbst, verantwortlich sein zu müssen. Natürlich ist damit die Frage der Projektion noch immer offen, aber wenn ich mich für die Projektion Gottes entscheide, bin ich genauso gerechtfertigt und genauso angreifbar wie derjenige, der das Nichts postuliert.

Manfred Lütz schreibt in seinem Buch: »Ludwig Feuerbach versucht nicht mit Polemik, sondern mit viel Respekt den Glauben an Gott psychologisch zu erklären unter der Voraussetzung, dass Gott in Wahrheit nicht existiert.«

Es kann also demnach nicht verboten sein, mit dem gleichen Respekt und den gleichen Mitteln den genau umgekehrten Versuch zu machen, nämlich psychologisch zu erklären, warum jemand nicht an Gott glaubt – unter der Voraussetzung, dass Gott in Wahrheit existiert.

Wer ist Ihnen lieber: der Atheist oder der Agnostiker?

Dazu müsste man beide Begriffe definieren und Atheisten beziehungsweise Agnostiker befragen, wie sie ihren »Ismus« selbst definieren. So zwingen Sie mich, mir zwei »Pappkameraden« aufzustellen, sie zu definieren und dann zu unterscheiden. Ich will es gerne versuchen. Ich vermute, dass sich heute nur mehr ganz wenige Menschen unreflektiert als Atheisten bezeichnen und den Begriff »kämpferischer Atheist« wohl zurückweisen würden. Im Wort Atheismus steckt nämlich in dem Alpha privativum (lat. dem »beraubenden«, verneinenden Präfix A-) eine Leugnung von etwas, über das viele Menschen heute sagen würden: »Ich brauche das ja gar nicht zu leugnen. Warum soll ich etwas leugnen, das es gar nicht gibt?« Daher gibt es nach dem österreichischen Altbundeskanzler Bruno Kreisky wahrscheinlich heute mehr Menschen, die sich als Agnostiker sicherlich bescheidener als der kämpferische Atheist, der seit der Französischen Revolution bis tief in unsere Zeit gewirkt hat. Meine Aufgabe im Gespräch mit dem Agnostiker würde ich darin sehen, ihn auf die erkenntnistheoretischen Probleme, die Frage nach dem Sinn und die verantwortlich-redliche und reele freie Entscheidung zum Sinn hin, aufmerksam zu machen. So verstehe ich zahlreiche Gedanken von Viktor E. Frankl. In seinem »Auftrag zum Sinn« und in seiner Logotherapie.

Sehen Sie sich als Glaubender eigentlich in der Lage, über den Tod reflektiert zu sprechen?

Mit dem Tod bin ich in den letzten Monaten sehr konkret konfrontiert worden, weil mein einziger Bruder, und ich hatte außer ihm keine Geschwister, gestorben ist und ich unter diesem Abschied wirklich sehr leide. Gerade aus dieser Erfahrung heraus ergreife ich ganz bewusst den in unserem christlichen Glauben enthaltenen Gedanken der Auferstehung und der Aussicht auf das ewige Leben. Es gibt zu diesem Thema einen faszinierenden geistesgeschichtlichen »Dialog« zwischen Sigmund Freud einerseits und dem Zweiten Vatikanischen Konzil andererseits. In der Diagnose des Sigmund

Freud am Anfang des 20. Jahrhunderts wird gesagt, dass das Unterbewusste des Menschen seinen eigenen Tod überhaupt nicht wahrnehmen kann. Ich glaube, dass diese Diagnose zutrifft. Und jetzt bringe ich sie in Zusammenhang mit einer Stelle aus dem Konzilstext »Gaudium et Spes« (»Freude und Hoffnung«) 18: »Angesichts des Todes wird das Rätsel des menschlichen Daseins am größten. Der Mensch erfährt nicht nur den Schmerz und den fortschreitenden Abbau des Leibes, sondern auch, ja noch mehr die Furcht vor immerwährendem Verlöschen. Er urteilt aber im Instinkt seines Herzens richtig, wenn er die völlige Zerstörung und den endgültigen Untergang seiner Person mit Entsetzen ablehnt. Der Keim der Ewigkeit im Menschen lässt sich nicht auf die bloße Materie zurückführen und wehrt sich gegen den Tod.« Ich sehe im Text des Konzils eine richtige Deutung der Diagnose von Sigmund Freud. Was Freud das Unbewusste nennt, heißt hier »Instinkt unseres Herzens«. Und was Freud mit »nicht wahrnehmen können« meinte, führt das Konzil weiter mit dem Gedanken der »entsetzten Ablehnung«. Freud ist für mich also durchaus nützlich, um den Gedanken des ewigen Lebens besser begreifen zu können.

Wie sollen sich die Menschen auf den Tod einstellen?

Hierbei muss man zwischen zwei Arten von Tod unterscheiden: Das eine ist der Tod eines anderen Menschen, noch mehr der Tod eines Menschen, der einem nahestand, ja den man vielleicht geliebt hat. Hier schmerzt den Weiterlebenden der Entzug, die Beraubung; das Wissen, diesen Menschen nun hier auf Erden nicht mehr sehen zu können, ist bedrängend und bedrückend. Die Trauer ist eine Form der Liebe, die über die Grenze de Todes hinausgreift. Trotzdem gilt es auch hier, an dem Gedanken der Auferstehung festzuhalten. Dieser Gedanke ist nicht »billige Vertröstung, wie es den Christen immer wieder vorgeworfen wird, sondern ist wahrer, echter Trost: Das gute, liebevolle Wort zum Weiterleben des geliebten Menschen.

Das zweite Thema ist der eigene Tod: Trotz des Glaubens an die Auferstehung und trotz der oben erläuterten Unmöglichkeit, den eigenen Tod wirklich zu denken, gilt es auch hier, sich die Auferstehung und das ewige Leben vor Augen zu halten. Nicht zuletzt, um auf diese Weise das Gefühl für die Verantwortung für das, was ich aus meinem Leben mache, sensibel wachzuhalten. Auch für den eigenen Tod gilt der Schmerz über den Verlust des von Gott geschenkten schönen Lebens auf dieser Welt, die Trauer darüber, dass man diese schöne Schöpfung verlassen muss. Aber der entscheidende Trost ist, dass bei Gott all das noch viel schöner zu vermuten ist, als wir es auf Erden kennen. Denn er ist die Ursache dieser Welt und er liebt uns.

Wie schaffen Sie es persönlich, Leben und Sterben in eins zu schauen?

Leben und Sterben, dazu möchte ich ein Gedicht von Louise Labé zitieren, einer der bedeutendsten französischen Lyrikerinnen des 16. Jahrhunderts, die mich sehr beeindruckt hat. »Ich leb und sterbe, ich glühe und ich verbrenne« ist mein Lieblingsgedicht, ein Sonett, kompliziert aufgebaut. Der Inhalt des Gedichts ist das psychologisch instabile Gleichgewicht. Es werden hier die beiden Pole, zwischen denen mein Leben ausgespannt ist, ganz deutlich.

Je vis, je meurs ; je me brûle et me noie;
J'ai chaud extrême en endurant froidure:
La vie m'est et trop molle et trop dure.
J'ai grand ennuis entremêlés de joie.

Tout à un coup je ris et je larmoie,
Et en plaisir maint grief tourment j'endure;
Mon bien s'en va, et à jamais il due;
Tout en un coup je sèche et je verdoie.

Ainsi Amour inconstamment me mène;
Et, quand je pense avoir plus de douleur,
Sans y penser je me trouve hors de peine.

Puis, quand je crois ma joie être certaine,
Et être au haut de mon désiré heur,
Il me remet en mon premier malheur.

In der Übersetzung von Rainer Maria Rilke lautet es:

Ich leb, ich sterb: ich brenn und ich ertrinke,
ich dulde Glut und bin doch wie im Eise;
mein Leben übertreibt die harte Weise
und die verwöhnende und mischt das Linke

mir mit dem Rechten, Tränen und Gelächter.
Ganz im Vergnügen find ich Stellen Leides,
was ich besitz, geht hin und wird doch echter:
ich dörr in einem, und ich grüne, beides.

So nimmt der Gott mich her und hin. Und wenn
ich manchmal mein, nun wird der Schmerz am größten,
fühl ich mich plötzlich ganz gestillt und leicht.

Und glaub ich dann, ein Dasein sei erreicht,
reißt er mich nieder aus dem schon Erlösten
in eine Trübsal, die ich wiederkenn.

Dieser Zweispalt, der in Louise Labés Gedicht angesprochen wird, kann auch in eine Glaubenskrise führen. Wie gehen Sie persönlich mit der Frage um?

Ich entscheide mich in meiner Freiheit und in meinem Glauben dafür, mich auf die Offenbarung Gottes im Alten und Neuen Bund, im Schöpfergott, im Erlösergott, in Jesus Christus, dem dreifaltigen Gott, aber auch im Heiligen Geist, in der Kirche einzulassen. Und das geht ganz gut, denn ich erkenne immer mehr, dass ich hier eine plausible Sinnstiftung und Möglichkeit habe, diesen Sinn in der Welt und in meinem eigenen Leben zu erkennen, zu finden, zu ergreifen und zu verwirklichen.

Jetzt philosophieren Sie.

Das ist keine Wolkenschieberei, sondern das sind meine Gedanken in einer vernünftigen Übereinstimmung mit all dem, was sich um mich herum tut und was ich täglich erlebe: Liebe und Lieblosigkeit, Hoffnung und Hoffnungslosigkeit, Glaube und Unglaube. Alles, was ich in der Welt erlebe – ja, die Existenz der Welt schlechthin –, sind zwar nicht zwingende, aber dennoch Hinweise, die mich in meiner Entscheidung für den Sinn, den Glauben, bestärken. Daher ist es in meinen Augen gar nicht unvernünftig, sich für diesen Glauben zu entscheiden, sondern höchst rational. Es ist meine freie Entscheidung. Sie muss auch frei sein, denn wenn ich nicht frei wäre, so müsste ich in Gott hineinfallen wie ein willenloses Insekt ins Licht … Ich entscheide mich also rational für das mir Angebotene, und zwar im Wissen, dass ich eine Entscheidung treffen muss.

Kapitel 2
Hoffnung – spes

Abt Gregor, welchen Stellenwert hat die Hoffnung in Ihrem Leben?

In meinem persönlichen Leben spielt die Hoffnung eine große Rolle. Ich bin von Natur aus Optimist. Das verdanke ich nicht meinem pessimistischen Vater, sondern meiner lebensfrohen Mutter. Daher habe ich den Eindruck, dass die Hoffnung für mich gar nicht so sehr eine verdienstvolle Tugend ist, sondern ein Habitus, der sich bei mir meistens irgendwie von selbst einstellt. Als verpflichtende Tugend nehme ich mir die Hoffnung in Momenten von Hoffnungslosigkeit und depressiver Verstimmung vor. Gott sei Dank sind diese Momente bei mir relativ selten. Der Vorwurf des Friedrich Nietzsche an die Christen, dass sie doch etwas erlöster aussehen sollten, ist, so hoffe ich, unberechtigt, weil ich viele frohe Christen mit optimistischer Grundeinstellung kenne. Wir sind als Christen im Prinzip »Berufsoptimisten«. Denn eigentlich ist alles Wichtige bereits geschehen und zu unseren Gunsten ausgegangen: Schöpfung, Offenbarung, Erlösung … Wir haben als Christen keinen Grund, sauertöpfisch und hoffnungslos in die Zukunft zu schauen. Wenn manche Christen vielleicht dennoch »unerlöst« ausschauen und Nietzsche recht haben sollte, dann muss man diese Menschen motivieren, die Tugend der Hoffnung zu ergreifen und sie entschieden zu verwirklichen, sodass sie auch nach außen apostolisch-evangelisierend wirksam wird.

Die Hoffnung ist also eine Mischung aus Zuversicht und positiver Erwartungshaltung. Wie wichtig ist dieser Wert für die Menschen in ihrer Glaubensfrage?

Die Magier aus dem Matthäusevangelium, oft oberflächlich auch die heiligen drei Könige genannt, haben ein hoffnungsvolles Zeichen am Himmel entdeckt, irgendeinen ungewöhnlichen Stern. Sie haben also aus kleinen Zeichen für sich eine positive Grundhaltung abgeleitet. Und sich sogar auf einen mühsamen Weg gemacht, der in der Begegnung mit König Herodes durchaus mit Gefahren verbunden war, um sich dieser Hoffnung anzunähern. Sie ließen sich in ihrer Hoffnung nicht beirren, als sie nur ein kleines Kind fanden, sondern hielten an ihr fest und sahen deshalb in diesem Kind mehr als nur irgendein Baby. Ich glaube, dass diese Geschichte sich auch in das tägliche Leben von vielen Menschen übertragen lässt: positive, nicht negative Zeichen suchen! Letztere findet man natürlich auch, aber die bringen einen nicht weiter. Sodann sich auf den Weg machen: also etwas tun, in die richtige Richtung gehen und nicht tatenlos abwarten – was oft bequemer wäre. Und schließlich auch die Realität auf ihren wunderbaren transzendenten Gehalt hin erkennen.

Warum muss man eigentlich beten, wenn man gläubig ist?

Das Beten gehört nicht unbedingt zum Thema der Hoffnung, hat aber durchaus damit zu tun. Es gibt verschiedene Formen des Gebetes: Es beginnt vielleicht mit vorgefundenen Gebetsformeln (wie im Vaterunser, Ave Maria, Kreuzzeichen etc.), dem Lesen und Beten der Heiligen Schrift, insbesondere der Psalmen, schließlich die Meditation, das freie Beten und das mystische Stillwerden vor Gott. Wenn man durch die Oberfläche dringt, kann auch Arbeit oder Betrachten der

Schöpfung zum Gebet werden. Allerdings ist nicht jede Arbeit und nicht jede Naturbetrachtung automatisch schon Gebet; dazu gehört doch noch etwas mehr.

Welche Bedeutung hat das Gebet für Sie persönlich, Abt Gregor?

Ich habe schon erwähnt, dass für meine Berufung meine Schwäche im Gebet ein wichtiger Ausgangspunkt war: Ich wollte eine Lebensform finden, die mich tiefer ins Gebet führt. Ich bin glücklich, diese Lebensform gefunden zu haben. Ein Hauptteil eines Gebetes besteht in der singenden oder sprechenden Meditation der Psalmen im Chor der Mitbrüder. Meinem Bruder, der erst relativ spät, im Malteserorden, zur Meditation der Psalmen motiviert wurde, verdanke ich den wertvollen Gedanken, dass die Psalmen bei all ihrer Unterschiedlichkeit vor allem Lobpreis sind, nicht Bittgebet (Lieber Gott mach, Lieber Gott hilf, Lieber Gott bewahre etc.), dass es also nicht nur um meine Anliegen und Nöte geht, sondern dass man durch die Psalmen eine andere Atmosphäre des Gebetes erlebt. So kann aus dem Gebet auch Hoffnung erwachsen. Genau diesen Gedanken hat Papst Benedikt XVI. bei seinem Besuch in Stift Heiligenkreuz am 9. September 2007 so formuliert: »Im Leben der Mönche hat das Gebet eine besondere Stellung: Es ist die Mitte ihres Berufes. Sie sind von Beruf Betende. In der Väterzeit wurde das Mönchsleben als Leben nach der Weise der Engel bezeichnet. Und als das Wesentliche der Engel sah man es an, dass sie Anbetende sind. Ihr Leben ist Anbetung. So sollte es auch bei den Mönchen sein. Sie beten zuallererst nicht um dies oder jenes, sondern sie beten einfach deshalb, weil Gott es wert ist, angebetet zu werden. »Confitenimi Domino, quoniam bonus! Danket dem Herrn, denn er ist gütig. Denn seine Huld währt ewig, rufen viele Psalmen (z. B. 106, 1). Ein solches zweckfreies Gebet, das reiner Gottesdienst sein will, wird daher mit Recht ›Officium‹ genannt.«[1] Weil man Sehnsucht danach hat, mit jenem Ursprung allen Seins, mit jenem Mensch gewordenen Erlöser in Kontakt zu sein, in irgendeiner Art und Weise für sich persönlich Inspiration im buchstäblichen Sinn des Wortes, also Geisterfülltheit, geschenkt zu bekommen.

Diese Sehnsucht nach dem Kontakt zu Gott führt daher zum Gebet …

… das ein Segen in Not ist. Wie der deutsche Theologe Karl Rahner in seinem Buch »Von der Not und dem Segen des Gebetes« vermerkte: Wenn man die Gnade hat, diesen Glauben bewusst nachzuvollziehen, dann drängt es einen auch danach, diesen Kontakt zu pflegen und zu halten. Dabei gibt es unterschiedlichste Formen des Gebetes. Das persönliche Gebet ist sicher eine Höchstform, die man nicht vernachlässigen darf. Ich selbst bin mir dabei über meine Schwäche im Klaren, leider bin ich ein ziemlich lausiger Beter.

Wie bitte? Geben Sie etwa zu, nicht »genug« zu beten?

Ja, in dieser Hinsicht kann man mich durchaus kritisieren. Umso mehr versuche ich mich in die Liturgie, in das liturgische Gebet und in die Lektüre der Heiligen Schrift hineinzubegeben. Weil mir das eine tiefe Möglichkeit des Kontaktes, nach dem sich ein Gläubiger logischerweise sehnt, ermöglicht. Von daher war auch mein Weg ins Kloster verursacht und er war richtig.

---

[1] Der vollständige Text ist im Anhang zu diesem Buch nachzulesen.

Abt Gregor, der Heilige Vater spricht immer wieder von Engeln: Gibt es die wirklich?

Ich gebe zu, ich habe noch keine persönliche Begegnung mit Engeln gehabt. Doch ich weiß, dass ich einen persönlichen »Schutzengel« habe. Manchmal fühle ich mich von ihm beschützt, manchmal gibt es aber auch Momente, wo ich sage, da hätte mein Schutzengel ein bisschen besser aufpassen sollen. Es ist klar, dass die kirchliche Lehre sagt, es gibt Engel. Das Hauptargument dafür ist die bedeutende Rolle, die die Engel in der Heiligen Schrift spielen. Denken Sie an den Engel Gabriel, der der Jungrau Maria die Botschaft überbringt, dass Gott in ihr Menschennatur annimmt. Erstaunlicherweise glauben relativ viele Menschen an Engel. Als katholischer Christ ist es mir ein Anliegen, die kirchliche Lehre von den Engeln außer Frage zu stellen, aber das Faktum der Engel nicht zum übergewichtigen Teil des Glaubens werden zu lassen. Hier ist dann oft ein falscher Dualismus statt des kirchlichen Glaubens am Werk, der die ganze Welt nur mehr als Fußballplatz sieht, auf dem die Engel mit den Dämonen ein Match spielen. Ich sehe diese Gefahr in den Theologien des sogenannten »Engelwerks«.

Was ist das Engelwerk?

Das Engelwerk (Opus Sanctorum Angelorum) ist in der Mitte des 20. Jahrhunderts in Tirol entstanden. Ausgangspunkt waren Visionen der Gabriele Bitterlich. In dieser Tradition sind Priestergemeinschaften und Laiengruppierungen entstanden, die immer wieder durch die Medien geistern und auch innerhalb der Kirche immer wieder Kritik und Ablehnung ausgelöst haben.

Wie sehen Engel eigentlich aus? Wie soll man sie sich vorstellen?

Am besten gar nicht. Ich bin aber zutiefst von der künstlerischen Kraft der Gemälde von Giotto, Grünewald, El Greco, Rubens und anderen Malern, wenn sie Engel darstellen, berührt. Diese schönen Darstellungen großer Künstler haben ja die Engel so populär gemacht. Eine Anekdote dazu: Cardinal O'Connor, der Erzbischof von New York, hat sich bei der Sonntagsmesse in der St. Patrick's Cathedral in New York die Mühe gemacht, den Gläubigen jedes Mal ein anderes Kapitel des Neuen Katechismus der katholischen Kirche vorzustellen. Irgendwann einmal kam er zum Thema Engel, das im Katechismus auch enthalten ist. Und dann sagte er: »Eine Umfrage in den Vereinigen Staaten hat ergeben, dass nur 37 Prozent der Menschen an Gott glauben, aber weit über 60 Prozent an Engel. Na, das wird den Engeln gefallen.« Die Gläubigen in St. Patrick's sind natürlich in schallendes Gelächter ausgebrochen.

Wie steht es eigentlich mit den Religionen untereinander? Herrscht da Respekt oder Konkurrenzverhalten?

Kein Zweifel, zwischen den großen Religionen herrscht eine Art Wettbewerb. Das Zweite Vatikanische Konzil hat in verschiedenen Dokumenten – dazu gehört auch »Nostra Aetate« welches sich auf die nicht-christlichen Religionen bezieht, also Hinduismus, Buddhismus, Islam und Judentum –, aber auch in seiner Missionskonstitution angekündigt, dass wir Christen weiterhin missionarisch tätig sein und Menschen einladen sollen. Doch dafür dürfen wir keine Mittel des Zwangs verwenden.

Dabei wäre doch ein friedliches Miteinander der verschiedenen Religionen besser als ein Konkurrenzverhalten.

Ein wichtiger Aspekt der Hoffnung aller Menschen auf Erden muss es sein, dass die Religionen miteinander in Frieden leben. Wiederum hat das Zweite Vatikanische Konzil hier einen großartigen Neuansatz gewagt und im Dokument »Nostra Aetate« über eine neue, offene und respektvolle Sicht der anderen Religionen gesprochen. Die Kirche anerkennt in den anderen Religionen Teile der Wahrheit und freut sich daran, weiß aber, dass diese Wahrheiten letztlich auf die eine Wahrheit in Christus abzielen. Sie will daher mit all diesen Religionen in Frieden leben und einen offenen, liebevollen Dialog führen. Aufgrund dieser Aussagen des Zweiten Vatikanischen Konzils wurde in Rom eine eigene Behörde (Dikasterium) gegründet, die von einem Cardinal geleitet wird und den Dialog mit den Religionen suchen, fördern und führen soll. Die Kirche wird sich von diesem Weg im Sinne der Hoffnung auf eine friedliche Zukunft nicht abbringen lassen, obwohl sich die Gesprächspartner in diesem Dialog bislang noch sehr schwer tun, in diesen wirklich einzutreten. Natürlich sind in diesem Dialog Initiativen gegen Minarette nicht nützlich. Wenn die Bürger in der Schweiz als Christen gesehen werden, dürfen sie nicht anderen Religionen Entfaltungsmöglichkeiten verwehren. Wir als Christen müssen in der Gewährung der Religionsfreiheit für alle Religionen voraussehen. Natürlich müssen alle Religionen die fundamentalen Grundsätze der Menschenrechte anerkennen; aber zu diesen gehört ja die Religionsfreiheit. Das Buch »The Clash of Civilizations«, zu deutsch: »Kampf der Kulturen«, von Samuel Huntington arbeitet ziemlich klar heraus, dass die Entscheidung im 21. Jahrhundert zwischen Friede und Unfriede nicht mehr so sehr die soziale Frage sein wird, wie im 19. und 20. Jahrhundert, sondern mehr und mehr der Kontakt und die Konflikte zwischen Kulturen und Religionen. Insofern ist das Zweite Vatikanische Konzil wiederum geradezu prophetisch für die Zukunft!

Marktwirtschaftlich gefragt:
Sind alle Religionen Konkurrenzprodukte?

Klar gibt es einen gewissen Angebotscharakter. In vielen muslimischen Staaten werden andere Religionen immer noch mehr oder weniger unterdrückt. Das ist natürlich ein großes Problem der Religionen. Andererseits sollten wir darauf nicht allzu sehr mit dem Finger zeigen, weil wir Christen im Laufe der Geschichte selbst immer wieder große Fehler gemacht haben. Trotzdem wissen wir in der westlichen Gesellschaft durch die Renaissance, die Aufklärung und die Entwicklung der Moderne, dass einerseits Religionsfreiheit, andererseits auch freie Wahl der Religion durch den Menschen unter der Wahrung seiner Gewissensfreiheit mit Respekt verbunden sein müssen.

Herr Abt, kehren wir noch einmal zur Gottesfrage zurück:
Glauben Sie, dass das Leben eigentlich nur einen Sinn hat,
wenn es Gott gibt?

Ja. Denn ich muss davon ausgehen, dass von mir etwas gewollt wird. Konkret bedeutet das: Ich bin, weil mich jemand will und damit ich ein Ziel erreiche. Und dasselbe gilt – mit veränderten Vorbedingungen – für die Welt insgesamt. Diese Welt muss einen Sinn haben, und den gewinnt sie aus ihrem Ursprung und ihrem Ziel, das unverbindlich, aber doch erkennbar ist. Wenn ich all das nicht habe, dann muss ich mein Leben sowie das Leben aller Menschen und die Existenz dieser Welt für sinnlos halten.

Sie wissen aber auch, dass es gegen diese Hoffnung auf Gott in der Welt schwerwiegende Einwände gibt?

Ja, das ist so. Und ich möchte mich hier vor allem mit der Theodizee-Frage auseinandersetzen. Theodizee heißt: Gott muss sich vor uns rechfertigen für die Welt und für die Menschen, so, wie er sie vorgibt geschaffen zu haben. Diese Frage taucht erstmals im 18. Jahrhundert in dieser Form auf, als der Philosoph Voltaire nach dem verheerenden Erdbeben von Lissabon im Jahr 1755 die Gottesidee angriff und sagte: Wenn auf der Welt eine so schreckliche Katastrophe wie das Erdbeben von Lissabon mit so vielen Toten möglich ist, dann muss sich Gott dafür rechtfertigen, dass er die Welt so schlecht geschaffen hat. Und wenn er diese Rechtfertigung nicht liefern kann, dann ist das ein Hinweis darauf, dass es ihn gar nicht gibt.

Der philosophische Ausgangspunkt von Voltaire waren die Gedanken des deutschen Philosophen Leibniz, der sagte, dass Gott die beste aller denkbaren Welten geschaffen habe. So eine Behauptung ist natürlich vor dem Hintergrund der Erdbeben von Lissabon, von Haiti und Chile, des Tsunami in unserer Zeit oder gar von Auschwitz sehr provokant. Ich möchte mich an späterer Stelle damit noch auseinandersetzen. Vorerst aber möchte ich einen anderen Gedanken von Leibnitz aufgreifen, der mir Hoffnung gibt und der mich in meinem Glauben bestärkt. Er lautet sinngemäß: Das eigentliche Wunder ist es, dass es überhaupt etwas gibt und nicht nichts. Für mich wird in diesem Staunen über das Sein überhaupt, das uns schon die griechischen Philosophen gelehrt haben eine ungemein nützliche und philosophisch bereichernde Thematik angeschnitten. Wir nehmen zu viel als selbstverständlich hin, das philosophisch gesehen überhaupt nicht selbstverständlich ist.

Wie erklärt die Theologie nun wirklich die Vereinbarkeit zwischen der Existenz Gottes und des Übels und des Bösen in der Welt?

Man muss hier zwei Typen von Phänomenen trennen, die auf unterschiedliche Weise eine »Rechtfertigung Gottes« zu provozieren scheinen. Die erste Provokation ist die aus der Natur kommende Katastrophe, wie das Erdbeben von Lissabon von 1755 oder der Tsunami von 2004. Ich habe mich nach dem Tsunami verpflichtet gefühlt, für meine Predigten über diese Frage von Katastrophen, menschlichem Leid und Tod aufgrund von Naturphänomenen nachzudenken und bin zu folgendem Ergebnis gekommen: Die Ursache für den Tsunami und wahrscheinlich auch für das Erdbeben von Lissabon liegt in einer Verschiebung von Teilen der Erdoberfläche. Diese Beweglichkeit in der Erdoberfläche ist jenes erstaunlich labile Gleichgewicht zwischen dem glühend heißen Erdinnern, den Erdschichten und schließlich der stufenweise anders temperierten Atmosphäre um die Erde. Dieses labile Gleichgewicht, das bisweilen aus dem Gleichgewicht geraten kann, ist aber die Voraussetzung für das erstaunliche Phänomen des Lebens auf diesem Ausnahmeplaneten. Auf unserem Planeten gibt es Leben und sogar menschliches Leben und daher gibt es logischerweise Bewegung, Katastrophen, Leid und Tod. Diese sind quasi notwendige »Abfallprodukte« des Lebens. Was für eine unverschämte Kühnheit von uns Zwergen, Gott auf die Anklagebank zu setzen, weil er die Welt so geschaffen hat, wie sie ist. Das hat schon der irische Schriftsteller C. S. Lewis so formuliert. Der Tod gehört in diesem Wunderwerk unverzichtbar zum Leben – zumindest seit dem Sündenfall. Die erschütternd hohe Anzahl von Toten durch den Tsunami im Dezember 2004 hat die Bevölkerungsstatistik der Erde überhaupt nicht berührt. Sterben gehört zum Leben und findet täglich und jährlich massenhaft statt. Als religiöser Mensch sehe ich im glühenden Erdinnern ein Symbol für die Liebe Gottes, die uns im Leben und im Sterben trägt. Und Liebe ist nun einmal »eine Leidenschaft, die auch Leiden schafft«.

Wie sieht die zweite Provokation aus?

Die zweite Provokation ist mit dem Stichwort Auschwitz zu charakterisieren. Auch hier trat der Theodizee-Vorwurf auf, wenn formuliert wurde: »Nach Auschwitz kann man nicht mehr an Gott glauben!« Dieser zweite Typ der Katastrophen ist jener, der aus der Sünde und Bosheit der Menschen entspringt. Hier den lieben Gott anzuklagen, ist besonders frivol. Bleibt natürlich die Frage, warum er die Sünde und das Böse zulässt? Die einzige und große Antwort lautet hier wieder: Weil er uns liebt und uns daher die Freiheit lässt. Er will von uns frei geliebt werden. Denn Liebe ohne Freiheit wäre ja Vergewaltigung. Diese menschliche Freiheit aber, die dazu bestimmt ist, dem Menschen die Möglichkeit zu geben, auf Gottes Liebe frei und aktiv mit seiner Liebe zu antworten, hat als notwendiges Nebenprodukt die Folge, dass diese Freiheit zur Sünde, zur Aggression, zur Gewalt, zum Verbrechen missbraucht wird. Für mich ist daher der religiöse Glaube nach Auschwitz noch notwendiger und noch plausibler als vorher. Wir haben in die Abgründe menschlicher Bosheit geschaut und müssen uns umso entschiedener der Liebe Gottes zuwenden.

Das ist aber für einen Menschen, der seine gesamte Familie in einem Konzentrationslager, bei einem Tsunami oder einem Erdbeben verloren hat, sehr schwierig.

Das ist sicherlich richtig. Trotzdem scheint das aber möglich zu sein, wenn wir uns den Fall des österreichischen Psychiaters Viktor Frankl vor Augen halten, der gerade aus der Erfahrung des KZ und nach dem Verlust seiner Familie umso stärker seinen Glauben erkannt und verkündet hat. In der antiken Tragödie gibt es in Sophokles' »Antigone« das beeindruckende Wort: »Nicht mitzuhassen, mitzulieben bin ich da.«

Seit wenigen Monaten habe ich zu diesem Thema einen neuen Zugang in der Gestalt jenes Pektorales (Brustkreuz), das mir meine Mitbrüder zum zehnjährigen Abt-Jubiläum geschenkt haben. Dort ist auf der Rückseite ein kleines »Märtyrer-Grab« zu sehen: eine Vertiefung, in der man eine Reliquie aufbewahren kann. In meinem Brustkreuz ist eine Kontaktreliquie der heiligen Edith Stein. Jeder, der die Geschichte kennt, weiß, dass es von dieser Heiligen keine »Primär-Reliquien« geben kann, denn ihre verbrecherischen Mörder haben nach der tötenden Vergasung den Körper verbrannt und die Asche unwürdig entsorgt. Daher handelt es sich in diesem Fall um eine »Sekundär-Reliquie«: Es ist ein kleiner Partikel jenes Brautschleiers, den Edith Stein, wie jede Kandidatin für den Karmel, am Beginn ihrer Einkleidung trug. Dieser Brautschleier wird ihr in der Einkleidungsfeier genommen und es wird ihr der Schleier des Ordensgewandes verliehen. Bei dieser Einkleidungsfeier erhält jede Karmeliterin ihren neuen Ordensnamen. Im Fall von Edith Stein war es der Name Teresia Benedicta a Cruce. Vom Karmel Köln, wo die Einkleidung von Edith Stein stattfand, war vor einigen Jahren eine Nonne in Heiligenkreuz, die an einem wissenschaftlichen Symposion über klösterliche Spiritualität teilnahm. Als Zeichen der Dankbarkeit übergab sie mir jene Reliquie aus dem Brautschleier Edith Steins. Ich war damals etwas in Verlegenheit darüber, weil ich noch keinerlei Vorstellung hatte, wie ich dieses Geschenk verwenden könnte. Dabei wusste ich schon immer, dass ich mit der heiligen Edith Stein verbunden war, da ich ebenso in Breslau geboren bin wie sie. Breslau und

Schlesien sind für mich heute eine »verlorene Welt«. Ich bin im Jahr 1943 in Breslau geboren und habe daher die »Gnade der späten Geburt«. Damit meint man, dass man zu jung ist, um an den Verbrechen der Nationalsozialisten Anteil gehabt zu haben. Ich betone ausdrücklich, dass »Anteil haben« auch heißen kann, zu wenig dagegen getan zu haben, zu wenig Widerstand geleistet zu haben. Aus diesem Gedanken heraus habe ich mir immer vorgestellt, dass ich, wenn ich zwanzig Jahre älter gewesen wäre, mir in der Zeit der furchtbaren Judenverfolgung freiwillig und als Nicht-Jude den gelben Davidstern angeheftet hätte, wie bewundernswerte Menschen in Dänemark es tatsächlich getan haben. Wenn ein paar Millionen Deutsche und Österreicher so gehandelt hätten, hätte die Todesmaschinerie der Nazis vielleicht nicht so ungehindert arbeiten können. Aber aus meiner Position, mit der Gnade der späten Geburt, will ich nicht Menschen, die in dieser schwierigen Zeit leben mussten und verständlicherweise überleben wollten, verurteilen. Im Nachhinein ist es leicht, besser zu wissen, was richtig gewesen wäre.

Aus dem Gedanken, den Davidstern als Zeichen der Solidarität mit den Juden zu tragen, wuchs bei mir die Idee, ein Brustkreuz, in welches der Davidstern integriert ist, zu tragen. In beeindruckender Weise hat mein Mitbruder Pater Raphael Statt ein Pektorale geschaffen, in dem sich Kreuz und Davidstern harmonisch verbinden. Wir Christen können ohne das Judentum nicht leben. Papst Pius XI. sagte: »Als Christ Antisemit zu sein, ist paradox, ja unmöglich. Denn als Christ sind wir spirituell Semiten.« Man kann als Christ auch nicht Anti-Judaist sein, denn eigentlich sind wir Juden.

Das letzte Werk von Edith Stein heißt »Kreuzeswissenschaft«. Daher hat Pater Raphael auf die Rückseite des Brustkreuzes auf den senkrechten Kreuzbalken »Kreuzeswissenschaft« eingraviert; das Pektorale ist ein Kreuz und wird vom

Abt von Heiligenkreuz getragen. Die Exerzitien unseres Konvents im Jahr 2010 von Passionitenpater Michael Hösl stehen unter dem Titel »Kreuzeswissenschaft«. Die inhaltliche Konzeption meines neuen Pektorales gibt also meine Position zur Auschwitz-Frage wieder.

Kommen wir zu einer anderen Frage: Wenn ein Mensch die Hoffnung verliert, kann er tragisch enden. Wie steht die katholische Kirche zum Selbstmord?

Negativ. Der Mensch darf das Leben, das er geschenkt bekommen hat, nicht wegwerfen.

Selbstmörder erhalten kein Begräbnis und werden immer noch hinter der Kirchenmauer begraben?

Die katholische Kirche sieht das anders. Schließlich ist der Hintergrund für diese schreckliche Handlung eine Krankheit, wie wir durch die Forschungen des Psychiaters Erwin Ringel wissen. Aber das Faktum, dass sich ein Mensch selbst das Leben nimmt, ist in jedem Fall ein schwerer Verstoß gegen dieses freie und gnadenhafte Geschenk des »Ich-darf-Sein«. Dass ein Mensch in einer furchtbaren Situation, depressiv, also im Grunde genommen schwer krank, keinen anderen Ausweg findet und Selbstmord verübt, das wird die Kirche immer falsch finden. Aber sie wird heute nicht mehr in einem Akt der Unbarmherzigkeit einem Selbstmörder ein kirchliches Begräbnis verweigern.

Viele Philosophen haben sich des Themas Selbstmord angenommen.

Man sollte die Überlegungen der Existenzialisten selbst konsequent durchdenken, um sich dann zu fragen: Halte ich das aus? Wie bereits gesagt, überfordert der »Glaube« der Existenzialisten meine Glaubensfähigkeit. In seiner Radikalität ist er nämlich viel fordernder, unwahrscheinlicher und schwieriger zu glauben. Wenn ich sage: »Ich glaube nicht, ich sehe in diesem Leben keinen Sinn«, dann muss ich mir etwas überlegen – damit ich nicht als gedankenloser Phäake abgestempelt werde, wie Anton Wildgans die Österreicher einst genannt hat.

Selbstmörder, so sagt man, kommen nicht in den Himmel, sondern in die Hölle. Warum wird eigentlich die Hölle immer als etwas Böses dargestellt, obwohl es in vielen Religionen eine Vorstellung der Unterwelt gibt, als Ort oder Zustand der Qual, als Aufenthaltsort der Dämonen, an den die Unbekehrten nach ihrem Tode gelangen? Also einerseits haben wir den Himmel mit der Glückseligkeit, andererseits etwas ganz Schlimmes.

Es ist klar, dass die Vorstellung vom Jenseits im Christentum eine andere ist als in anderen Religionen oder Weltanschauungen und auch eine andere als in vorchristlichen Religionen. Die »Unterwelt« der griechisch-römischen Mythologie ist weder Himmel noch Hölle, sondern eine Art Schattenreich, übrigens wie der Scheol des jüdischen Glaubens. Die christliche Vorstellung vom Jenseits erscheint vorerst einmal »dualistisch«, denn es steht dem schönen Himmel eine schreckliche Hölle gegenüber. Dieser Dualismus kommt aber aus dem Menschen heraus, der gut oder schlecht handeln kann und je nachdem gewinnt oder scheitert. Was wir Himmel nennen, ist also der Gewinn, bei Gott sein zu dürfen. Hölle bedeutet das tragische Scheitern, in dem man bewusst Gottes Angebot ablehnt.

Wie stellen Sie persönlich sich denn die Hölle vor?

Der Weg aus dem oben erwähnten Dualismus besteht sicherlich darin, dass der Himmel das Wichtigere ist als die Hölle. Beide sind außerhalb von Raum und Zeit, und daher ist jede konkrete Vorstellung unmöglich. Ich wiederhole, nehmen wir den Himmel wichtiger als die Hölle! Mein Vater hat mir einmal genau auf diese Frage eine Vorstellung des Scheiterns des Menschen im letzten Moment seines Seins so geschildert: dass jeder Mensch, der sein Leben konsequent gegen Glaube, Hoffnung und Liebe geführt hat, im Moment des Todes Gott als die Liebe und den Himmel als das Schönste erkennt, im selben Moment aber aufgrund seiner eigenen Position erkennen muss, dass er für diese Bestimmung nicht geeignet ist. Mit einem einzigen tragisch erkennenden Schrei des Entsetzens fällt er bodenlos ins endlose Nichts zurück. Ein erstaunliches Bild der Hölle, das mich sehr beeindruckt hat. Denken wir bei dieser Beschreibung immer mit, dass es zu jenem »Zeitpunkt« gar keine Zeit mehr gibt und keinen Ort.

Ist das eine Verharmlosung der Situation?

Nein, das ist keine Verharmlosung, sondern das ist eine große Tragik, die viel schlimmer ist als irgendwelche lächerlichen Teufelchengeschichten. Es gibt ein anderes berühmtes Zitat über die Hölle, das mich sehr beeindruckt hat: Im 20. Jahrhundert lebte die religiös-spirituelle Schriftstellerin Adrienne von Speyer. Sie war die kongeniale Mitstreiterin des berühmten Theologen Hans Urs von Balthasar. Adrienne von Speyer berichtet in einer ihrer Schriften, dass sie in einem Traum oder in einer mystischen Vision die Möglichkeit hatte, einen Blick in die Hölle zu tun, und mit schreckhafter Freude durfte sie nach diesem Blick ausrufen: »Die Hölle ist leer!« Dies ist an sich weder katholische noch biblische Lehre. Grundsätzlich ist damit gemeint: Die Gnade Gottes ist noch stärker als die Sündhaftigkeit des Menschen. Auch hier gibt es keinen Dualismus. Logischerweise muss der Himmel ziemlich voll sein.

Und wie ist es mit dem Fegefeuer, einem Ort, wo die Seelen der Verstorbenen auf den Himmel vorbereitet werden? Ist das jetzt philosophisch oder mystisch zu sehen?

Papst Benedikt XVI. hat in den 1980er-Jahren, als er noch Joseph Cardinal Ratzinger war, in einem Interviewbuch mit dem Journalisten Vittorio Messori, das »Zur Lage des Glaubens« hieß, inhaltsgemäß Folgendes festgestellt: Das Purgatorium, der Ort der Reinigung, ist eine nützliche Annahme.

Was wollte er konkret damit sagen?

Das Fegefeuer ist für die Menschheit eine nützliche Annahme unter dem Gesichtspunkt, dass die Menschen allesamt Sünder sind, die mit ihren verschiedensten persönlichen Belastungen durchs Leben gehen. Ich empfinde es daher als tröstlich, dass wir in der Liebe Gottes eine Möglichkeit finden, den Übergang in den Tod, also wenn Sie so wollen in die »Arme Gottes«, in Form einer Reinigung zu schaffen. Aber auf mehr möchte ich bei dieser Diskussion jetzt wirklich nicht eingehen, weil das Fegefeuer kein zentraler Bestandteil des Glaubens ist. Erstaunlicherweise hat das Fegefeuer die Menschen schon seit jeher stark beschäftigt.

Der christliche Kirchenlehrer und Philosoph Augustinus sagt, dass nach dem Tode die Seelen der Menschen durch Feuer geläutert und das Irdische aus ihnen ausgebrannt werde. Nun frage ich mich: Kommen jetzt auch die Sünder in den Himmel?

Ja. Also mit »irdisch« ist wohl in dem Fall das Sündhafte gemeint, das Feuer als Reinigung. Eine Möglichkeit, die tröstlich gemeint ist. Wo wir natürlich den Eindruck gewinnen, dass unsere eigene Erbärmlichkeit wohl doch nicht von sich aus würdig wäre, in Gott so direkt einzugehen.

Zum Leben gehört auch das Sterben. Der Tod gehört zu den großen Tabuthemen, an die wir uns höchstens erinnern, wenn Allerheiligen und Allerseelen ist und wir zu den Gräbern der Verstorbenen gehen. Eigentlich sollte der Tod nichts Schlimme sein. Denn im Tod kommen wir näher zu Gott, sagt uns die katholische Kirche.

Der Tod ist tatsächlich aus der Sicht der christlichen Theologie und der katholischen Lehre kein Tabuthema, denn er eröffnet die Möglichkeit zum ewigen Leben. Andererseits ist er natürlich auch »der Moment der Wahrheit« und daher aufgrund unserer Sünde ein Thema der Verantwortung. Da möchte ich jetzt den heiligen Benedikt zitieren, der in seiner Regel unter den »Instrumente der guten Werke« jedem von uns rät: »Mortem quotidie ante oculos suspectam habere.« (RB 4, 47) Das bedeutet wir sollen den unberechenbaren Tod täglich vor Augen haben.

So wie ein Samurai. Tsunetomo Yamamoto schreibt im Ehrenkodex der Samurai, dem »Hagakure«: »Bushido, der Weg des Kriegers liegt im Sterben. Wenn jemand jeden Morgen, jeden Abend sich auf den Tod vorbereitet und ihn jeden Augenblick erwartet, wird Bushido zu seinem eigenen Weg.«

Ich kenne die Weisheit der Samurais zu wenig. Wir Christen sind aber die besseren Samurais.

Warum glauben Sie das?

Weil wir an die Auferstehung glauben. Wenn man nämlich an die Auferstehung glaubt, dann ist das natürlich kein Aufruf zur Traurigkeit, sondern vielmehr ein Aufruf zur Verantwortung. Konkret bedeutet das, sich zu fragen: Wie nütze ich die restlichen Tage und Stunden, die mir mein Leben noch bietet? Dabei ist es egal, ob ich erst fünf Jahre alt bin oder 67. An den drohenden Tod zu denken, erhöht die Verantwortung jedes einzelnen Menschen.

Ich kenne keinen Menschen, der jeden Tag an den Tod denkt.

Die Mönche tun das aber durchaus häufig, denn die Benediktsregel spricht mehrmals davon. Außerdem hat der Bildhauer Giovanni Giuliani einen Ort hier im Kloster Heiligenkreuz geschaffen, der wirklich genial ist, um das, was der heilige Benedikt in seiner Regel meint, umzusetzen: unsere Totenkapelle. Das ist ein kleiner, einschiffiger Raum im Kreuzgang zwischen dem Kapitelsaal und der Fraterie, wo sich in der Mitte ein Podest befindet, auf dem ein prachtvoller barocker Prunksarg steht. Rechts und links stehen vier Kandelaber. Wenn man genau hinsieht, entdeckt man, dass diese Kerzenständer tanzende Gerippe sind. Dieser hochmanieristische Raum dient der Totenwache und dem Gebet beim Begräbnis eines Mitbruders. Die sterblichen Überreste werden im Sarg in diese Kapelle gebracht und statt des barocken Prunksarges auf das Podest gestellt. Das heißt, für uns ist diese Kapelle ein Ort des Gebetes. Gleichzeitig aber passiert immer, wenn ich an der Kapelle vorbeigehe, etwas mit mir. Ich gehe mehrmals täglich, etwa vor dem Chorgebet, nach dem Chorgebet und bei den Prozessionen, daran vorbei und kann mir jedes Mal berechtigt die Frage stellen:

Wann wird dort der Sarg stehen, in dem meine sterblichen Überreste liegen?

Ist das nicht furchtbar traurig?

Nein, nein, das ist kein Aufruf zur Traurigkeit, sondern ein Aufruf zur Verantwortung. Die Frage, die sich alle stellen sollten, lautet: Wie nütze ich meine Zeit auf Erden? Und zweitens ist das ein Aufruf zu einem gewissen Ernst: Schaffe ich das auch wirklich? Wir in Heiligenkreuz haben einen speziellen Ort, der den Anspruch der Benediktsregel in einer sehr direkten Weise nahebringt.

Also gibt es im Tod ein Happy End, so wie im Film.

Ich würde sagen: besser als im Film. Aber Sie haben recht. Das Prinzip Happy End ist – sehr oberflächlich formuliert – ein christliches Prinzip. Wir dürfen hoffen, dass uns Gott, sogar über den Tod hinaus, trotz unserer Sündhaftigkeit im Leben sehr liebt. Und zwar auch, wenn wir unser Leben verfehlen. Das ist im Prinzip der Schritt auf den Urgrund unseres Seins hin. Die Liebe schlechthin.

Und was wissen wir vom Leben nach dem Tod?

Mir hat einmal jemand gesagt: »Ich mag mir den Himmel nicht wünschen, denn es muss dort ja schrecklich fad sein. Wenn man oben ist, geschieht nix mehr. Und das dauert dann so furchtbar lang.« Über das Sein bei Gott im Jenseits zu sagen, es sei so schrecklich lang, ist jedoch völlig unbegründet, denn es befindet sich außerhalb von Raum und Zeit. Das heißt, über die Ewigkeit bei Gott zu sagen, sie sei so enorm lang, ist genauso falsch wie zu sagen, sie sei kürzer als der

Bruchteil einer Nanosekunde. Da geht es um etwas anderes. Wir dürfen ganz beruhigt sein, dass es wunderschön ist, wenn er, der die Welt und jeden von uns geschaffen hat und der das Beste für uns möchte, will, dass es dort wunderschön ist. Also daher: keine Sorge. Es ist im Jenseits weder zu langweilig noch zu kurz, sondern die Erfüllung all unserer Sehnsüchte.

Das Paradies wird immer als Urwald mit den schönsten Bäumen, Früchten, einem blauen Himmel, viel Sonnenschein dargestellt. Idealisieren wir da nicht zu sehr?

Es ist vielleicht gar nicht einmal so falsch, das Paradies so zu sehen, denn ich glaube, dass wir auch im Jenseits, in diesem transzendenten Sein bei Gott, Menschen sind und bleiben. Wir sind einfach Gottes Geschöpfe. Ich warne jedoch davor, sich den Himmel vorzustellen. Und zwar, weil das schwierig ist, und weil wir es nicht wissen können und auch nicht sollen. Aber klar ist für mich, dass das Paradies unsere Menschlichkeit ansprechen will, soll und kann und wir eben als Menschen an bestimmten Dingen der sinnlichen Wahrnehmung interessiert sind. Ich kann hier nicht konkret sagen, wie das Leben im Himmel und das Paradies sein werden. Vermutlich wird es dort wunderschön sein, und was wir Menschen dort als Erfüllung erleben werden, wird bestimmt großartig sein.

In den USA hat in den 1970er-Jahren der Parapsychologe Raymond Moody für sein Buch »Leben nach dem Tod« zahlreiche Menschen befragt, die Nahtoderlebnisse hatten. Was halten Sie davon und was sagt die Kirche dazu? Nimmt man das ernst?

Ich glaube, die Kirche muss nicht zu jedem Detail einer Tagesmeldung sofort eine dogmatische Meinung haben und Entscheidungen treffen. Das ist total überflüssig. Faktum ist, die befragten Menschen sind eben nicht gestorben. Nahtoderfahrungen kann es geben. In jedem Leben gibt es Extremsituationen. Es ist aber klar, dass diese Menschen nicht gestorben sind. Ich glaube, dass man ihre Aussagen philosophisch und medizinisch durchaus ernst nehmen kann und auch untersuchen sollte. Doch es sind keine Jenseitserfahrungen.

Aber es gibt doch genug Menschen, die daran glauben und sagen: Es gibt einen Gang, durch den man wandeln muss, und am Ende sieht man ein Licht. Es gibt heute bereits etliche US-Fernsehserien, die nach diesem Strickmuster erarbeitet wurden.

Ja, aber das sind Traumbilder, wo es Negatives und Positives gibt. Es gibt schöne Träume im Tunnel und es gibt hässliche Träume im Tunnel. Also typische Traumprojektionen unseres Gehirns, die uns in einem speziellen Zustand gezeigt werden. Ich schließe nicht aus, dass uns Gott auch durch Träume sagen will, wie das Jenseits aussieht. Ich kenne übrigens zwei Bücher, das eine von André Frossard, »Gott existiert. Ich bin ihm begegnet«, und das andere vom Vater von Weihbischof Andreas Laun, Hellmut Laun: »So bin ich Gott begegnet«. Letzterer hat in einer Unfallsituation nach einer Operation ein für ihn klar deutbares Erlebnis gehabt, das ihn sehr stark im Glauben inspiriert hat. Beide Bücher spielen in der heutigen Mystik des katholischen Lebens eine gewisse Rolle. Und was wir in der Offenbarung, also im letzten Buch des Neuen Testaments lesen, sind keine lustigen Geschichten, sondern vernünftige philosophisch-theologische Aussagen, die zu diesen Themen gemacht werden. Die sind nicht nur gut, sondern auch aussagekräftig.

Apropos Mystik. Menschen schweben in Krankenzimmern und sehen sich von der Decke oben auf ihrem Krankenbett liegen.

Es kann schon sein, dass es auch diese Form von Nahtoderfahrungen gegeben hat. Aber wenn Sie »apropos Mystik« sagen, dann möchte ich auf ein anderes Thema hinführen. Große Heilige haben Visionen gehabt, in denen sie die Nähe Gottes erfahren haben. Der heilige Bernhard in der Vision des »Amplexus«: Er sah, wie Christus ihn vom Kreuz herab umarmte, der Gekreuzigte als ein aus allen Wunden blutender, gefolterter Leichnam. Tausend Mal wurde Derartiges in der cisterciensischen Ikonographie gemalt. Ich will damit sagen, diese Visionen gibt es. Ich persönlich habe noch nie eine Vision gehabt, daher muss ich mein Leben aufgrund der vernünftig überlegten Entscheidung für Glaube, Hoffnung, Liebe bestreiten. Aber es gibt diese mystischen Erfahrungen von Heiligen und von André Frossard und Hellmut Laun, die interessant und anregend sind. Nur: Sie sind nicht übertragbar.

Heißt das, dass wir blumige Geschichten für unseren Glauben brauchen, damit wir uns den Tod besser vorstellen können? Oder damit uns das Sterben weniger furchtbar erscheint?

Solche Visionen sind im besten Fall Privatoffenbarungen. Mit diesem Wort meint die Kirche, dass es solche Erlebnisse gibt und sie auch vielen Menschen im Glauben nützlich sind. Sie schreibt aber den Glauben für diese Dinge nicht vor. Man kann legitim ein guter Katholik sein, ohne für sich irgendwelche Privatoffenbarungen anderer zu nutzen. Auch Lourdes und Fatima sind Privatoffenbarungen. Daher ist auch kein Katholik gezwungen, das, was dort geschehen ist, zum Bestandteil seines Glaubens zu machen.

Gibt es das Paradies wirklich?

Ja, ich glaube fest daran. Ich hoffe und ich kann es mir nur so vorstellen, dass es voller Liebe ist.

Kapitel 3
Liebe – amor

Abt Gregor, wie kann man diesen Satz, der in Predigten immer wieder gesagt wird, verstehen: »Gott ist die Liebe«?

Das sind gute Prediger, denn sie beziehen sich auf die Heilige Schrift, auf den ersten Johannesbrief, in dem tatsächlich steht: »Gott ist die Liebe.« (1 Joh 4, 16) Diese Formulierung in der Heiligen Schrift ist theologisch betrachtet durchaus provokant und problematisch, denn es ist klar, dass wir Gott nicht definieren können. Wir können ihn grundsätzlich mit menschlichen Worten nicht fassen. Im Aufbau dieses Buches spielen, wie im Inhaltsverzeichnis zu sehen ist, die drei göttlichen Tugenden Glaube, Hoffnung und Liebe eine große Rolle. Zwar werden diese Tugenden göttlich genannt, sie werden aber hier den Menschen als Tugenden aufgetragen. Er soll sie verwirklichen. Und dann gibt es noch das wichtige Wort im ersten Korintherbrief: »Für jetzt bleiben Glaube, Hoffnung, Liebe, diese drei; doch am größten unter ihnen ist die Liebe.« (1 Kor 13, 13) Dieser Abschluss vom »Hohen Lied der Liebe« ist sozusagen das Sprungbrett, von dem aus der erste Johannesbrief – trotz der grundsätzlichen Unmöglichkeit – eine »Definition« Gottes wagt. Allein schon das Wort Definition macht klar, dass wir so etwas aus unserer Sicht für Gott nicht anstreben können, denn wir können ihn nicht begrenzen – was dieses lateinische Fachwort ja eigentlich meint. Die Zielrichtung aber ist klar: Das Größte und Schönste, was der Mensch hat und erlebt, ist der einzige und eigentliche Verbindungsweg zu Gott, und wir können ihn nicht besser nennen als »Liebe«.

Die Menschen verbinden heute mit dem Begriff Liebe aber auch noch andere Dinge.

Unsere Zeitgenossen haben einen extrem eingeschränkten Begriff von Liebe. Selbst wenn sie intelligent genug sind, Liebe nicht sofort mit Sex gleichzusetzen, sind sie aber vielleicht doch gleich in Versuchung zu sagen, Liebe sei ein schönes Gefühl, in dem man vorgefundene Sympathien lustvoll auslebt. Das aber ist noch lange nicht der Begriff christlicher Liebe. Diese ist nicht nur »Amor« und auch nicht nur »Philia«, sondern vor allem »Caritas« und die große menschliche Fähigkeit, Hass zu überwinden, zu verzeihen, Barmherzigkeit zu üben, für andere da zu sein ... »Proexistenz« nach dem Vorbild Christi. So wie er gelebt, geliebt, gelitten hat und auferstand, so sind wir für dieses Sein in Liebe berufen und sogar befähigt. Mit alldem sind wir noch immer im menschlich diesseitigen Bereich. Und die unendliche schöpferische Kraft der Liebe Gottes können wir zwar aussprechen, aber wir müssen wissen, dass unser Reden davon völlig unzureichend ist und Stückwerk bleibt. Die schöpferische Kraft der Liebe Gottes reicht vom Urknall und dem gesamten Universum als seiner Schöpfung bis zum Ende der Zeiten. Der große Ordensvater der Cistercienser, der heilige Bernhard von Clairvaux, hat den berühmten Satz formuliert: »Das Maß der Gottesliebe ist die Maßlosigkeit.« Das heißt also, dass im Horizont der Liebe sogar eine der vier Cardinaltugenden, die dem letzten Abschnitt dieses Buches Struktur geben möchten, nämlich das Maßhalten, schmilzt. Alles, was wir von jetzt ab und in diesem der Liebe gewidmeten Kapitel besprechen, muss in diesem Horizont gesehen werden. Sonst verfehlen wir das Thema.

Abt Gregor, Sie leben im Kloster Heiligenkreuz. Was bedeutet für Sie die Verwirklichung der Liebe in einer Gemeinschaft?

Die Brüder sollen sich in gegenseitiger Achtung zuvorkommen. »Jeder suche mehr den Vorteil des anderen als den eigenen.« Die opferbereite Liebe Christi ist das Vorbild, Verzeihung das Grundprinzip. Um das zu verwirklichen, sind sicherlich Kommunikation und Gesprächskultur von entscheidender Bedeutung. Der Abt muss versuchen, seine Aufgabe als Stellvertreter Christi in der Gemeinde des Klosters so wahrzunehmen, dass er zwischen Mitbrüdern vermittelt oder unter vier Augen sich bemüht, nützliche Tipps zu geben, um im Gespräch Spannungen zu überwinden. Das ist natürlich eine krasse Überforderung eines Menschen, auch wenn er Abt ist.

Wird die Liebe nicht auch in anderen Gemeinschaftsformen, abgesehen von Ehe- und Klostergemeinschaft, verwirklicht?

Der oben geschilderte umfassende Begriff von Liebe findet seine Anwendbarkeit in unterschiedlicher Form in allen Gemeinschaften, so auch im Kloster. Die häufigste Form der Anwendung ist sicherlich die in Ehe und Familie. Aber auch andere Gemeinschaften können letzten Endes nur aus dem Grundprinzip der Liebe im umfassendsten und weitesten Sinn existieren. Das gilt für Unternehmen und die Wirtschaft, für Politik und jede einzelne Gebietskörperschaft, für die Ausbildung vom Kindergarten bis zur Universität, für die Kultur in ihren spannungsreichen Verflechtungen, und das gilt natürlich für die Kirche im Ganzen und in jeder einzelnen ihrer Lebenszellen. Üblicherweise hat man bei diesen Lebenszellen die Diözesen und Pfarren vor Augen. Eine besonders konkrete Lebensform der Liebe in kirchlicher Verwirklichung ist sicherlich jede Ordensgemeinschaft und jedes Kloster nach der Regel des heiligen Benedikt. Der heilige Benedikt schreibt am Ende des Vorwortes zu seiner Regel, dass er eine »Schule für den Dienst des Herrn« gründen will. Wenn wir bei diesem Satz die Vokabeln noch einmal anders setzen, dann heißt es: »Man kann im Dienst der Liebe lernen, die Liebe (den Herrn) zu lieben.« Und die Cistercienser erweitern diesen Begriff sogar direkt auf »Schule der Liebe«. Kurz darauf sagt der heilige Benedikt, dass man zur »Bewahrung der Liebe« auch etwas strengere Anforderungen stellen kann: also Ansprüche an den Menschen, die Liebe zu verwirklichen, die nicht automatisch vorgefundene Sympathie ist. Und schließlich formuliert er den Satz, den ich besonders liebe: »Sobald man aber im klösterlichen Leben und im Glauben Fortschritte macht, weitet sich das Herz, und man geht den Weg der Gebote Gottes in unsagbarer Freude der Liebe.« Eine andere Stelle aus der Regel des heiligen Benedikt, die mir besonders lieb ist, zeigt, wie duldsam und milde die Liebe sein soll. Dem Abt wird aufgetragen: »Er hasse das Böse und liebe die Brüder. Muss er zurechtweisen, handle er klug und gehe nie zu weit, damit das Gefäß nicht zerbricht, wenn er es allzu sauber vom Rost reinigen will.«

Was tun Sie denn, wenn der Rost da ist, wenn Mitbrüder Fehler machen?

Das betrifft auch mich. Und trotzdem gehe ich davon aus, dass jeder Mitbruder voll guten Willens ins Kloster kommt. Und dass man daher diesen guten Willen motivieren und auch durchaus selbstständig wachsen lassen soll. Hingegen dürfen Kritik und Strafe erst ganz untergeordnet und danach kommen. So meint das auch der heilige Benedikt und beauftragt daher den Abt, nicht an dem Gefäß der Gemeinschaft pedantisch, rechthaberisch und aggressiv den Rost restlos wegzuputzen. Manchmal hält auch ein bisserl Rost, den man liebevoll toleriert, ein beschädigtes Gefäß doch noch für einige Zeit zusammen. Vor vielen Jahren hat mich mein Neffe gebeten, ihn zu trauen. Er war Absolvent des Stiftsgymnasiums von Seitenstetten und hat mir gesagt, dass ich bei der Predigt zur Hochzeit unbedingt auch den heiligen Benedikt erwähnen soll. Ich habe zunächst gezögert, weil es in der Regel des heiligen Benedikt logischerweise kein Kapitel über die Ehe gibt. Aber beim Nachdenken ist mir schließlich klar geworden, dass das Grundprinzip der christlichen Liebe bei Kloster und Ehe eigentlich dasselbe ist. Und so habe ich dann bei der Predigt gesagt: »Wenn der heilige Benedikt sagt, der Abt soll das Gefäß nicht allzu sehr vom Rost reinigen, weil es sonst zerbricht, so gilt das auch für das Gefäß der Ehe: Die Ehe ist keine moralische Anstalt, wo der eine oder die andere so lange an ihr oder an ihm herumerzieht, bis der andere so ist, wie man ihn haben will. Sondern ein bisserl Rost, der liebevoll toleriert wird, hält einiges zusammen.« Nachher wurde mir berichtet, dass man bei den Worten »Man soll nicht allzu sehr am anderen herumerziehen« beobachten konnte, wie zahlreiche Ehefrauen ihre Ehemänner und umgekehrt mit dem Ellbogen in die Seite stießen. Offensichtlich um zu sagen: »Hör, was der dort vorne sagt; erzieh nicht so viel an mir herum!«

Ich glaube, wir haben alle in unseren Beziehungen den Fehler gemacht, uns gegenseitig erziehen zu wollen. Und in einer Firma ist es ebenso.

Genau das ist ja die Frage. Nämlich ob man dem anderen ganz bewusst Freiraum, Initiative, Kreativität, Individualität, natürlich bis zu einem gewissen Maß belässt. Man muss sich um bestimmte Abläufe bemühen, die im Betrieb, in der Familie und im Kloster eine Ordnung von vornherein voraussetzen, die nicht diskutiert werden muss, die sozusagen feststeht.

Nun kann es doch auch vorkommen, dass in einem Kloster die Liebe unter Mitbrüdern zu »innig« wird. Wie gehen Sie als Abt in einem solchen Fall vor?

Im heutigen säkularen Kontext der Diskussionen in den Medien, wo auch sehr viel von Homosexualität gesprochen wird, möchte ich ein Missverständnis gleich ganz klar ausschließen: Es darf im Kloster unter keinen Umständen um die Praxis gleichgeschlechtlicher Beziehungen gehen. Ich weiß, dass diese Verwirklichung das Kloster von innen heraus zerstören würde. Ich sehe mich daher verpflichtet, gerade nach all den Katastrophen, die über die Kirchen insbesondere in den USA und in Irland gekommen sind, jeden Kandidaten, der sich für den Eintritt anmeldet, zu fragen, ob er eine homosexuelle Veranlagung in sich spürt. Ich kann nur Kandidaten aufnehmen, die diese Frage verneinen, und sage ihnen auch, dass, wenn diese Antwort sich nachträglich als falsch herausstellen sollte, alles ungültig ist, weil es auf falschen Voraussetzungen aufgebaut war. Dieser Mitbruder muss dann unser Kloster sofort verlassen.

Wird das in allen Klöstern dieser Welt so gehandhabt?

Das kann ich nicht beurteilen. Ich würde aber jedem Abt und Ordensoberen, aber auch jedem Bischof, dringend empfehlen so vorzugehen. Der Katechismus der katholischen Kirche hält fest, dass Homosexualität nicht praktiziert werden darf. Menschen, die sich so geprägt wissen, sind zur Keuschheit verpflichtet. Das erregt natürlich ungeheuren Widerstand. Dabei ist es nach Meinung der katholischen Kirche dieselbe Keuschheit, die Menschen vor oder außerhalb der Ehe pflegen sollten. Wir werden immer und überall für Menschen aller Art da sein. Aber wir werden auch sagen, wo Umkehr notwendig ist. In einer Zeit, in der man unter dem Titel der Antidiskriminierung die Ehe zwischen Mann und Frau mit der Verbindung von Personen gleichen Geschlechts gleichsetzt, muss man sich auch im Klaren darüber sein, dass man damit die Ehe in krasser Weise diskriminiert. Im ursprünglichen Sinn des Wortes bedeutet diskriminieren (von lat. »discernere«) unterscheiden. Natürlich muss ich Gleiche gleichstellen, darf also nicht diskriminieren. Aber ich muss Ungleiches auch entsprechend der Ungleichheit verschieden behandeln, wie Cardinal Schönborn nicht müde wird einzufordern. Alle diese grundsätzlichen Überlegungen sind heute vor einer ganz oberflächlichen Political correctness vollkommen in den Hintergrund getreten. Die Ehe als Gemeinschaft von Mann und Frau ist nicht nur einzigartig, sondern unverzichtbar wichtig für das Fortbestehen der Menschheit. Und wenn wir sie in der oben geschilderten Weise diskriminieren, sägen wir den lebendigen Ast ab, auf dem wir sitzen, leben und uns fortpflanzen.

Hat denn die Liebe unbedingt mit Gott zu tun?

Ich bin überzeugt, es muss jemanden geben, der hinter all dem steht. Denn wenn die Liebe Gottes keine Kraft wäre, würde gar nichts aus dem Nichts ins Sein kommen. Das bedeutet, auch wenn meine Eltern sich noch so sehr geliebt hätten, wenn Gott gewollt hätte, wäre nicht ich, sondern ein anderer. Das heißt: Der Zufall hat mitgespielt, und jetzt bin ich.

Wenn ich Sie jetzt richtig verstanden habe, dann war zunächst Gott, durch ihn kam die Liebe, und das ist die absolute Voraussetzung für die menschliche Liebe?

Wie schon erwähnt: Die Kirche ist die entschiedene Vertreterin von Ehe und Familie. Sie werden verstehen, dass ich nur alle Paare ermutigen kann, mit einem: Go ahead, heiratet und führt eine gute Ehe. Natürlich immer unter dem Gesichtspunkt, dass in jedem Menschen Liebe, Bereitschaft zum Verzeihen, zur Vergebung, Geduld, Hilfsbereitschaft, Aufopferung und so weiter enthalten sein muss.

Haben Sie eigentlich schon viele Ehen gerettet durch Ihren Beruf? Ich könnte Sie mir gut als Mediator bei einem Ehepaar vorstellen, wo es nicht mehr ganz so gut funktioniert.

Ich habe leider nicht verhindern können, dass Ehen, wo ich der trauende Priester war, trotzdem wieder auseinandergegangen sind. Obwohl ich mir die beiden Ehepartner im Prinzip immer vorher für zwei volle Tage ins Stift Heiligenkreuz bestelle, auch separat, damit sie dazwischen Zeit zum Nachdenken haben. Ich bemühe mich, in der Vorbereitung zur Ehe mit den beiden künftigen Partnern ausführlich zu sprechen. Und ihnen dann in der Frage des Sakraments und der Feier einen Horizont zu zeigen, der das Ganze dann schön, erfreulich und lebenswert macht. Ich biete allen immer an: »Bitte, wenn ihr Schwierigkeiten habt, kommt zu mir. Ich werde euch gerne helfen.«

Warum sind diese Ehen dennoch zerbrochen?

All jene Paare, bei denen die Ehe wieder auseinandergegangen ist, haben sich davor nicht Hilfe suchend an mich gewendet. Ich hatte in den 25 Jahren, wo ich Priester bin, konkret zwei derartige Fälle. Dazu muss ich eines sagen: Ich bin kein Pfarrer und muss nicht von Amts wegen Menschen trauen. Wenn Menschen, die persönliche Beziehungen zum Kloster und zu mir haben, mich bitten, dass ich sie traue, dann tue ich das. Ich muss mich auch speziell auf diese Zeremonie immer wieder von Neuem vorbereiten. Und trotzdem gibt es keine Garantie dafür, dass eine Ehe dann auch gelingt. Wenn ich von der Trennung eines von mir getrauten Paares erfahre, ist das für mich schmerzlich und bedrückend.

Sie helfen Eheleuten auch, in Krisenzeiten weiterzumachen. Sozusagen die Liebe wiederzufinden.

Ich hoffe, dass all das, was wir durch Stift Heiligenkreuz, unsere Liturgie und unsere Predigten hier bewirken, den Eheleuten hilft, ihre Liebe wiederzufinden. Zumindest sagen uns die Menschen, die an unseren Liturgien teilnehmen, immer wieder, wie dankbar sie sind und dass sie sich wohlfühlen und dass ihnen unser Haus hilft. Aber, um es bildhaft auszudrücken: Zu glauben, wir könnten wie der Klempner ein leckes Rohr wieder zusammenschrauben, und dann sagen: »Jetzt habe ich diese Ehe repariert« – so einfach ist es nicht.

Glauben Sie, dass es heute schwieriger geworden ist, als Paar zusammenzuleben, als vor vierzig Jahren?

Ja, das glaube ich. Die Anspruchshaltung der Menschen aneinander, angefeuert durch Berichte in den Medien, die bis zu sexuellen Ansprüchen an Ehepartner geht, sowie materielle Ansprüche von außen, die ziemlich störend wirken können in einer Beziehung, ist dramatisch gestiegen. Das ist wohl oft der Grund, warum Ehen mit »Ach und Krach« auseinanderbrechen.

Zeit ist ein wichtiger Faktor im Leben, Karriere auch. Wo bleibt denn dann die Liebe?

Genau das ist ja die Frage. Und ich mache mir Sorgen darüber, denn es sieht so aus, als ob die jungen Menschen heute nicht einmal mehr die Zeit haben zu heiraten, weil sie im Berufsleben eingespannt sind. Ich glaube auch, dass es heutzutage für junge Paare schwer ist, die von der Kirche als »Ideal der Ehe« bezeichneten Eigenschaften – wie haltbar, verzeihensbereit, gläubig und so weiter – zu realisieren. Ich hatte letztes Jahr ein schönes Erlebnis: Ich durfte mit einem Ehepaar, das ich vor 25 Jahren getraut habe, gemeinsam die Silberhochzeit feiern. Das finde ich erstens sehr toll und zweitens lasse ich bei einer solchen Gelegenheit nie den Moment vorbeiziehen, mich bei ihnen im Namen der katholischen Kirche zu bedanken. Also habe ich in meiner Rede zu ihnen folgendes gesagt: »Ich danke euch auch im Namen der Kirche. Denn dass ihr über 25 Jahre zusammengehalten, Schwierigkeiten überwunden, Kinder trotz ungünstiger Umstände erzogen habt, diese Ehe ein Vierteljahrhundert halten konntet, ist eine Riesenfreude für uns. Wenn ihr zum Gebet hierher kommt, dann habt ihr vermutlich gute Vorsätze, es weitere 25 Jahre mit der Gnade Gottes erfolgreich zu probieren. Dann, finde ich, steht es der Kirche auch zu, Danke zu sagen. Bravo. Wir freuen uns mit euch.« Ich habe das so formuliert, damit nicht der Eindruck entsteht, dass die Kirche alles für selbstverständlich hält.

Und woran liegt es, glauben Sie, dass es heute nicht so leicht ist, eine Ehe über viele Jahre zu führen? Ist es wirklich die mediale Suggestion, der wir erliegen?

Daran ist einerseits die Ökonomie mit ihrem Konsumdrang und mit ihrer absorbierenden Wirkung schuld. Ich habe soeben die jungen Leute, die gar keine Zeit mehr haben, um zu heiraten, erwähnt. Gerade junge Frauen sind davon betroffen, die studieren und Karriere machen, dann aber kein Privatleben mehr mit Freunden, Ferien, Gesellschaft und abends Ausgehen führen können, weil sie so von ihrem Beruf aufgezehrt werden. Der materielle Druck, der innerhalb der Ehe entsteht, ist ebenfalls ein »Ehebrecher«. Auf der anderen Seite beobachte ich, dass die Menschen so erschöpft nach Hause kommen, dass sie gar nicht mehr merken, wie es ihren Partnern oder Familienmitgliedern geht. Ein großer Fehler liegt auch im Konsumrausch. Die Menschen glauben, sie müssen ausgiebig konsumieren, anstatt sich miteinander und übereinander zu freuen. Das ist, glaube ich, der Grund für die ständige Unzufriedenheit der Menschen. Viele Menschen definieren sich nur noch über ihre Bekleidung, ihr Haus, ihr Auto und daraus entstehen Pseudoprobleme.

Abt Gregor, was machen Ihrer Meinung nach die Menschen heute falsch, wenn sie das Ideal der christlichen Liebe nicht verwirklichen?

Das hängt, glaube ich, mit dieser Atmosphäre zusammen, in der sich der Mensch durch den Konsum definiert, einerseits Konsum in den materiellen Ansprüchen allgemein, andererseits aber auch im »Konsum« von Sex. Dabei geht natürlich das christliche Ideal der Liebe vollständig verloren. Die ausgelebte Sexualität von Mann und Frau in der Ehe ist Gottes Geschenk und gut. Aber bei der christlichen Liebe geht es um wesentlich mehr.

Aus dieser inneren Logik ergibt sich auch, dass das Sakrament der Ehe einerseits und der priesterliche Zölibat andererseits Verwirklichungen derselben Liebe sind. Natürlich sind es unterschiedliche Formen der Verwirklichung, aber das umfassende Prinzip der Liebe muss in beiden voll sichtbar werden. Wenn die Kirche den Zölibat vorschlägt, so ist sie tatsächlich in der Nachfolge Christi. Diese Form der Christusnachfolge berechtigt die Kirche, weiterhin die Ehelosigkeit um des Himmelreiches willen anzubieten. Gleichzeitig ist die Kirche jene Institution, welche die Ehe zu einem Sakrament macht und gegen alle Angriffe verteidigt. Die Kirche ist ja nicht sexualfeindlich, sondern sie will Ehe und Familie als großartige Form der Verwirklichung. Gleichzeitig bietet sie den Menschen auch die Möglichkeit an, Christus zu folgen. Das muss man ja im Zusammenhang sehen, damit man nicht immer ein falsches Vorurteil hat.

Warum darf ein Priester nicht heiraten?

Niemand wird zum Zölibat gezwungen, sondern die Kirche bietet das sakramentale Priestertum und das Ordensleben jenen an, die sich zur Ehelosigkeit um Christi willen berufen fühlen. Ein Mitbruder von mir hat einmal gesagt: »Ich bin ja nicht von der Schweizergarde unter Zwang aus meinem Elternhaus getragen worden, um zum zölibatären Priestertum gezwungen zu werden!« Ordensstand und Priestertum bauen in der westlichen Kirche auf der vorausgehenden Berufung zur Ehelosigkeit auf. Klaus Berger hat in seinem Büchlein »Zölibat« auf die tiefe theologische Dimension des Zölibats aufmerksam gemacht: Christus hat zölibatär gelebt, er beruft seine Apostel sogar aus der Familie heraus und von Ehe und Familie weg. »Nicht alle können dieses Wort erfassen, sondern nur die, denen es gegeben ist.« (Mt 19, 11) Es gibt nun einmal im Neuen Testament die drei evangelischen Räte Armut, Gehorsam und keusche Ehelosigkeit. Zum beispielhaften Leben Christi und seiner Apostel gehört aber der ganze theologische Hintergrund der Brautmystik dazu. Diese ist im

Alten Testament vorgeformt und soll zeigen, dass die Seele letztlich zu einer Vereinigung mit Gott berufen ist und dass sie daher auch den Weg der irdischen Ehelosigkeit und Keuschheit gehen kann. Im Neuen Testament ist dann die Vereinigung von Christus mit seiner Kirche Vorbild für die Ehe, aber auch für den zölibatären Weg, wie er selbst ihn gegangen ist.

Sicherlich spielt auch eine Rolle, dass in der Geschichte des Abendlandes Kirchendekadenz und Kirchenreform immer verbunden waren mit der Frage Priesterehe oder Zölibat. Das 21. Jahrhundert ist in der Frage der theologischen Grundbeschaffenheit der Menschheit noch immer das von Adam und Eva. Gott sie Dank! Die Ehelosigkeit ist nicht ganz einfach einzusehen, vor allem auch vor dem Hintergrund, dass es in katholischen Kirchen auch noch andere Riten gibt, wo Priester durchaus verheiratet sein können; etwa nach dem byzantinischen Ritus. In der lateinischen, westlichen Kirche hat sich der Priesterzölibat ausgebildet. Ohne Zweifel sind Mönchsklöster und Nonnenklöster immer schon Orte der Ehelosigkeit und der Keuschheit gewesen. Im Laufe der spannungsreichen Geschichte der Kirche im Westen hat sich herausgestellt, dass immer wieder Wellen von Dekadenz und Verfall einerseits und Reform und Erneuerung andererseits nicht zuletzt von den Klöstern aus in die Weltkirche getragen wurden. So wurden diese mönchischen Aspekte des Lebens – Ehelosigkeit und Keuschheit – auf das Priestertum übertragen.

Doch nun zur eigentlichen, entscheidenden Schlussdimension: Es ist eine christusförmige Lebensweise. Christus, der Herr, als die absolute Krönung und der Höhepunkt des Menschseins überhaupt, hat ehelos und keusch gelebt. Das in der Kirche und somit im Priestertum sichtbar zu machen und lebbar zu zeigen, kann von Mönchen und Nonnen einerseits, aber auch von Weltpriestern andererseits ganz entscheidend in die Verkündigung hineingenommen werden.

Dass Jesus in seiner Zeit so lebte, ist also das Argument für den Zölibat, Ende der Diskussion?

Wir leben im Zeitalter von Sigmund Freud. Nachdem Karl Marx, einflussreicher Theoretiker des Sozialismus und Kommunismus, weitgehend abgetakelt ist, sehe ich in Sigmund Freud eine geniale Erscheinung in der geistigen Welt der Psychologie und der Medizin. Doch die Freudianer waren immer sehr stark auf die Sexualität fixiert. Wobei Sigmund Freud in Eros und Thanatos fast eine religiöse Ambivalenz gesehen hat. Das klingt wie aus dem Hohelied der Liebe: »Stark wie der Tod ist die Liebe.« (Hld 8, 6)

Zur Frage nach der Diskussion: Man kann ja über alles diskutieren, doch die Frage ist eigentlich seit dem Zweiten Vatikanischen Konzil ausdiskutiert. In der momentanen Diskussion geht es nicht darum, dass man die Vor- und Nachteile abwägt, sondern dass man die Kirche langsam zermürben will: damit sie doch endlich bei dieser argumentationslosen Diskussion erschöpft in die Knie geht und nachgibt. Man kann das Thema vorerst einmal abhaken. Wenn in späteren Generationen neue Argumente dafür aufkommen, dann kann man vielleicht überlegen, die Diskussion wieder aufzunehmen. Aber im Grunde genommen ist es ermüdend, unerquicklich und nicht zielführend, wenn man ständig nur an diesem Thema herumzuzelt, als ob es nichts Wichtigeres gäbe.

Aber das ist doch die zentrale Frage.

Nein, nein! Der Zölibat ist doch nicht die zentrale Frage! Wie die Welt erschaffen wurde und durch Christus erlöst worden ist, das sind die wichtigen Fragen. Weder Zölibat, noch Frauenpriestertum, noch die Wahl der Bischöfe sind religiöse Fragen. Das finde ich an dieser Diskussion so erbärmlich: dass wir uns an Fragen wund und blutig reiben, die überhaupt nichts bringen. Das sind alles viertrangige Fragen. Es gibt so viele wichtige Themen, wie die Heilige Schrift, die Erlösung, die Sakramente, die Gnadenlehre: Das sind zentrale Fragen. Und nicht diese aus unserer emanzipatorischen Kleinbürgerei entstandenen Zweifel. Das ist unglaublich, dass man dazu sagt, das seien die zentralen Fragen. Nur weil Journalisten seit Jahrzehnten immer wieder mit der »Salamitaktik« versuchen, Themen von der Kirche förmlich herunterzuschneiden. Das ist ja absurd.

Was ist der Unterschied zwischen der Lebensgemeinschaft mit einem Partner und in der klösterlichen Gemeinschaft?

Zuerst muss ich natürlich sagen, das mir der Begriff »Lebensgemeinschaft mit einem Partner« nicht liegt. Ich spreche von Mann und Frau in der Ehe. Doch die Ehe in der Polarität von Frau und Mann, der gelebten Sexualität und der Gründung einer Familie findet sich so in der klösterlichen Gemeinschaft überhaupt nicht wieder. Gruppendynamisch allerdings müssen sich die Mönche nicht nur auf eine Person, sondern auf mehrere einstellen. Aber es kommt der Augenblick – zumindest im Kloster –, wo meine Mitbrüder und ich durch den Glauben alle an einem Strang ziehen: Die Liturgie, das Gestalten des klösterlichen Lebens mit Gesang und dem Chorgebet, das sind Momente, die in ihrem kulturellen und ästhetischen Wert etwas haben, das mich und meine Mitbrüder unglaublich trägt. Nach der Feier der Karwoche in Heiligenkreuz, die man liebevoll vorbereitet, die man stundenlang im Gebet und im Gesang feiert, sieht man, dass man wirklich vom Glauben, von der Liebe und dem Leben erfüllt ist. Weil man fühlt, dass man Wahrheit nicht nur als Erkenntnisobjekt, sondern als spürbares Lebenselement erlebt, hört, begreift. Hier liegt eine ganz große Möglichkeit im theoretischen Glauben. Wir sehen den Glauben hier als intellektuelles Ereignis. Das muss so sein.

Ich finde es interessant, von Ihnen zu hören, dass es für einen Menschen nicht leicht ist, in ein Kloster einzutreten. Und dass auch Sie als Spätberufener sich gefragt haben, wie Sie damit umgehen sollen. Wie haben Sie das gelöst, als Sie gemerkt haben, dass nicht alles so ist, wie Sie gedacht haben, dass es sein würde?

Der Effekt war bei mir ein zweiteiliger. Einerseits dachte ich mir: Hoppala, das ist ja ganz anders, als ich dachte. Da merkte ich, dass aller Grund zur Demut bestand, weil nicht ich alles gestaltet und »gemacht« habe, sondern ich bin geführt worden, ohne dass ich das Ganze überblicken konnte. Vor allem hatte ich die Reaktion der Mitbrüder und die ersten Hürden im Kloster überhaupt nicht einkalkulieren können.
Andererseits sagte ich mir dann: Es ist ja viel besser, viel tiefer und viel schöner, als ich ursprünglich gedacht hatte.

Also haben Sie das Klosterleben schließlich als schön empfunden?

In der Frage, die ich eben angesprochen habe, also in meiner eigenen Beschiedenheit bezüglich meiner Wirkung auf andere Menschen, wurde ich plötzlich demütiger. Das war dringend notwendig. Das Klosterleben an sich ist sehr schön.

Die Jugend beschwert sich manchmal darüber, von den Erwachsenen keine oder zu wenig Werte vermittelt zu bekommen, hätte aber gerne welche. Was sagen Sie dazu?

Ich möchte gerne mit einem Lied des Schauspielers Helmut Qualtinger antworten, nämlich »Der Halbwilde« (Abt Gregor verstellt seine Stimme singt): »Mein Vater sagt, aber dem geht der Verstand o, ich hab für wahre Ideale kan Sinn. Na ist des net a Ideal? Der Marlon Brando mit seiner Maschin.« Also, die Begriffe »Idol, Ideal, Werte« muss man natürlich in die richtige Relation setzen.

Bravo. Helmut Qualtinger führt uns genau zum Thema Leben in Freiheit – also einem eigentlichen Grundwert.

Freiheit ist ohne Zweifel ein notwendiger Wert. Ich habe das Gefühl, dass in unserer Zeit ein falscher Begriff von Freiheit grassiert.

Wie meinen Sie das?

Ich bemerke, dass die Menschen sich nicht mehr fragen: Was mache ich eigentlich mit meiner Freiheit? Diese Einstellung führt unweigerlich zur Unentschlossenheit im Glauben, da sich kein Mensch mehr festlegen und entscheiden will. Die Menschen bewegen sich so lange in einer Art von Unverbindlichkeit, bis sie schließlich in den wirklichen Dingen des Lebens keine Motivation mehr sehen. Das kann man oft in Beziehungen beobachten: Ein großes Problem der heutigen Zeit ist die Bindungsangst. Es gibt wenige Menschen, die sich bewusst, frei, mit reinem Gewissen und mit Mut zum Risiko für eine Heirat entscheiden. Dort, wo es dennoch gelingt, gratuliere ich immer.

Und was sagen Sie denjenigen, die keine Bindungsangst haben?

Ich sage jedem Brautpaar, das ich traue: Respektiert bitte die Freiheit des anderen. Ich verstehe diese Formulierung jedoch nicht als Motivation zum Ehebruch. Im Gegenteil: Die Menschen müssen wieder lernen, sich gegenseitig zu achten.

Und nicht den anderen verändern zu wollen.

Wichtig ist, dass die Individualität jedes einzelnen Menschen in einer Beziehung bestehen bleibt. Doch Vorsicht: Wer sich bis zu einem bestimmten Zeitpunkt seines Lebens nicht getraut hat, sich auf einen Menschen einzulassen und eine Ehe oder eine Familie zu begründen, wird vermutlich eines Tages einsam und zu überhaupt nichts mehr imstande sein.

Haben Sie Ihre Freiheit beschnitten, indem Sie Priester und Mönch wurden?

Es war mein Wille, Handelswissenschaften zu studieren und eine Karriere in der Spedition zu starten. Ich war, rückblickend betrachtet, von äußeren Dingen getrieben und machte das, was sich so aus irgendwelchen Zufällen mehr oder weniger unbewusst ergab. Die beste Entscheidung in meinem Leben war aber, mit 33 Jahren zu sagen: Ich will ins Kloster gehen, und mit 34, es zu tun. Das war der Moment, wo ich das Gefühl hatte, jetzt bin ich wirklich Herr meiner eigenen Entscheidung. Erst viel später habe ich dann festgestellt, dass mir das alles geschenkt wurde und dass es jemand anderen gibt, der mich da geführt und gesteuert hat. Trotzdem ist es wichtig, dass man zu bestimmten Zeiten des Lebens die Freiheit nutzt.

Sie sind also nicht der Meinung, Sie hätten Ihre Freiheit plötzlich aufgegeben?

Die Freiheit ist eine leicht verderbliche Ware. Wenn ich versuche, die Freiheit in einem »Rexglasl« zu konservieren, wird sie faul und stinkt. Ich muss sie im entscheidenden Zeitpunkt einsetzen, ausschütten, besprühen, um in Freiheit die richtige Entscheidungen zu treffen, also wenn Sie so wollen, um werteorientiert zu agieren.

Sagt man nicht: Freiheit ist, das tun zu können, was man möchte?

Naja, ich glaube, die meisten Menschen verstehen heute den Begriff der Freiheit ganz anders: Viele sagen doch, sie bleiben ungebunden und legen sich somit nicht fest.

Ist das ein Selbstschutz?

Es gibt Menschen, die haben einfach Angst, ihre Meinung zu sagen. Und zwar, weil sie das Gefühl haben, dass sie dann von ihren Mitmenschen gleich an ihren Aussagen festgenagelt werden. Und vielleicht auch, weil sie sich mit ihrer Aussage dann doch nicht identifizieren. Sie wollen einfach frei und unverbindlich bleiben.

Was bedeutet der Begriff Freiheit für Sie persönlich, Abt Gregor?

Meine Freiheit sollte in Harmonie und Abgrenzung zu den Freiheiten der anderen Menschen verlaufen. Ich darf nicht wegen meiner Freiheit die Freiheit anderer Menschen missachten oder gar über sie bestimmen. Ich muss mir immer sagen: »Ich will mich mit meinem Freiheitsanspruch harmonisch in die Ehe, die Familie, das Kloster, den Betrieb, in dem ich arbeite, einbringen, sodass die anderen auch ihre Freiheit und damit ihre Kreativität leben können.« Das heißt aber nicht, dass ich nur Diener der Freiheit der anderen bin. Ich darf selbstverständlich auch meine eigene Freiheit haben. Aber ich soll sie für die wertorientierte Entscheidung nutzen und dabei immer den Nachbarn im Blick haben. Also darauf achten, dass er seine Freiheit auch nutzen kann. Oder feststellen, ob ich durch meinen selbstbewussten Freiheitsgebrauch ihm einen Teil seiner Möglichkeiten zur Freiheit raube. Das sollte man immer bedenken.

In Freiheit zu leben, bedeutet also auch, gemeinsam zu entscheiden, wie es weitergeht. Also haben wir hier noch einen Wert: die Demokratie?

Die Demokratie ist an sich noch kein Wert im engeren Sinn. Sie ist aber wertvoll, weil sie versucht, unter verschiedensten Interessen einen Weg zu finden, der sich verbinden lässt. Da ist zum Beispiel ein Satz ganz wichtig: »Die Demokratie ist nicht die Diktatur der 51 über die 49, sondern sie ist die Anerkennung möglichst vieler Werte innerhalb ihres Systems.« Da ist der Begriff der partizipativen Repräsentanz aller Menschen in einer Gesellschaft enthalten: also die Rechte der Minderheit. In demokratischen Regelungen führt das etwa dazu, dass auch jene, die zwei Prozent, neun Prozent oder 20 Prozent besitzen, ihre Berechtigung haben.

Wie sieht denn das Zusammenspiel zwischen Demokratie und anderen Werten aus?

Die österreichische Verfassung ist ein reines Regelwerk, wie sie Hans Kelsen als positivistischer Rechtsdenker konzipieren musste. Sie ist als solches Regelwerk sehr gut, aber es ist die

Frage, ob sie in sich schon ein Werk ist. Ich bin zutiefst Demokrat und möchte, dass die Demokratie gelebt und praktiziert wird. Die Demokratie lebt aber von Werten, die sie sich selbst nicht geben kann, und ist daher auf »Wertproduzenten« angewiesen. Und ein solcher »Wertproduzent« von höchstem Rang ist die Kirche. Ich glaube, dass der demokratische Staat aus sich heraus nicht religiös ist und Religion und Werten fair gegenübertreten muss. Letztlich hat der Staat ein hohes Interesse, »Wertproduzenten« zu erhalten und zu fördern. Er ist auf sie angewiesen! Aber auch einzelne Menschen, die beispielgebend wirken oder denken, bringen Werte in die Gesellschaft ein und müssen von der Gesellschaft gefördert werden.

Wie sieht das Zusammenspiel zwischen Freiheit und Liebe aus?

Die Freiheit hat sicherlich einen wesentlich niedrigeren Rang in der christlichen Tugendlehre als die Liebe. Die Liebe aber ist die größte unter den drei göttlichen Tugenden: Glaube, Hoffnung, Liebe. Letztlich zielt ja die Liebe sogar darauf hin, die einzige akzeptable »Definition« Gottes zu bringen: »Gott ist die Liebe, und wer in der Liebe bleibt, bleibt in Gott, und Gott bleibt in ihm.« (1 Joh 4, 16) Die Freiheit gehört also nicht zu den drei göttlichen Tugenden, ja noch nicht einmal zu den vier Cardinaltugenden: Gerechtigkeit, Tapferkeit, Klugheit und Mäßigung. Es stellt sich sogar die Frage, ob Freiheit überhaupt als Tugend anzusehen ist. Freiheit ist ein Wert und sogar ein sehr wichtiger Wert. Sie ist Voraussetzung jeden sittlichen Handelns, sie ist eine Conditio sine qua non. Die Freiheit ist in der Formulierung der Französischen Revolution »Liberté, Égalité, Fraternité« in eine höchst ungleiche Dreiecksbeziehung geraten. Brüderlichkeit ist, richtig verstanden, eine sehr beachtliche Tugend. Gleichheit ist ambivalent: Sie kann falsch verstanden, auch schlecht sein, wenn Ungleiches zwanghaft gleich gemacht wird. Eine falsch verstandene Gleichheit führt zu Gleichmacherei, zu Gleichgültigkeit und schließlich zur Resignation in der Feststellung: »Es ist eh alles gleich!« Die Freiheit im Gleichklang der Französischen Revolution steht also mit ungleichen Dingen im Kontext.

Nochmals: die Freiheit ist sehr wichtig als Bedingung für das sittliche Handeln. Sie ist sehr nützlich und muss daher klug, maßvoll, tapfer und gerecht benützt, ja eingesetzt werden. In den letzten Entscheidungen wird sie daher sogar »aufgezehrt« oder verbraucht. Es gehört zu den großen Gefahren unserer Zeit, dass man alle möglichen Freiheiten unter allen Umständen und langfristig aufrechterhalten will und dabei vergisst, dass man sie für sittlich gute Entscheidungen in gutem Glauben, in begründeter Hoffnung und in wahrer Liebe hingeben kann und manchmal sogar muss. Die oft zitierte Bindungsangst der heutigen Menschen ist eine Konsequenz aus dieser übertriebenen Freiheitssucht. Dabei muss der Mensch mit Realitätssinn festhalten, dass er von der Biologie her als diesseitig menschliches Wesen ein Ablaufdatum hat. Wenn er sich nie bemüht, eine Entscheidung zu treffen, in Freiheit, aber auch in Hingabe der Freiheit, wird er gegen Ende seines Lebens feststellen, dass er durch alle möglichen Umstände und Bedingungen seiner Umwelt total determiniert wurde und nie selbst entschieden hat. Nicht hingegebene Freiheit führt also in eine höllische Unfreiheit.

@ – und

Kapitel 4
Liturgie – liturgia

Man hört immer wieder, dass für den Christen in der Liturgie der Glaube feierlich erlebbar ist. Was ist eigentlich die Liturgie?

Die Liturgie ist das gemeinsame Beten, Feiern und Singen der Gläubigen als Gottesdienst. Dabei gibt es ganz unterschiedliche Formen der Liturgie und viele damit zusammenhängende Voraussetzungen und Folgen. Eine wichtige Voraussetzung für die Liturgie ist zum Beispiel die Architektur des Kirchenraumes. Von den Zeiten der Urkirche über die große Entwicklung der kirchlichen Architektur mit der Romanik, der Gotik bis hin zur modernen Architektur wird hier eine wichtige Kondition, eine Voraussetzung, für Liturgie geschaffen. Ich bin so dankbar, in Heiligenkreuz leben zu dürfen, weil hier im romanischen Schiff der Kirche und im gotischen Hallenchor großartige Räume für die Liturgie vorhanden sind. Diese Räume sind »Gefäße« für Gebet und Liturgie.

Was ist das spezifisch Klösterliche daran?

Nach vielen Führungen durch die Räume unseres Klosters ist mir klar geworden, dass man klösterliches Leben auch als eine liturgische Lebensform definieren könnte, sozusagen eine »Liturgie rund um die Uhr«. Alle Räume des Klosters sind direkt oder indirekt mit der Liturgie verbunden.

Können Sie ein Beispiel nennen?

Gerne. Das hochgotische Brunnenhaus im Kreuzgang des Stifte Heiligenkreuz ist an sich ursprünglich ein schlichter Funktionsraum, um sich vor und nach Tisch die Hände zu waschen. Wenn wir so etwas in unserer säkularen, unliturgischen Zeit bauen, entsteht ein fensterloses Räumchen mit Handwaschbecken und Neonröhre darüber. Im Jahr 1295 hat man in Heiligenkreuz das Brunnenhaus als hohen gotischen Tempel mit neun Ecken gebaut, in sich einschließend die sieben Säulen der Weisheit, Christus als Schlussstein im Gewölbe, wunderschöne bunte Glasgemälde und einen zentralen großen Brunnen, wo sich das Wasser in fünf Ebenen von Schale zu Schale ergießt. Aus unserer Zeit fragt man: Warum dieser Luxus? Die Antwort ist, dass im klösterlichen Leben alles von der Liturgie geprägt ist. Es lässt die Liturgie nachklingen oder es bereitet sie vor. Auch das Händewaschen im Brunnenhaus ist somit irgendwie liturgisch geprägt.

Das sind doch alles aber nur äußerliche Vorbedingungen.

Ich werde schon noch zum Zentrum der Liturgie kommen, aber aus dem klösterlichen Leben möchte ich noch andere Beispiele und Vorbedingungen nennen: Wenn wir als Gemeinschaft durch den Kreuzgang gehen, wird automatisch immer eine Prozession daraus; wenn wir im Refektorium – dem Speisesaal – die Mahlzeiten einnehmen, sitzen wir in einer Ordnung, die an den Abendmahlsaal erinnert. Und schließlich sind unsere Gewänder auch »para-liturgisch«: von der Liturgie geprägt und für sie nützlich.

Und was ist dann das Zentrum der Liturgie?

Ohne Zweifel ist Quelle und Höhepunkt aller Liturgie die Feier der heiligen Messe, die unblutige Erneuerung des Kreuzesopfers Christi, heilswirksam für uns alle. Diese Liturgie der heiligen Messe ist insofern wunderbar und geheimnisvoll, als sie einerseits Handeln Gottes für uns und an uns ist: Christus wird gegenwärtig und wir dürfen ihn empfangen. Andererseits aber ist sie auch unser Tun, unser menschliches Gestalten: Gebet, Gesang, Riten und vieles andere mehr. Im Kloster wird die heilige Messe täglich und feierlich mit Gesang gefeiert. Wir pflegen in Heiligenkreuz in besonderer Weise den gregorianischen Choral, den wir außerhalb der heiligen Messe auch beim Chorgebet singen. Es handelt sich um die älteste abendländische musikalische Meditation der biblischen Texte. Schon von daher ist sie von großem Wert. Dieser gregorianische Choral ist aber letztlich auch der Ausgangspunkt und der Nährboden für die gesamte europäische Musikentwicklung. Von den frühen kirchlichen Musikern wie Josquin Desprez über Monteverdi bis hin zum Höhepunkt bei Johann Sebastian Bach und den wunderbaren Messekompositionen von Haydn, Mozart, Beethoven, Schubert usw. Auch die moderne Musik sollte tunlichst ihre liturgischen Wurzeln nicht vergessen.

Welche moderne Musik wäre liturgischen Wurzeln am nächsten?

Wahrscheinlich Olivier Messiaen und Franz Schmidt.

Was ist nach der heiligen Messe als Höhepunkt weiters unter Liturgie zu verstehen?

Hier sind wir natürlich im Kloster in besonderer Weise beschenkt, weil wir uns im Auftrag der Kirche mehrmals am Tag treffen, um gemeinsam im Chor zu singen und zu beten. In Heiligenkreuz wird das Chorgebet grundsätzlich auf Latein gebetet. Das Latein ist nach den Worten des Zweiten Vatikanischen Konzils die Sprache der Kirche. Und sie steht in einer sehr engen Verbindung mit dem gregorianischen Choral. Ich liebe andere Formen des Kirchengesanges vom deutschen Kirchenlied bis zu großen Orchestermessen, aber der gregorianische Choral ist eigentlich nur in der lateinischen Sprache möglich.

Die Heiligenkreuzer Mönche haben sogar internationalen Erfolg mit dem gregorianischen Choral. Ihre CD »Chant – Music for Paradise« ist inzwischen weltweit bekannt.

Man sollte den Erfolg der CD nicht überbewerten. Natürlich hat es uns gefreut, dass so viele Menschen, auch solche, die dem Glauben und der Kirche ganz fern stehen, Interesse an unserer Liturgie gezeigt und offensichtlich Positives dabei erlebt haben. Es war berührend, Hunderte und Tausende von positiven Reaktionen auf unsere CD zu erhalten. Letztlich aber ist diese CD nichts anderes als die Liturgie der römisch-katholischen Kirche in der speziellen Ausformung eine Cistercienserklosters. Und wir tun damit in Heiligenkreuz gar nichts Außerordentliches. Ich gehe davon aus und hoffe, dass es auf der Welt doch sicher viele Klöster und Kirchenchöre gibt, die das ähnlich gut und hoffentlich fromm beten und singen können.

Wie ist es eigentlich zu der CD »Chant – Music for Paradise« gekommen?

Das war Zufall: Aufgrund eines Hinweises eines Freundes unseres Klosters in England haben wir uns an einem Wettbewerb der Plattenfirma Universal beteiligt. Wir kamen im allerletzten Moment noch in den Wettbewerb hinein, bei dem »clerical voices« gesucht wurden. Wir haben den Wettbewerb zu unserer großen Überraschung gewonnen und Universal hat uns das Angebot gemacht, eine CD herauszubringen. Der Zufall wollte es so, dass die Firma Universal ausgerechnet uns gut fand und mit ihrer professionellen »Sales Promotion« einen sensationellen Erfolg für diese CD bewirken konnte.

Aber so etwas hat es doch noch nie gegeben.

Selbstverständlich hat es so etwas schon gegeben: 1994 hat die Konkurrenz von Universal, die Firma EMI, mit Aufnahmen aus dem Benediktinerkloster Santo Domingo de Silos einen Tonträger mit gregorianischem Choral herausgebracht, der ganz ausgezeichnet war und drei Millionen Mal verkauft wurde. Damals waren es noch nicht Compact Discs, sondern Musikkassetten. Inzwischen habe ich gelernt, dass der Verkauf von einer Million CDs 2008/09 den drei Millionen von 1994 vielleicht gleichgesetzt werden kann, weil der Tonträgermarkt sich durch die Technik des Downloading im Internet vollständig verändert hat. Man kann ruhig sagen, dass dieser Markt inzwischen zusammengebrochen ist. So ist unsere Welt!

Also besteht durchaus ein Bedarf an Liturgie bei den Menschen, wenn sie den gregorianischen Choral auf CD kaufen.

Ich bin und bleibe Realist! Ich freue mich über die vielen positiven Reaktionen, die ich schon erwähnt habe, aber ich nehme an, dass es nur ganz wenige Fälle geben wird, in denen ein Mensch durch unsere CD wirklich zurück zum Glauben und zur Kirche findet. Ich schließe nicht aus, dass es diese Fälle gegeben hat; je mehr, desto besser! Aber bleiben wir Realisten. Es gibt sicher ein religiöses Grundbedürfnis vieler Menschen, dass auch von einer solchen CD angesprochen werden kann. Aber eine CD zu Hause als milde Geräuschkulisse zu »konsumieren«, ist eben doch etwas ganz anderes, als eine volle Integration in die kirchliche Gemeinschaft, die natürlich mit unserer Liturgie verbunden ist oder sie beabsichtigt.

Jetzt hat sogar der Vatikan eine CD mit der Stimme von Papst Benedikt XVI. herausgebracht. Was sagen Sie dazu?

Ich habe mir die CD »Alma Mater« gekauft, angehört und glaube, dass das ein guter Versuch ist, vom Glauben zu sprechen und evangelisierend tätig zu sein. Die Musik hat mich spontan an Besuche in Rom erinnert. Ich vermute, dass die Zielgruppe für diese CD die große millionenstarke Pilgerschar ist, die unentwegt zum Nachfolger Petri strömt. Natürlich ist die Musik nicht unbedingt für jeden Musikkritiker akzeptabel. Und sie ist sicherlich nicht elitäre abendländische Hochkultur. Aber es ist die Musik, die Millionen von Pilgern bei den großen Gottesdiensten und Feierlichkeiten in Rom hören und teilweise auch mitsingen. Die Musik ist sehr milde, sehr gefällig für einen breiten Zuhörerkreis, der sich aus Pilgern aus Brasilien, von den Philippinen, aus den USA und aus Afrika zusammensetzt – die Europäer sind ja dort schon eine Minderheit. Daher hat auch die Musik Elemente und Instrumente anderer Kontinente integriert. Die gesungenen Texte sind Teil des ältesten Liedgutes der Kirche mit lateinischen Hymnen wie dem »Alma Redemptoris Mater« oder neutestamentlichen Cantica wie dem »Magnificat«, und sie sind alle zusammen als Andacht zur Gottesmutter und Jungfrau Maria gedacht. Dazwischen hört man die Stimme des Heiligen Vaters mit kurzen Textblöcken aus Lourdes, aus Aparecida in Brasilien, aus München und aus Rom. Die Texte sind hörens- und lesenswert, zum Beispiel: »Ich bin überzeugt davon, dass Musik tatsächlich die universelle Sprache der Schönheit ist, die alle Menschen, die guten Willens sind, zusammenführen kann.« Natürlich werden Ästheten es kritisieren, dass die Stimme des Heiligen Vaters mit sanften Geigen und Harfenklängen untermalt ist, aber das gefällt den Menschen, die nach Rom pilgern und ein schönes Andenken mit nach Hause nehmen wollen.

Es gibt Menschen, die behaupten, dass die Liturgie zu einem Kraftstrom im eigenen Leben werden kann. Wie soll man sich das vorstellen?

Die Frage zielt ein wenig in die Richtung einer individuellen Selbsterlösung, wie sie durch die Jahrtausende von sogenannten gnostischen Gruppen praktiziert wurde. Es handelt sich dabei um religiöse Richtungen, die durch Selbsterkenntnis und durch eigenes Bemühen die Erlösung finden wollten und daher immer von der Kirche abgelehnt wurden. Das Wort »Kraftstrom« deutet ja auch in die Richtung von Gnostik und Esoterik, die dem kirchlichen Glauben ganz fremd ist. Das Geschenk und die Kraft, die wir in der Liturgie erfahren, ist die Verbindung im Heiligen Geist mit Jesus Christus zu Gott und zur Dreifaltigkeit und das in der kirchlichen Gemeinschaft. Auch hier ist wieder der Begriff Gnade, Geschenk, ganz wichtig. Wir erwirken unser Heil nicht durch eigene Kraft und perfekte Technik. Das einmal vorausgesetzt, erlebe ich aber die konkrete Liturgie der katholischen Kirche im Allgemeinen und die unseres Klosters im Speziellen als kräftigend, den Glauben stützend. Man erlebt in gewisser Hinsicht die Inhalte des Glaubens, wenn man sie singend meditiert. So verstanden, würde ich sogar das Wort »Kraftstrom« akzeptieren.

Wie steht die Liturgie in Beziehung zum Kosmos und zur Geschichte?

Auch diese Frage geht von einem gnostisch-esoterischen Horizont aus, den ich nicht teile. Ich kann die Liturgie in ihrer Geschichtlichkeit erklären und in ihrer Schönheit bewundern, aber ich muss sie doch immer in den wahren kirchlichen Glauben zurückführen und nicht mit »kosmischen« Dimensionen gnostisch verfremden. Die christliche Mystik steht im Gegensatz zur gnostischen Esoterik, ist aber in sich wieder eine Höchstform christlicher Esoterik. Der gregorianische Choral ist Teil der christlichen Mystik.

Welche praktischen Folgen hat das in Ihrem Alltag als Mönch in Heiligenkreuz?

Das Cistercienserkloster Heiligenkreuz hat als Grundverfassung die Regel des heiligen Benedikt. Dort stehen nirgends die Worte »ora et labora« zusammen und schon gar nicht verbunden mit dem @-Zeichen, wie es in diesem Buch sichtbar wird. Aber tatsächlich sind Gebet und Arbeit zwei ganz wichtige Säulen in diesem Bauwerk des klösterlichen Lebens. Wissenschaftliche Experten der Regel meinen allerdings, dass es nicht nur die Polarität von Gebet und Arbeit ist, sondern eine Trias aus Gebet, Arbeit und geistlicher Lesung – ora, labora et lectio divina. Mit dem @ möchte ich die Aktualität der Benediktsregel betonen und gleichzeitig andeuten, dass Gebet und Arbeit nicht nur nebeneinander stehen oder zeitlich aufeinanderfolgen, sondern dass man den ganzen weiten Themenkreis der Arbeit und der Wirtschaft letztlich nur aus dem Gebet und der Meditation sinnvoll gestalten kann. Zu diesem Thema aber folgt weiter unten das Hauptkapitel »labora«.

Die Verbindung von Gebet und Arbeit ist in der Benediktsregel ganz konkret so gemeint, dass sie sich im Tagesablauf viele Male abwechseln. In Heiligenkreuz beginnt das Chorgebet in der Früh um 5.15 Uhr mit den Vigilien. Nach einer kurzen Pause folgt das Chorgebet der Laudes, des Morgengebetes; an Werktagen folgt nach den Laudes die heilige Messe, der schon erwähnte Höhepunkt der Liturgie. Danach kann man zum Frühstück gehen, und dann begibt sich jeder an seine Arbeit; diese kann sehr unterschiedlich sein. Um 12 Uhr treffen wir uns wieder zu den »Kleinen Stundengebeten«, der Terz und der Sext, und nach dem Mittagessen schließen wir die Non an. Der heilige Benedikt gibt ursprünglich vor, dass die Terz schon um 9 Uhr vormittags und die Non um 15 Uhr nachmittags gebetet werden sollten. Da wir uns aber auch nach außerklösterlichen Arbeitszeiten richten müssen, ziehen wir diese drei kleinen Stundengebete mittags vor und nach dem Essen zusammen. Um 18 Uhr singen wir die Vesper, das Abendgebet. In gewisser Weise ist es im Rang nach der heiligen Messe der Höhepunkt des Chorgebetes. Danach gehen wir – darüber haben wir bereits gesprochen – vorbei an der Totenkapelle zum Abendessen. Das Abendessen nehmen wir schweigend ein, und es gibt eine Tischlesung während der Mahlzeit; auch das sieht der heilige Benedikt schon so vor. Danach haben wir etwas weniger als eine Stunde Rekreation (Neuschöpfung), das ist eine gemeinsame Zeit für Gespräch, Erholung und dergleichen mehr. Um 19.45 Uhr ruft uns wieder die Glocke zum Gebet, und wir beten und singen die Complet, das abschließende Nachtgebet für die benediktinische Gemeinschaft. Es muss dringend geraten werden, danach bald schlafen zu gehen, damit man in der Früh die Vigilien »erreicht«. Wie einen Zug, der abfährt.

Absicht von all dem ist es, Gebet und Arbeit, Tun und Meditieren in ein gesundes Gleichgewicht zu bringen. Der ganze Tag wird damit »geheiligt«. Gerade wenn man eigene Schwächen beim persönlichen Gebet erkennen muss, sind dieser Tagesablauf und dieses Beten in Gemeinschaft ungeheuer sinnvoll. Sie führen mich in ein Gebet, wie ich es alleine niemals zustande bringen würde. Von daher war für mich der Weg ins Kloster der richtige. Ich bin sehr dankbar dafür.

Ist es wirklich möglich, diesen Rhythmus immer einzuhalten?

Es gibt in der Benediktsregel auch dafür einen wichtigen Satz RB 43, 3 (in der Version von Basilius Steidle OSB): »Sobald man zur Stunde des göttlichen Dienstes das Zeichen hört, lasse man alles liegen, was man in den Händen hat, und komme in größter Eile herbei, jedoch mit Ernst, um keinen Anlass zur Leichtfertigkeit zu geben. Dem Gottesdienst soll nichts vorgezogen werden.« Der letzte Satz heißt lateinisch: Ergo nihil operi Dei praeponatur. Mit dieser Anweisung gibt der heilige Benedikt eine nützliche Hilfe, damit man auch wirklich zum Gebet geht und sich nicht einredet, dass das, was man gerade so tut, doch wichtiger sei als das Gebet. Keineswegs! Ich kann sagen, dass, wenn man sich voll auf den klösterlichen Tagesablauf einlässt, es möglich ist, diesen auch einzuhalten. Auf der anderen Seite weiß ich, gerade auch als Abt, dass man dann, wenn einem viele außerklösterliche Termine vorgegeben werden diesen Tagesablauf nicht immer und in allen Gebetszeiten tatsächlich »schafft«. Ich liebe die Liturgie von ganzem Herzen und empfinde die äußeren Zwänge, die einen davon abhalten, als ärgerlich, und den dadurch gegebenen Mangel an Liturgie erlebe ich als »Entzug«!

Wie wichtig ist der gregorianische Choral für einen benediktinischen Ordensmann?

Dazu erzähle ich Ihnen eine Geschichte: Ich war schon einige Jahre im Kloster, war auch schon Priester, da lag ich einmal im Krankenhaus in Wien. Ein guter Freund brachte mir ein kleines Büchlein mit dem Titel »Zen in der Kunst des Bogenschießens« ans Krankenbett. Der Autor, Eugen Herrigel, war ein deutscher Universitätsprofessor, der viele Jahrzehnte in Japan gelebt hatte. Er wollte die Zen-Kultur Japans kennenlernen, und man hatte ihm geraten, sich dafür konkret dem Bogenschießen zu widmen. Mit steigender Faszination las ich dieses Büchlein: Es beginnt damit, dass der Zen-Schüler sich jahrelang auf den ersten Schuss vorbereitet. Lange Monate verbringt der damit, die Kleidung, die Gebrauchsgegenstände vorzubereiten. Dann übt er Atemtechnik und Absichtslosigkeit – wiederum vergehen Jahre. Schließlich bekommt er den Bogen noch ohne Pfeil, übt das Spannen der Saite und wiederum, nach langer Zeit, das Einlegen des Pfeils. Als er dann schließlich gut vorbereitet in perfekter Atemtechnik und »absichtslos« den ersten Schuss abgeben darf, schaut er weg, trifft ins Schwarze und dieses bedeutet ihm nichts!

Ich war von dem Buch sehr beeindruckt und hatte spontan das Gefühl, dass man im gregorianischen Choral mehrmals täglich in gelockerter Atemtechnik und völlig absichtslos nach Jahren des verhaltenen Singens schließlich in diesem voll integriert ist, den »Ton« trifft, aber das andere darüber hinaus einem viel wichtiger ist als der richtige Ton. Ich suche noch immer den Autor, der von diesen Gedanken ausgehend das Buch »Die Gottesliebe in der Kunst des Chorals« schreibt. Abschließend sei aber bemerkt, dass ich den Choral für höherwertig als das Bogenschießen halte, weil er in menschlicher Gemeinschaft das Wort Gottes, vor allem die Psalmen der Heiligen Schrift meditiert, ja geradezu »wiederkäut«. Das bedeutet auch, dass mir der Begriff Zen weniger konkret erscheint als die inhaltliche Festlegung auf das Prinzip der Gottesliebe.

In einem Kloster gibt es auch Zeiten der Ruhe und des inneren Gebetes. Was bedeutet denn das Silentium für einen Mönch?

Der heilige Benedikt schreibt seinen Mönchen vor, dass sie das Silentium üben sollen: das Stillschweigen. Auch wir in Heiligenkreuz haben daher Zeiten und Räume, in denen das Silentium gehalten werden soll. In besonderer Weise gilt das für das große »Silentium nocturnum« vom Läuten zur Komplet um 19.45 Uhr bis zum Ankommen beim Frühstück nach der heiligen Messe. Aber auch alle Wege zum und vom Gebet sollten von einem Mönch grundsätzlich schweigend gemacht werden. Vom Silentium und der Tischlesung beim Abendessen habe ich schon gesprochen; beim Mittagessen praktizieren wir in Heiligenkreuz einen Kompromiss: Zuerst gibt es Silentium und die Tischlesung, und bei der Hauptspeise gibt dann der Abt das Zeichen, dass wieder gesprochen werden darf. Einerseits ist eine gute Kommunikation zwischen den Mitbrüdern, etwa beim Frühstück, der zweiten Hälfte des Mittagessens und der Rekreationszeit, ganz wichtig. Andererseits aber hat gerade das Silentium eine ungeheure soziale und mitbrüderliche Komponente. Bei den Comics – ich habe in meiner Kindheit leidenschaftlich gerne Mickey Mouse gelesen, Asterix und Obelix haben mir später viel Freude bereitet – sieht man, dass das Sprechen zur »Sprechblase« wird, die den Raum füllt. Je mehr ich spreche, desto mehr enge ich den anderen ein. Der Raum, in dem er atmen kann, wird kleiner. Im Silentium trete ich zurück und gebe dem anderen Raum. Im Schweigen sind wir alle gleich groß, egal ob man eloquent und sprachbegabt ist oder das Gegenteil. Das Silentium schafft Feiraum und es gibt Atemluft. Daher sollte es auch in keiner Weise mit Unfreundlichkeit oder Muffigkeit verbunden werden. Denn gerade im Silentium ist es wichtig, den anderen wortlos zu grüßen und sehr freundlich anzuschauen. Schließlich schafft das Silentium sogar Bereitschaft für die Aufnahme des Wortes Gottes: »Als tiefes Schweigen das All umfing und die Nacht bis zur Mitte gelangt war, da sprang dein allmächtiges Wort vom Himmel, vom königlichen Thron herab.« (Weisheit 18, 14–15)

Ist es nicht schwierig, das Silentium zu halten?

Ja, sicherlich. Und trotzdem steht es dafür, den Versuch zu wagen, es zu verwirklichen, aufgrund der oben genannten positiven Wirkungen. Dabei gibt es junge Mitbrüder, die vorbildlich das Silentium halten, weil sie – fasziniert von der Alternative klösterlichen Lebens – die hier angebotene Lebensweise mit Engagement verwirklichen. Aber sicherlich gibt es junge Mitbrüder, die sich am Beginn damit schwer tun. Umgekehrt gibt es alte Mitbrüder, die sich lange im Guten gewähnt haben, denen daher das Silentium keine Schwierigkeiten macht. Sicherlich gibt es auch solche, die mit zunehmendem Alter aufgrund von Ermüdung und Schwäche sich gerade auch in dieser späteren Lebensphase mit dem Silentium schwer tun. Das gilt natürlich für alle anderen Bestandteile des klösterlichen Lebens noch viel mehr: für die Armut, für die Ehelosigkeit und Keuschheit und ganz besonders für den Gehorsam. Aber mit der Gnade Gottes ist erstaunlicherweise alles möglich. »Denn für Gott ist nichts unmöglich.« (Lk 1, 37)

Auch ich habe mich sicherlich am Anfang erst an das Silentium gewöhnen müssen, habe es aber relativ schnell mit

Freude ergriffen. Um Missverständnisse auszuschließen, muss ich aber klarstellen, dass wir in Heiligenkreuz Zeiten und Räume des Schweigens haben und ganz bewusst Zeiten des gemeinsamen Sprechens. Ich glaube, eine gute Kommunikation ist auch die Voraussetzung für die Verwirklichung des Silentiums. Durch unsere vielen beruflichen Tätigkeiten ist ohnehin eine große Fülle an Kommunikation gegeben!

Bei den Trappisten, den Cisterciensern der strengen Observanz, wird das Silentium sicher umfassender verwirklicht als bei uns. Dazu gibt es eine lustige Geschichte, die man nicht ganz ernst nehmen sollte: Ein Mönch tritt ins Kloster ein. Der Abt weist ihm ein Zimmer zu und sagt: »Nach fünf Jahren sprechen wir uns wieder.« Nach fünf Jahren kommt der Mönch zum Abt, der ihn fragt, wie es ihm geht. Der Mönch sagt, es gehe ihm schlecht, weil er eine schlechte Matratze habe. Daraufhin sagt der Abt: »Sie kriegen eine gute neue Matratze, und weitere zehn Jahre Schweigen.« Nach zehn Jahren fragt ihn der Abt wieder: »Wie geht es Ihnen?« Der Mönch antwortet: »Es geht mir schlecht, weil die Fensterscheibe zerbrochen ist, als die Arbeiter vor zehn Jahren die neue Matratze ins Zimmer getragen haben.« Daraufhin sagt der Abt: »Sehr gut, Sie bekommen eine neue Fensterscheibe und ich bitte Sie, fünfzehn Jahre zu schweigen.« Nach fünfzehn Jahren kommt der Mönch zum Abt und sagt: »Ich trete aus dem Kloster aus.« Daraufhin fragt der Abt: »Warum?« Der Mönch erklärt: »Die Matratze ist durch den Regen, infolge des offenen Fensters, nass geworden, und ich habe wiederum nicht schlafen können. Ich trete aus.« Daraufhin sagt der Abt: »Es ist besser so. Denn wir haben ja nichts als Schwierigkeiten mit Ihnen gehabt.« Ich bitte sehr, diese Geschichte nicht wörtlich zu nehmen und ja nicht als real gegeben zu betrachten. Sie soll nur eine witzige Pointe darstellen.

Hingegen bin ich der Ansicht, dass man im Kloster, wenn man das dort angebotene Leben engagiert realisiert, wirklich sehr glücklich werden kann – auf eine tiefe, innerliche und sehr religiöse Weise, die von einer schönen Freude durchleuchtet ist und sich nicht auf Materialismus und Oberflächlichkeiten bezieht.

Abt Gregor, kommen wir zu einem anderen Thema. Diese Gedanken sind für Erwachsene sicher interessant, doch wie sprechen denn die Mönche von Heiligenkreuz die Jugend an?

Grundsätzlich muss man sagen, dass unsere Liturgie für alle Menschen offen steht. Das Chorgebet darf nach Auffassung des Zweiten Vatikanischen Konzils nicht unter Ausschluss der Öffentlichkeit stattfinden, weil es öffentliches Gebet im Auftrag der Kirche für die Anliegen der Kirche in der Welt ist. Daher bemühen wir uns nach Kräften, allen Menschen die Möglichkeit zu geben, an unserer Liturgie teilzunehmen. Mit Freude kann ich feststellen, dass gerade junge Menschen, einzeln oder in Gruppen, immer wieder zur Liturgie kommen. Ich erinnere mich an bestimmte Hochfeste und Sonntage in früheren Jahren, wo bei den Vigilien immer wieder einige Rocker in schwarzer Lederkleidung – offensichtlich gerade von ihren Motorrädern abgestiegen – in die Kirche kamen, um eine Zeit lang von uns im Gebet »mitgetragen« zu werden. Hier und da beobachte ich auch junge Menschen, die zwar an der Liturgie irgendwie teilnehmen möchten, aber offenbar nicht gesehen werden wollen: Wenn ich von Zeit zu Zeit an der Vesper nicht teilnehmen kann, aber durch ein kleines Fenster meiner Bibliothek einen Blick in die Kirche werfe, sehe ich dort manchmal junge Leute am Boden hinter der Säule sitzen oder auf der Kirchenbank liegen.

Sicherlich ist es heute notwendig, Jugendliche direkt anzusprechen. Pater Karl Wallner ist stiftlicher Jugendseelsorger und hat zwei Projekte, mit denen es ihm gelingt, eine relativ große Anzahl von Jugendlichen aus nah und fern anzusprechen: Erstens findet einmal im Monat in Heiligenkreuz die »Jugendvigil« statt: Das ist ein schwungvoller Abend mit Gebet, Prozession, Liedern, Predigt, Anbetung und anschließendem gemütlichen Beisammensein. Die Kreuzkirche, in der diese Jugendvigil stattfindet, ist meist überfüllt. Es kommen mehrere Hundert Jugendliche, obwohl das Programm eigentlich sehr konventionell ist: Rosenkranz und Litaneien sind durchaus beliebt, und es müssen nicht irgendwelche »Discoeffekte« oder eine Stimmung wie im Nachtlokal erzeugt werden, um die Jugendlichen zu faszinieren.

Es gibt eben auch ein falsches »Nachlaufen« hinter der Jugend und bestimmte Dinge kann die Disco halt doch besser. Auffallend bei der Jugendvigil in Heiligenkreuz ist auch, dass es ein Stammpublikum gibt, das durch viele Jahre hindurch immer wieder kommt. Aus diesem Stammpublikum sind auch schon junge Ehepaare entstanden. Diese Nachhaltigkeit unserer Jugendvigil steht in einem gewissen Kontrast zu den einmaligen Events mancher anderer kirchlicher Jugendveranstaltungen.

Sind Sie bei dieser Jugendvigil auch dabei?

Ich treffe die Jugendlichen zum Teil vorher, beim Chorgebet, manchmal, wenn ich spät nach Hause komme, beim gemütlichen Beisammensein. Direkt beteiligt an der Jugendvigil war ich bisher einmal, als ich diese Feier geleitet und dort gepredigt habe. Jedes Mal wird ein anderer Prediger dazu eingeladen – oft sind es Neupriester oder junge Mitbrüder aus dem Haus. Ich bin dafür halt auch schon ein bisserl zu alt.

Nebenbei gesagt, war es aber notwendig, Teilnehmer aus der Elterngeneration zu bitten, nicht an der Veranstaltung teilzunehmen, weil die Jugendlichen ganz unter sich sein wollten. Der gerührte Blick der Oma mit der Träne im Auge, vor Freude über die »frommen Enkel«, wirkt irritierend. Es soll vielmehr eine Art Jugendkultur entstehen, die aber nicht unbedingt den jeweils aktuellen »Modernismen« nachläuft.

Zweitens bietet Pater Karl Wallner »Geistliche Sportwochen« an. Diese finden mehrmals im Jahr für junge Männer im Zeitrahmen von ungefähr einer Woche statt und sind einerseits eine Mischung aus geistlicher Anregung durch Vorträge, Lesung, Teilnahme an der Liturgie, andererseits Zeiten der sportlichen Ertüchtigung im klostereigenen Fitnessstudio. Alle diese Wege, um junge Menschen Kloster und Kirche sympathisch erleben zu lassen, sollen mir recht sein.

Haben Sie persönlich oft Kontakt zu Jugendlichen?

Den intensivsten Kontakt zu Jugendlichen habe ich natürlich in meiner Familie, bei Verwandten und bei Freunden. Ich habe dabei den Eindruck, dass ich trotz meines Alters eigentlich immer eine gute Gesprächsbasis finde. Aber ich bemühe mich auch ganz besonders um die Begegnung mit den Firmkandidaten. Jedes Jahr darf ich im Auftrag des jeweiligen Bischofs in ein bis drei Dutzend Pfarren und in Stift Heiligenkreuz das Sakrament der Firmung spenden; das sind dann im Jahr doch einige Hundert junge Menschen. Schon von Beginn meiner Tätigkeit als Firmspender an habe ich es mir zur Regel gemacht, allen Firmlingen in kleineren Gruppen persönlich zu begegnen. Das sieht dann meistens so aus, dass die Firmkandidatinnen und -kandidaten von mir oder einem jüngeren Mitbruder durch das Stift geführt werden, und danach gibt es ein einstündiges Gespräch. In diesem Gespräch stellen wir uns ganz kurz gegenseitig vor, dann üben wir den Ritus der Firmspendung, und dabei ergibt sich die Gelegenheit, ganz kurz wichtige Gedanken zu allen Sakramenten und zur kirchlichen Einwurzelung dieser Sakramente zu geben. Der letzte Teil dieser Begegnung besteht darin, dass ich diese jungen Menschen bitte, mir Fragen zu stellen oder Themen zu nennen, über die ich bei der Messe für die heilige Firmung dann predigen soll. Das können religiöse, aber auch ganz andere weltliche Themen sein. Jede Frage ist mir willkommen. Ich bin sehr dankbar für diese Möglichkeit und habe den Eindruck, dass meine Firmpredigten dadurch lebendiger und besser auf die jungen Menschen abgezielt sind.

Abt Gregor, wie gefällt Ihnen denn die Musik der Jugendlichen?

Um diese Frage zu beantworten, muss ich vorausschicken, dass ich seit meiner Jugend bis heute ein leidenschaftlicher Jazzfan bin. Doch darauf komme ich noch später zu sprechen. Bezogen auf die Liturgie der Jugend habe ich aber gerade von diesem Standpunkt aus zwei Einschränkungen: Entweder erscheint mir die Musik zu limonadenhaft, süßlich-kitschig, was den Großteil der religiösen neuen Lieder betrifft. Andererseits empfinde ich Jazzmusik als für uns Europäer in der Liturgie nicht geeignet. Ich liebe diese Musik und sie hat auch starke religiöse Wurzeln und Implikationen. Aber mein kultureller Horizont ist – auf die Liturgie bezogen – nicht jazzkompatibel. Meine Befürchtung ist daher: dass Musik, die zu stark vom Jazz oder vom Rock 'n' Roll herkommt, die Menschen in unserer europäischen Kultur liturgisch nicht anspricht.

Warum lieben Sie gerade Jazz?

Das weiß ich nicht. Ich kann nur sagen, wie es dazu gekommen ist. Ich war etwas über zehn Jahre alt, als im Kino »Die Glenn Miller Story« lief. Ich war begeistert! Etwas später kam »Die Benny Goodman Story« ins Kino und ich war noch begeisterter. Damit war mir die Türe zum Jazz wirklich aufgestoßen, und ich interessiere mich bis heute dafür. Auch die mehr zur populären Musik gehenden Formen, wie Rock 'n' Roll, Rhythm and Blues und ähnliche Musikrichtungen, die ihre Wurzeln im Jazz haben, sprechen mich ungemein an. Je rhythmischer und härter, desto besser. Wenn es dagegen zu weich und milde wird, gefällt es mir nicht. Gerade heute habe ich mit dem Auto fast einen Unfall gebaut, weil mich Billy Preston mit seinem Titel »Nothing from nothing« so in Verzückung gebracht hat, dass ich ein wenig zu sehr vom Fahren abgelenkt war.

Dabei spüre ich bis in alle diese Formen der Jazzmusik hinein religiöse Wurzeln, die mit Musik wie Gospel, Spiritual und Blues zu umschreiben wären. Es gibt von Ray Charles den Titel »Sinner's prayer«, der nichts anderes ist als eine ungemein expressive Kyrielitanei. Oder wenn Stevie Wonder in »Jesus Children of America« singt: »You'd better tell your story fast« und damit einen Hinweg zur heiligen Beichte liefert, dann sind das Lieder, die mich unheimlich begeistern, nämlich im religiösen Sinn der spirituellen Erfüllung!

Gilt das auch für den Swing?

Vielleicht nicht direkt, aber indirekt wohl doch. Wenn ich die Nummer »Rockin' in Rhythm« mit der Band von Duke Ellington höre, in all ihrer Monumentalität, dann erlebe ich eine religiöse Empfindung wie bei einer großen Symphonie von Beethoven.

Es liegt mir fern, meine Leidenschaft für Jazz als notwendig und allgemein zu postulieren. Ich habe zu oft erlebt, dass Menschen, die mir nahe standen, gar nichts beim Hören dieser Musik empfinden. Ich stelle also nur die Subjektivität der musikalischen Empfindung fest.

Musik ist immer etwas, das im Raum erklingt. Und eine Kirche ist ein Raum. Damit sind wir noch einmal beim Thema Klosterarchitektur. Wie ist denn Ihr persönlicher Zugang dazu?

Ja, das Zusammenwirken von Raum und Musik erlebe ich auch so. Klosterkirchen sind »Gefäße« für das Gebet, für den gregorianischen Choral und das Singen der Psalmen. Dafür sind diese Räume gezielt errichtet! Die Architektur der Cistercienser in ihrem speziellen Stil des Übergangs von der Romanik zur Gotik hat mich lange vor meinem Klostereintritt fasziniert und angesprochen. Gerade in meiner Zeit bei der Firma Schenker in Spanien habe ich bei meinen »excursiones« am Wochenende viele Cistercienserklöster besucht. Auch wenn diese in Spanien, wie in fast allen Ländern Europas, aufgelöst sind und oft nur mehr in Ruinen dastehen. Die »Kulturrevolutionen« der Reformation, der Aufklärung, der Säkularisierung und der kommunistischen und nationalsozialistischen Kirchenverfolgung im 20. Jahrhundert haben schwere Wunden in die Kultur des Abendlande geschlagen. Die Begegnung mit dieser schönen, bisweilen aber auch »leidenden« Architektur spielt eine Rolle bei meiner Berufung. Ich halte fest, dass man nicht wegen der Architektur ins Kloster eintreten kann; das wird nicht halten! Aber als äußeren Anstoß, um eine Berufung zu finden, halte ich diesen Weg für legitim. Es gibt das schöne portugiesische Sprichwort, das Paul Claudel auch an den Beginn seines Dramas »Der seidene Schuh« gestellt hat: »Gott schreibt auch auf krummen

Zeilen gerade.« Das würde also auf mich bezogen heißen, dass auch auf der »krummen Zeile« meiner kunsthistorischen Interessen hoffentlich der liebe Gott doch die »gerade Zeile« meiner Berufung zu schreiben imstande war – und das trotz meiner Schwäche.

Was versteht man unter »cisterciensischer Architektur«?

Eigentlich müsste man fast von einer »bernhardinischen Architektur« sprechen, denn die spezifische Entwicklung der Architektur bei den Cisterciensern ist ohne bestimmte Ideen des heiligen Bernhard von Clairvaux nicht denkbar. Der heilige Bernhard polemisiert gegen die Architektur des berühmten benediktinischen Klosters von Cluny und kritisiert den Bilderreichtum und die oft gar nicht religiösen Themen. Er schreibt den Cistercienserklöstern vor, dass sie kaum bildliche Darstellungen, keine Farben und keine allzu edlen Materialien verwenden sollen. Man würde diese Architektur des heiligen Bernhard heute vielleicht »reduktionistisch« nennen. Auch heute gibt es wieder einen reduktionistischen englischen Architekten, der in Westböhmen vor wenigen Jahren eine Kirche für das neu gegründete Cistercienserkloster der Trappisten Nový Dvůr entworfen und gebaut hat. Dort sehe ich ein gutes Beispiel zeitgenössischer cisterciensischer Architektur.

Kann man das vielleicht auch in der Architektur von Heiligenkreuz beobachten?

Heiligenkreuz ist in seinem romanischen Teil tatsächlich noch zu Lebzeiten des heiligen Bernhard entstanden. Und die weiteren Entwicklungen im Cistercienserorden bringen dann die ersten zaghaften Schritte zur Gotik hin. Sicherlich kann man die Gotik nicht monokausal aus den Architekturvorstellungen des heiligen Bernhard ableiten. Die Gotik hat viele Ursachen; aber auch der große Experte Otto von Simson schreibt in seinem Buch: »Die gotische Kathedrale«, das im cistericiensischen Bilderverbot eine wichtige Ursache für die Entstehung der Gotik liegen kann: Wenn man den Menschen Farbe, Bild und allzu wertvolle Materialien verbietet, kann das eine Triebfeder zur Entwicklung einer völlig neuen Architektur sein. Sigmund Freud würde von einer »Überkompensation« sprechen. Der Mensch versucht sich in einem anderen Bereich zu bewegen, weil ihm sein bisheriger Weg durch gewisse Umstände verschlossen wurde. Das kann man in Heiligenkreuz genau studieren. Nach dem zur Zeit des heiligen Bernhard errichteten romanischen Langhaus wurde der frühgotische Kreuzgang gebaut. Hier kann man sehen, wie sich die Bauleute stufenweise und vorsichtig von der Romanik lösten und die ersten zaghaften Schritte zum Spitzbogen der Gotik wagten. Noch einmal zwei Generationen später, gegen 1295, wurde dann der gotische Hallenchor unserer Kirche errichtet, der die neue Architektur eindrucksvoll verwirklicht. In diesen zweihundert Jahren, dem 12. und 13. Jahrhundert, spielten die Cistercienser als Söhne des heiligen Bernhard eine entscheidende Rolle in der Entwicklung der Architektur und in deren rascher Verbreitung im Netz der Cistercienserklöster über ganz Europa. Damit aber scheint ihre spezielle Mission in der Architektur auch schon wieder erfüllt gewesen zu sein, und sie banden sich wieder in den allgemeinen Strom der europäischen Architektur ein.

Was mich letzten Endes daran so stark fasziniert, ist der geistige Ansatzpunkt »Wir wollen uns nicht durch Bilder vom Studium der Heiligen Schrift ablenken lassen«, der zu einem künstlerisch hochwertigen Ausdruck führt, der uns beschäftigt und uns, die wir in Heiligenkreuz leben dürfen, buchstäblich prägt.

Wie kann denn die Religion eigentlich die Kunst beeinflussen?

Bischof Egon Kapellari verdanke ich den wertvollen und erweiternden Gedanken, dass zwei Worte und damit auch zwei Inhalte untrennbar miteinander verbunden sind: Kult und Kultur. Und zwar von Anfang an. Wenn sie sich trennen oder auseinanderleben, ist es für beide von Schaden. Mit »Kult« ist der Gottesdienst gemeint, das Gebet oder im weitesten Sinne die Religion, und unter »Kultur« verstehe ich alles, was den Menschen in seiner Möglichkeit des schöpferischen Gestaltens inspiriert; auch im Wort Inspiration steckt ja der Heilige Geist: »Spiritus Paraclitus«, der heilige Tröster. Wenn dem Kult – also dem Gottesdienst – die Kultur fehlt, verkommt er zu einer lehrhaften Informationsveranstaltung oder geht in Banalitäten unter. Wenn die Kultur sich vollständig von der Religion emanzipiert, verliert sie ihren Nährboden und ihre Orientierung und hat die Tendenz zur belanglosen abstrakten Dekoration, zur politischen Agitation oder zur seichten Pornographie, um schließlich in gottlose Blasphemie überzugehen.

Haben Sie Beispiele dafür?

Naja. Ich traue mich ja im Habit gar nicht mehr ins Theater, wenn sich dort Schauspieler und Schauspielerinnen ständig splitternackt ausziehen. Vor einiger Zeit wollte ich für Bekannte Theaterkarten für das Burgtheater erwerben und sagte der Dame an der Kassa: »Bitte verstehen Sie, ich gehe im Habit, meinem Ordensgewand ins Theater, empfehlen Sie mir bitte ein Stück, wo ich mich nicht genieren muss, im Publikum zu sitzen, weil auf der Bühne zu viele Nackerte herumspringen.« Der sympathischen Dame blieb zuerst der Mund offen stehen. Dann wurde sie knallrot und schließlich brach aus ihr die ganze Wut über das moderne Regietheater heraus. Wir haben uns dann auf eine recht gute Inszenierung von »Maria Stuart« von Friedrich von Schiller geeinigt, wo die Inszenierung sich »nur« auf einige obszöne Gesten beschränkte. Na, da war ich aber erleichtert. Natürlich gehe ich sehr gerne ins Konzerthaus, wo ich vor Kurzem eine großartige konzertante Aufführung der Oper »Orfeo ed Euridice« von Johann Joseph Fux gehört habe. Und wenn ich gerne in den Musikverein gehe, dann in der festen Gewissheit, dass ich nicht befürchten muss, dass Nikolaus Harnoncourt sich dort ausziehen wird.

Was halten Sie von der Freiheit der Kunst?

Die Freiheit der Kunst ist sicherlich ein hoher Wert, der es verdient, geschützt zu werden. Aber er ist kein absoluter Wert, der sich über alle anderen Werte hinwegsetzen darf. Er muss sich in Fragen der Schamhaftigkeit, der politischen Ausgewogenheit, des Respekts vor anderen Meinungen und Religionen, der Menschenrechte und vieler anderer Werte harmonisch einbinden. Die Freiheit der Kunst ist nicht die Legitimation, alles tun zu dürfen. Lassen Sie uns noch einmal im Kapitel über die Tugend des Maßhaltens über dieses Thema sprechen.

Kapitel 5
Sendung – missio

Abt Gregor, als Priester und Ordensmann möchten Sie Christus zu möglichst vielen Menschen bringen. Wie machen Sie das in der Realität?

Im Prinzip ist ein benediktinischer Ordensmann nicht unbedingt ein Fachmann für Mission. Dennoch sind die Benediktiner und Cistercienser mit ihrem Leben verpflichtet, Zeugnis zu geben und so an der Sendung Christi (Missio) teilzunehmen. Bei mir persönlich kommt noch hinzu, dass mir – ohne dass ich so recht weiß, warum – 1994, als Nachfolger von Weihbischof Florian Kuntner, die Leitung der »Päpstlichen Missionswerke« in Österreich übertragen wurde. Ich habe in den fünf Jahren, die ich dieses Amt innehatte, von 1994 bis 1999, unglaublich viel gelernt und die Kirche aus einem völlig neuen Blickwinkel gesehen.

Was konkret haben Sie bei den Päpstlichen Missionswerken dazugelernt?

In Europa, und speziell in Österreich, sind wir es gewohnt, die Kirche als defensive Organisation in einem Schrumpfungsprozess zu sehen. Diese Sichtweise der Kirche ist für eine Reihe von Ländern, in denen politische Freiheit und materieller Wohlstand herrschen, sicherlich zutreffend. Aber das ist eigentlich keine Krise der Kirche, die hier zu sehen ist, sondern eine Krise jener Länder, die ihre eigene Schwäche verdrängen, die sich nicht zuletzt auch in ihrer negativen Bevölkerungsentwicklung zeigt. Die Kirche bedauert es und leidet darunter, dass alte christliche Länder in diese Krise geraten sind. Aber sie selbst ist weltweit in einer positiven Expansionsphase. Die Päpstlichen Missionswerke kommen gar nicht nach mit dem Bau von Priesterseminaren, der Anschaffung theologischer Bibliotheken, der Ausbildung und Finanzierung von Theologieprofessoren und schließlich mit der Vergabe von Stipendien für Priesteramtskandidaten in Afrika, Asien und Lateinamerika. Die Priesterzahlen nehmen in der katholischen Kirche weltweit kontinuierlich zu. Die Zunahme an Gläubigen ist allerdings proportional gesehen nach stärker. Hier habe ich also den Optimismus in der Kirche gelernt und ich bin seitdem in zusätzlicher und neuer Weise motiviert. Damit bin ich ein konkretes Beispiel für das Wort meines Vorgängers bei »Missio«, Florian Kuntner: »Mission ist keine Einbahnstraße!« In dieser Weise fühle ich mich von dem, was ich in den jungen Kirchen erlebt habe, »missioniert« zu einer neuen Erfüllung des Sendungsauftrags der Kirche.

Im Johannesevangelium sagt Jesus zu seinen Jüngern: »Friede sei mit euch! Wie mich der Vater gesandt hat, so sende ich euch.« (Joh 20, 21) Ist also der Sendungsauftrag eine Art Gesetz für den Mönch und den Priester?

Der Sendungsauftrag Christi gilt für alle seine Jünger. Alle Getauften, alle Christen, alle Katholiken. Die Mönche sind, wie oben schon erwähnt, natürlich indirekt in die Sendung Christi miteinbezogen. Aber das weite Feld der Mission auf der ganzen Welt wird von anderen großen Ordensgemeinschaften getragen, wie den Salesianern Don Boscos, den Jesuiten, den Steyler Missionaren und vielen anderen. Ganz abgesehen von den vielen Frauenorden, die in der Mission wirken.

Ich habe in meiner Zeit als Nationaldirektor von »Missio Austria« die beeindruckendsten Projekte in Afrika, Asien und Lateinamerika kennengelernt, wo Ordensfrauen ebenso wie Ordensmänner und Priester in großartiger Weise missionarisch, aber auch helfend tätig sind. Gerade in dieser Hilfe liegt ein entscheidender Hinweis auf Christus und seine Liebe. Ich bin Ordensfrauen begegnet, die seit Jahrzehnten in sozialen, medizinischen und pädagogischen Projekten tätig sind und Unglaubliches leisten; das sind Frauen, die in optimaler Weise emanzipiert sind. Dabei gibt es gerade auch für diese Ordensgemeinschaften seit Neuestem wieder Nachwuchs aus den Philippinen, aus Indonesien, Indien und zahlreichen afrikanischen Ländern.

Auch im Zweiten Vatikanischen Konzil wurden neue und vor allem weitgehend unbekannte Gedanken zur Mission ausgesprochen. Ein zentraler Gedanke des Konzils ist, dass die jeweilige Ortskirche Subjekt der Mission, also handelnde Institution für die Evangelisierung im eigenen Lande ist: So ist die Kirche in Indien zuständig für die Evangelisierung Indiens, die Kirche im Kongo soll dort den Glauben verbreiten, die Kirche Brasiliens soll im christlichen Auftrag helfen, die Probleme im eigenen Land zu lösen und so weiter.

Das hieß also, dass die katholische Kirche außerhalb Europas viel wichtiger ist?

Ja, so ist es. Man muss sich einmal vor Augen halten, wer heute die großen katholischen Länder sind: Das sind Brasilien, die Philippinen, Mexiko und die USA; erst dann kommen europäische Länder wie Polen und Spanien. Von Österreich ganz zu schweigen. In Österreich leben ungefähr 0,7 Prozent der Katholiken dieser Welt!

Wenn man einmal die Religionen der Welt nebeneinander stellt, wie ginge dann wohl der Wettbewerb dieser Religionen aus?

Ich bin zutiefst überzeugt, dass wir mit dem Christentum – und gerade der katholischen Kirche – die Höchstform an Religion in der Welt haben, daher wird es sich auch auf lange Frist in der Welt durchsetzen. Das Christentum ist in höchstem Maße konkurrenzfähig, die katholische Kirche ist sozusagen »das beste Produkt auf dem Markt«. Es gab vor Jahren einmal eine hochinteressante Publikation der Päpstlichen Missionswerke über die Bedeutung der christlichen Minderheiten. Es ist markant, in wie vielen Ländern der Welt Christen und Katholiken zwar nur eine mehr oder weniger große Minderheit darstellen, als solche aber weit überproportional, als es ihrem mengenmäßigen Prozentsatz entsprechen würde, beachtet werden. Hier geht eine ungeheure Wirkung von den Ortskirchen aus, die sich in einigen Generationen in ihrer vollen Tragweite erst zeigen wird.

Können Sie mir ein konkretes Land nennen?

Ich war in den letzten Jahren einige Male in Sri Lanka. Neben den großen Religionsgruppen der Buddhisten (ca. 75 Prozent) und der Hindus (ca. 8 Prozent) folgen die Muslime mit 8,5 Prozent und die Katholiken mit etwa 7 Prozent. Natürlich war der ethnische Konflikt zwischen den buddhistischen Singhalen und den hinduistischen Tamilen in den letzten Jahrzehnten das dominante Thema im Land. Und sicherlich hat der Islam in Sri Lanka in den letzten Jahren an innerer Stärke zugenommen. Trotzdem findet die relativ kleine Gruppe der Christen und Katholiken im Land weit überproportionale Beachtung. Sicherlich kann es dabei auch zu schweren Spannungen kommen, wie man es bei den christlichen Minderheiten in Indien, im Irak oder im Südsudan erleben kann. Immer wieder aber gilt der Grundsatz: Sanguis martyrorum et semen christianorum – Das Blut der Märtyrer ist der Samen für neue Christen. So traurig es klingt, aber die meisten Menschen, die auf dieser Welt wegen ihrer Religion verfolgt werden, sind Christen! Das aber wird in der Öffentlichkeit und in den Medien kaum wahrgenommen, sondern man zetert weiterhin über bedauerliche Verfehlungen in der Vergangenheit, wo Christen andere Religionen verfolgten.

Gibt es denn eigentlich einen Dialog zwischen den verschiedenen Religionen und vertragen sich diese auch untereinander?

Leider muss man zugeben, dass es schwerste Spannungen zwischen den Religionen gibt. Das viel zitierte Buch von Samuel Huntington, »The Clash of Civilizations«, hat den Finger in diese Wunde gelegt. Aber auch hier hat das Christentum und gerade auch die katholische Kirche im 20. Jahrhundert dazugelernt und ist daher auf einem guten und richtigen Wege. Gerade Franz Cardinal König hat ausgehend von seinem ureigensten wissenschaftlichen Fachgebiet der Religionswissenschaft wesentlichen Anteil am Konzilsdokument »Nostra Aetate«, in dem es um die nicht-christlichen Religionen geht. Bei allem Selbstbewusstsein der Kirchen, den letzten und allgemeingültigen Glauben geschenkt und anvertraut bekommen zu haben, betont die Kirche immer wieder, dass sie alles, was gut und recht in den anderen Religionen ist, schätzt und liebt. Daher will sie heute alle Gewalt zwischen Religionen unter allen Umständen vermeiden und in einen offenen und ehrlichen Dialog eintreten. Sie weiß um die Fehler in früheren Zeiten in diesen Fragen und bemüht sich daher von höchster Stelle bis an die unterste Basis um den sogenannten »Interreligiösen Dialog«. Diese Vokabel hat sich inzwischen weitgehend durchgesetzt. Allerdings habe ich von Pater Petrus Bsteh, einem Steyler Missionar aus St. Gabriel, bei der Wortwahl dazugelernt. Er bemüht sich seit Jahrzehnten um den Dialog mit Muslimen und meint, dass die abstrakte Formel »Interreligiöser Dialog« besser und persönlicher zu bezeichnen wäre als »Gespräch zwischen den Glaubenden«. Die berühmte Begegnungen von Papst Johannes Paul II. mit Muslimen im Stadion von Casablanca oder in Assisi, dem Gnadenort des heiligen Franziskus, in der Begegnung mit Vertretern aller wichtigen Religionen, sind markante Ereignisse dieses Neubeginns in der Kirche und von der Kirche aus. Auch in diesem »Gespräch zwischen den Glaubenden« gilt das wichtige Dialogprinzip: Man muss die Vorleistung erbringen, den Gesprächspartner wirklich ehrlich verstehen zu wollen. Dieses Verstehen heißt nicht, den eigenen Standpunkt deswegen aufzugeben. Ganz im Gegenteil. Ein Verstehen des anderen ist letztlich nur aufgrund des eigenen festen Standpunktes möglich. So sollte der »Clash«, den Huntington prophezeit, doch in eine neue friedliche Begegnung der Religionen übergehen. Beten wir darum!

Das ist aber sicherlich nicht leicht, denn nicht jeder Mensch hat einen festen Standpunkt im Glauben und kann diesen auch frei formulieren.

Da haben Sie natürlich recht, und gerade für die europäische Situation ist das sicher zutreffend. Aber ich glaube, dass die Forderung in diesem Moment heißen muss: Bemüht euch ehrlich um mehr Wissen von eurem eigenen Glauben, um euren Standpunkt mit Fundamenten zu unterlegen. Denn erst, wenn ihr einen festen Standpunkt habt, seid ihr imstande, in den Dialog einzutreten. Wie schwierig das sein kann, haben Erfahrungen in Wiener Pfarren gezeigt: Im guten Willen, den Dialog mit den Muslimen, die im selben Stadtviertel leben, zu beginnen, haben Pfarrgemeinderäte sie zum Gespräch eingeladen. Die muslimischen Gesprächspartner haben sich gut auf diesen Dialog vorbereitet, und die Gespräche endeten damit, dass die Muslime den Katholiken erklärten, was Dreifaltigkeit, Jungfrauengeburt, Transsubstantiation und dergleichen mehr ist. Bei alldem hatten die Mitglieder der Pfarrgemeinderäte erstens keine Ahnung und waren zweitens der Meinung, dass sie diese Lehren der katholischen Kirche ja sowieso nicht teilen, weil sie sich dazu ihre privaten »Theologien« zurechtgezimmert hatten. Es war unvermeidlich, dass diese Form des Dialogs scheiterte und abgebrochen wurde.

Der Dialog verlangt ja zwei Standpunkte, die miteinander in Beziehung treten. Ich halte daher die Multikulturalität, der wir auch in Europa mehr und mehr entgegengehen, im Prinzip für eine Chance: denn in der Herausforderung durch andere Religionen kann auch die eigene Festigkeit neu provoziert werden. Gerade wenn man die Geschichte des Christentums betrachtet, waren die Zeiten der multikulturellen Begegnung immer große Zeiten der Ausbreitung des Christentums. Das gilt für die Situation in der Spätantike, während der Völkerwanderung, im Zeitalter der Entdeckungen, in der Zeit des Kolonialismus im 19. Jahrhundert.

Kehren wir noch einmal zurück zur Situation der Kirche in Österreich und Europa. Wie geht die katholische Kirche mit der geringen Zahl von Kirchenbesuchern und der starken Zahl von Kirchenaustritten um?

Grundsätzlich muss man einmal sagen, dass der Rückgang der Kirchenbesucher und die relativ hohe Zahl von Kirchenaustritten österreichische und zum Teil auch europäische

Phänomene sind, aber nicht typisch für die Weltkirche insgesamt. Weltweit steigt die Zahl der Kirchenmitglieder, nimmt der Kirchenbesuch zu und haben wir auch mehr und mehr Priesterberufungen. Es ist verständlich, dass wir in Österreich unsere eigene Misere in diesem Punkt sehen und daher gar nicht wahrnehmen, dass es unser österreichisches, unser europäisches Problem ist, und nicht das Problem der Kirche.

Aber auch die Situation in Österreich ist wohl doch nicht ganz so dramatisch, wie sie die Sensationsmeldungen mitunter darstellen. Immerhin sind drei von vier Österreichern Katholiken und das, obwohl wir seit Jahrzehnten hohe Austrittszahlen haben. Dass der Anteil an Katholiken relativ langsam sinkt, hängt sicher mit Zuwanderung aus katholischen Ländern, der etwas höheren Geburtenrate praktizierender Katholiken und den damit verbundenen Taufen und schließlich auch einigen Neueintritten zusammen. Auch beim Gottesdienstbesuch, der je nach Gegend in Österreich zwischen 3 und 30 Prozent der Katholiken liegt, muss man sagen, dass er jeweils an hohen Festtagen wie Weihnachten und Ostern um ein Vielfaches höher liegt. Auch denkt sich der normale Katholik in Österreich zumeist, er ginge »ja eh immer in die Kirche«, auch wenn es im Durchschnitt vielleicht nur jeder dritte oder vielleicht nur jeder fünfte Sonntag im Jahr ist. Da spielen menschliche Faktoren, wie Vergessen, Müdigkeit, Krankheit und Urlaub eine Rolle. Würden also tatsächlich all jene, die für sich subjektiv das Gefühl haben, ohnehin jeden Sonntag die Messe zu besuchen, dies auch tatsächlich jeden Sonntag tun, wären die Zahlen bei den sogenannten »Zählsonntagen« doppelt oder dreifach so groß. Immerhin feiern siebzig Mal im Jahr eine halbe bis eine ganze Million Menschen die heilige Messe mit. So etwas sollen uns andere Organisationen einmal nachmachen!

Wir Journalisten schreiben immer über diese hohe Zahl von Kirchenaustritten. Gibt es denn eigentlich auch eine nennenswerte Zahl von Kircheneintritten in Europa?

Sicherlich beträgt die Zahl der Kircheneintritte beziehungsweise der Erwachsenentaufen nur einen Bruchteil der Austritte. Trotzdem sind diese Zahlen, so klein sie auch sein mögen, von höchster Bedeutung. Ein Mensch, der zum größten Bedauern der Kirche sich von ihr abwendet, ist meistens jemand, der im Glauben ohnehin schon sehr weit weg ist oder in dessen Familie schon seit Generationen der Glaube nicht praktiziert wird, während Neueintritte, aber auch Wiedereintritte und Erwachsenentaufen, eine ganz andere Qualität haben: Das sind offensichtlich Menschen, denen der Glaube wirklich etwas bedeutet und die daher diesen ungewöhnlichen Schritt vollziehen. Immerhin hatten wir in Österreich im Jahr 2008 über 5000 Wiederaufnahmen von Katholiken und 413 Neuaufnahmen aus der Gesamtzahl von über 50 000 Taufen im Jahr 2008 – was immerhin wesentlich über der Zahl der Austritte von 40 000 lag; von diesen waren 277 Erwachsenentaufen und 978 Taufen im Alter von 7 bis 14 Jahren. Der Fairness halber sei erwähnt, dass die Zahl der Todesfälle beziehungsweise der Begräbnisse knapp über der Zahl der Taufen liegt. Aber, wie gesagt, das sind die Zahlen in Österreich, und diese mögen für andere EU-Länder ähnlich liegen. Aber die Kirche weltweit wächst.

Wie kann man sich eine Erwachsenentaufe eigentlich vorstellen?

Nun, ich kann Ihnen da eine konkrete Erfahrung schildern: Vor einigen Jahren kam ein Lazaristenpater zu mir und schilderte mir folgendes Anliegen: Er war als katholischer Priester einige Zeit in Istanbul tätig und wurde bei seiner

Rückkehr nach Österreich von seinem Ordensoberen und dem Bischof dazu bestimmt, die Seelsorge für die ganz wenigen Katholiken türkischer Muttersprache in Österreich aufzubauen. Nach einiger Zeit konnte er feststellen, dass es bei den Gastarbeitern aus der Türkei in Österreich durchaus Menschen gibt, die sich für den christlichen Glauben interessieren. In besonderer Weise gilt das für die in Österreich lebenden Aleviten. Diese stellen in der Türkei, in den östlichen Gebieten lebend, vielleicht 20 Prozent der Bevölkerung dar. Bei den in Österreich oder Deutschland lebenden Türken ist der Prozentsatz der Aleviten aber wesentlich höher: vielleicht 30 bis 40 Prozent. Die Aleviten werden von den Muslimen nicht als Muslime anerkannt. Über den Ursprung ihres Glaubens weiß man relativ wenig. Die Bezugnahme auf Ali, den Sohn de Propheten Mohammed, ist wohl eher legendär. Die Aleviten gehen nicht auf den Hadsch nach Mekka, die Frauen tragen keinen Taschador, es gibt kein Freitagsgebet, keinen Ramadan, keinen Ruf des Muezzin vom Minarett und auch keine Moschee im eigentlichen Sinn. Auch der sogenannte Dschihad ist bei ihnen nicht bekannt. Diese Menschen sind in Österreich durchaus offen für das Christentum. Der Lazaristenpater wollte nun bei uns in Heiligenkreuz einen Kurs einrichten, bei dem Laienkatechisten mit türkischen, arabischen oder auch persischen Sprachkenntnissen in den Stand gesetzt werden sollen, Nichtchristen den Glauben neu zu verkünden. Ich wandte ein, dass es doch eher die Aufgabe der Pfarren in unserem Lande sei, eine Einführung in den Glauben anzubieten. Daraufhin berichtete mir der Lazaristenpater traurig, dass es vorgekommen sei, dass ein Muslim oder Alevit an die Tür eines katholischen Pfarrhofs in Österreich anklopfte und den Pfarrer bat, ihm etwas über Jesus Christus zu erzählen. Der Pfarrer hätte die missionarische Situation nicht erkannt und angenommen, dass es sich ja nur um einen Bettler handeln könne, hätte ihm zehn Euro in die Hand gedrückt und ihm gesagt, dass er sich etwas zu essen kaufen solle. Der Anfragende ging tief gekränkt weg. Ich erzähle diese Geschichte ohne Vorwurf, weil ich mir nicht sicher bin, ob ich in der Situation nicht auch falsch reagiert hätte. Jedenfalls meinte der Lazaristenpater aufgrund dieser Erfahrungen, dass es wichtig und richtig sei, getaufte und gefirmte Erwachsene durch einen Kurs in die Lage zu versetzen, ein ausreichendes Glaubenswissen zu erwerben, um den Glauben neu zu verkünden. Die Genehmigung der Bischofskonferenz für diesen Kurs wurde eingeholt, weil ich das als Bedingung gestellt habe, und seitdem finden seit Jahren in Heiligenkreuz diese Katechistenkurse statt, von denen ich Ihnen oben im Kapitel über den Glauben schon erzählt habe. Es sind schon einige Hundert aus diesen Kursen hervorgegangen, wobei die Teilnehmer mit türkischen, arabischen oder persischen Sprachkenntnissen nur eine Gruppe innerhalb der Teilnehmer darstellen. Immerhin werden Menschen so mit ihrem Glauben neu vertraut, und auch wenn sie konkret niemanden bekehren, stärkt es ihr Bewusstsein um den Glauben. Des weiteren habe ich den Lazaristenpater noch gefragt, ob man es denn verantworten könne, einzelne Menschen aus ihrem religiösen, kulturellen und familiären Umfeld herauszureißen. Er berichtete mir daraufhin, dass die Frage nach dem Glauben an Jesus Christus üblicherweise nicht von einer Einzelperson gestellt werde. Meistens kommt der Großvater mit Kindern, Schwiegerkindern und Enkeln und sagt dann: »Wir, also unsere Familie, interessieren uns für den Glauben an Jesus Christus.« Abgesehen von der Glaubensintensivierung der Kurseilnehmer wurde mir berichtet, dass es schon einige Hundert Erwachsenentaufen und Kircheneintritte durch diese Katechisten gegeben habe.

Wenn die Europäer also in den nächsten Jahrhunderten aussterben werden, wenn sie daher ihre Gene, ihre Erbanlagen nicht mehr weitergeben, so sollten sie das Wertvollste, was sie haben, nämlich den Glauben, nicht biologisch, sondern evangelisierend weitergeben. Ein christliches Europa kann es auch mit Menschen geben, die einen Migrationshintergrund haben.

Kehren wir noch einmal zurück zu den Päpstlichen Missionswerken. Wie sieht der missionarische Aspekt weltweit aus?

In den Jahren, in denen ich Nationaldirektor von »Missio Austria« war, habe ich nur einmal ein Land in der Dritten Welt besucht: Das war Mexiko und speziell den Bischof Samuel Ruiz, Bischof der Diözese San Cristóbal de las Casas. Dieser Bischof hat sich in den 1990er-Jahren in besonderer, vorbildlicher Weise für den Frieden zwischen Sandinisten und Indigenas einerseits und der Regierung, den Behörden und dem Militär andererseits eingesetzt. Ich war sehr beeindruckt von dem, was ich in der Provinz Chiapas, in der die Diözese von Bischof Samuel liegt, gesehen habe. Im Umfeld der Megastadt Ciudad de Mexico konnte ich großartige Sozialprojekte besuchen. Trotzdem bin ich in den fünf Jahren kaum gereist, im Unterschied zu meinem Vorgänger Bischof Florian Kuntner. Die Reise waren für mich gar nicht so notwendig, denn ich hatte durch die Besucher im Büro von »Missio« in Wien jede Woche nahezu alle Kontinente durch konkrete Menschen vor mir. Und schließlich gab es einmal im Jahr auch die internationale Hauptkonferenz der Päpstlichen Missionswerke, bei der in einer Art Weltparlament ungefähr 140 Staaten durch jeweils einen Nationaldirektor vertreten waren. Als Repräsentant von Austria saß ich nach dem Alphabet immer zwischen den Vertretern von Argentinien und Bangladesch. Diese Konferenzen waren ungemein lehrreich, weil man die Länder durch Menschen kennenlernt, die sich für diese Länder aus christlicher Überzeugung einsetzen und gut ausgebildet sind, die aber keine Vertreter der Regierungen sind. Denn leider sind Regierungsvertreter oft nicht frei von Korruption und Eigeninteressen. Ich erinnere mich an ein Gespräch mit dem Nationaldirektor von Angola, der vom Alphabet her auch nicht weit von mir saß. Und ich fragte ihn, warum sich denn in Angola die politische Situation in den letzten Jahren so stark vom Kommunismus weg entwickelt habe. Da wurde in seinem sympathischen dunklen Gesicht bei einem breiten Lächeln die weißen Zähne sichtbar und er antwortete mir: »Die Situation bei uns in Angola hat sich so verändert, weil sich die Situation bei euch in Europa seit 1989 in eine bestimmte Richtung entwickelt hat.« Das heißt: Auch nach dem Ende des Kolonialismus tragen wir in Europa Verantwortung für die Entwicklungsländer.

Spielt denn bei den Päpstlichen Missionswerken international die Befreiungstheologie noch eine Rolle?

Sicherlich waren, von Lateinamerika ausgehend, auch in Afrika und Asien in vielen Bereichen der Tätigkeit der katholischen Kirche befreiungstheologische Modelle beliebt. Ja, das galt sogar für Repräsentanten der Päpstlichen Missionswerke. Aber das Jahr 1989 hat in dem Zusammenbruch des »real existierenden Sozialismus« zu einer Diskreditierung auch von vielen Methoden und Modellen der Befreiungstheologien geführt.

Überhaupt muss man sagen, dass man den Begriff »Befreiungstheologie« eigentlich nicht in der Einzahl verwenden sollte, sondern nur in der Mehrzahl. Denn es gibt viele verschiedene Modelle und Richtungen der Befreiungstheologie. Man muss sich im Gespräch also immer im Vorhinein vergewissern, welche der vielen Befreiungstheologien gemeint ist. Diesen wichtigen Gedanken verdanke ich Bischof Romer, einem brasilianischen Bischof Schweizer Herkunft. Ich traf ihn 1985 bei einem Symposion über »Kirche und Wirtschaft« in Rom. Es gibt sehr gute und richtige Gedanken und Initiativen der Befreiungstheologie, wie »Hilfe zur Selbsthilfe«, politisches Engagement der Laien in Politik und Gesellschaft oder die sogenannte »Option für die Armen«, die Papst Paul VI. in den Abschlussdokumenten der lateinamerikanischen Bischofsversammlungen zu einem kirchenamtlichen Prinzip erhoben hat. Aber es gibt auch die Übernahme von marxistischen Denkweisen: Pater Leonardo Boff erklärte zum Beispiel einmal, dass kein Zweifel daran bestehe, dass der Marxismus die richtige Analyse der Gesellschaft sei und man daher auch seine Methode anwenden müsse. Hier wird ein anderer Aspekt von einigen Modellen der Befreiungstheologien spürbar, nämlich dass sie ihre Wurzeln oft gar nicht so sehr in Lateinamerika, sondern im europäischen Marxismus beziehungsweise an den Universitäten von Tübingen, Louvain und anderen mehr haben. Es sind Gedanken, die mit der sogenannten »Politischen Theologie« europäischer Provenienz zusammenhängen. Schließlich gibt es befreiungstheologische Modelle, die mit Bejahung von Gewalt und Klassenkampf natürlich von der Kirche nicht mehr gutgeheißen werden können. Es gab eine bestimmte Auffassung der Theologie aus Sicht der Befreiungstheologie: dass die Liturgie nämlich »gefeierter Klassenkampf« sei. Hier wie auch in der Bejahung der Gewalt wird die enorme Distanz zur katholischen Lehre sichtbar. Vor einigen Monaten wurde ich von einer Gruppe von Erwachsenen, die vor rund zwanzig Jahren gefirmt wurden und noch immer ihren Zusammenhalt in einem »Glaubensstammtisch« haben, gebeten, über die Befreiungstheologie zu sprechen. Als ich mich auf das Referat vorbereitete, wurde mir klar, dass sich mit dem Pontifikat Johannes Pauls II. einerseits und der Tätigkeit von Joseph Cardinal Ratzinger als Präfekt der Glaubenskongregation andererseits eine atemberaubende politisch-geistliche Doppelbewegung erkennen lässt, die ich so noch nie gesehen hatte. Einerseits hat der damalige Papst als Pole von Rom aus wesentlich dazu beigetragen, den Sozialismus marxistischer Provenienz zur Auflösung zu bringen, ein welthistorisches Ereignis, das er in seiner Enzyklika »Centesimus Annus« (»Das hundertste Jahr«) kirchenamtlich auch kommentiert hat. Andererseits hat Cardinal Ratzinger, den der Papst in die eminent wichtige Position des Präfekten der Glaubenskongregation berufen hat, sich um das Jahr 1984 auf höchstem Niveau mit den Befreiungstheologien auseinandergesetzt. Er ist damals auch nach Lateinamerika gereist und hat mit Bischöfen und Vertretern der Befreiungstheologien diskutiert. Daraus entstanden im Jahr 1984 zwei wichtige Dokumente. Das eine Dokument heißt »Über einige Aspekte der Theologie der Befreiung«. Sicherlich war dieser Text auch beeinflusst von Josef Cardinal Höffner, der um dieselbe Zeit Fragen der Befreiungstheologien mit Leitsätzen der katholischen Soziallehre konfrontierte. In dem Text von Cardinal Ratzinger werden bestimmte Modelle der Befreiungstheologie analysiert, kritisiert und meiner Ansicht nach schlüssig widerlegt. Schließlich veröffentlichte die Glaubenskongregation Anfang 1986 ein Dokument über die christliche Freiheit und die Befreiung. In diesem wird die Bedeutung von Befreiung für den Christen mit ihrem eigenen, besonderen Profil formuliert. In diesen Dokumenten wird auch klar betont, das sich niemand in seinem ehrlichen Bemühen, den Armen zu helfen, durch diese Maßgaben der Glaubenskongregation kritisiert sehen soll. Hingegen befürchtete

Cardinal Ratzinger, dass gerade die Sache der Armen wieder einmal auf tragische Weise durch falsche Theorien verraten würde. Hier wird die Parallele mit dem Marxismus noch einmal spürbar. Ich persönlich habe vor einiger Zeit in einer Fernsehdiskussion mit meinem früheren »Missio«-Generalsekretär Pater Franz Helm und Monsignore Helmut Schüller über Befreiungstheologien, beziehungsweise über Jon Sobrino SJ, in dieselbe Kerbe geschlagen: Ich habe darauf hingewiesen, dass durch die neuen, von der Glaubenskongregation kritisierten »christologischen Modelle« Jon Sobrinos kein Armer satt wird! Ich habe den Eindruck, dass soziales Engagement, das die Kirche immer gutheißt, zum Vorwand genommen wird, oder die Berechtigung daraus abgeleitet wird, neue falsche Theologien entwickeln zu dürfen oder zu müssen.

In welcher Weise, meinen Sie, haben hier der frühere Papst und der jetzige Papst kooperiert?

Ich glaube, dass in der Situation der frühen 1980er-Jahre die falschen Modelle der Befreiungstheologien für die Kirche die ernstere Bedrohung waren als der real existierende Sozialismus, der innerlich schon ziemlich ermüdet war. Außerdem ist ein »Virus« im Inneren des Körpers grundsätzlich gefährlicher als etwas, das von außen an den Körper herankommt. In jedem Fall haben Papst Johannes Paul II. und sein Nachfolger Benedikt XVI. in einer »konzertierten Aktion« die beiden Bedrohungen erfolgreich überwunden. Einerseits waren mit den Dokumenten in der Mitte der 1980er-Jahre die falschen befreiungstheologischen Modelle bereits widerlegt, dann erfolgte 1989 der Zusammenbruch des Sozialismus, und dieser wirkte wiederum noch einmal diskreditierend auf diese Modelle zurück.

Wie wichtig ist denn die Österreich-Tochter der Päpstlichen Missionswerke international gesehen?

Hier muss man als Erstes einen großen Dank an die österreichischen Katholiken und ihre Bereitschaft zu spenden richten. In den Jahren, in denen ich die Päpstlichen Missionswerke leiten durfte, wurden uns jährlich 100 bis 200 Millionen Schilling (7 bis 14 Millionen Euro) von den österreichischen Spendern anvertraut – und das war natürlich eine große, beachtliche Summe, mit der im materiellen Bereich viel geholfen werden konnte. Sicherlich gibt es Länder, in denen den Päpstlichen Missionswerken noch viel mehr Geld gespendet wird, aber »Missio Austria« ist ein international durchaus beachteter Faktor bei den Päpstlichen Missionswerken insgesamt. Dazu muss ich noch sagen, dass es ja in Österreich eine große Gruppe von anderen kirchlichen Organisationen gibt, die ebenfalls Spenden in kirchlichem Auftrag in Länder der Dritten Welt senden. Ich erwähne hier vor allem die Dreikönigsaktion der katholischen Jungschar, die katholische Frauenbewegung mit ihrem Familienfastentag, die katholische Männerbewegung mit »Nachbar in Not« und natürlich die Caritas. In Deutschland gibt es große kirchliche Entwicklungshilfeorganisationen, wie »Misereor« für Afrika und Asien sowie »Adveniat« für Lateinamerika. Das Charakteristische an den Päpstlichen Missionswerken aber ist, dass sie nicht allgemeine Entwicklungsprojekte fördern und normalerweise auch keine Katastrophenhilfe leisten, sondern dass sie die »höhere Form« der Entwicklungshilfe speziell fördern: nämlich den Bau von Kirchen, die Errichtung von kirchlichen Bildungseinrichtungen und Spitälern, die Finanzierung der Übersetzung der Bibel, die Errichtung von Priesterseminaren und katholischen Universitäten und dergleichen mehr. »Missio« hat also ein eigenes Profil, welches dazu führt, dass es in den meisten Fällen keine staatlichen Förderungen hinzugewinnen kann, was bei den Entwicklungsprojekten und der Katastrophenhilfe der anderen Organisationen durchaus möglich ist.

Vielleicht kann ich hier ein kleine Nebenprojekt schildern, das mich sehr interessiert hat: Während meiner Jahre bei »Missio Austria« kam ein indischer Jesuitenpater zu mir, der an der Universität Pune Philosophie unterrichtet. Er sagte mir, er hätte ein wissenschaftliches Projekt durchgeführt und wolle dies jetzt publizieren, also ein Buch daraus machen. Eigentlich werden von den Päpstlichen Missionswerken normalerweise weder wissenschaftliche Projekte noch Bücher gefördert. Der Jesuitenpater aber hat insistiert, und ich habe ihn dann doch gebeten, mir das Projekt zu schildern. Es handelte sich um eine Untersuchung der Logik und der Sprachphilosophie der Sanskritliteratur und deren Kompatibilität mit der heutigen aus Europa stammenden Philosophie und Logik. Ich fragte ihn, warum dieses Projekt eine katholisch-theologische Fakultät bearbeite und nicht eine weltliche Bildungseinrichtung. Er berichtete mir daraufhin, dass die einzigen Einrichtungen, die sich in diesen Themen auskennen, die alten Brahmanenschulen der Hindus seien. Diese Brahmanenschulen seien jedoch leer, weil die indische Oberschicht ihre Söhne, die für die Brahmanenschulen infrage kämen, an die LSE (London School of Economics), das MIT (Massachusetts Institute of Technology) oder an die ETH (Eidgenössische Technische Hochschule in Zürich) schicken. Die letzte Möglichkeit, dieses wertvolle Wissen aus der Sanskritphilosophie zu retten, sei diese seine Arbeit an einer katholischen Fakultät. Das Projekt war relativ billig und ich habe dann entschieden, dass es »Missio« ausnahmsweise förderte, und ich bin überzeugt, dass damit langfristig ein kleiner, aber vielleicht doch wichtiger Beitrag im multikulturellen und interreligiösen Dialog zustande kam.

Welche Stärken haben denn die anderen Organisationen gegenüber »Missio«?

Zuerst muss man einmal sagen, dass natürlich die Arbeit des Roten Kreuzes, von Greenpeace, Amnesty International, Care und vielen anderen enorm wichtig ist. Auch die staatliche Entwicklungshilfe ist wichtig und sollte noch gesteigert werden. Sie bringt aber mit sich das Problem, dass wir mit staatlichen Stellen in den Empfängerländern kooperieren müssen, und die Erfahrung zeigt, dass viel Korruption herrscht und leider Geld versickert. Bei den kirchlichen Organisationen ist hingegen der Kontakt zu den Projekten direkt an der Basis hergestellt und damit die Gefahr der Zweckentfremdung der Mittel doch sehr viel geringer. Ein interessantes Profil hat natürlich die katholische Frauenbewegung, weil sie sich speziell in der Entwicklung von Frauenprojekten in den Entwicklungsländern engagiert. In Europa hat die Kirche den Ruf, frauenfeindlich zu sein, weil immer nur die Frage des Priestertums diskutiert wird. Die eigentliche Frage der Emanzipation aber stellt sich in den Entwicklungsländern, und zwar in den Fragen Ausbildung, medizinische Betreuung, soziale und politische Integration und dergleichen mehr. Keine Organisation im internationalen Kontext leistet so viel für die Emanzipation der Frau in den Regionen, wo die Frau wirklich gefährdet ist, wie die katholische Kirche. Das muss ich auch einmal betonen.

Die Jungschar engagiert sich mit ihrer »Dreikönigsaktion« vor allem für Investitionen in kleine Wirtschaftsbetriebe in der Landwirtschaft und eventuell in Schulen und Spitäler, die weitgehend, aber nicht exklusiv in kirchlicher Trägerschaft sind. »Misereor« und »Adveniat« in Deutschland sind die großen Fachorganisationen für die landwirtschaftliche Entwicklungshilfe. Vermutlich liegt die Lösung der Entwicklungsproblematik ja letztlich in der Landwirtschaft. Es kann falsch sein, Industrien und Wirtschaftsbetriebe aufzubauen, wenn die Versorgung der Bevölkerung mit Nahrungsmitteln noch nicht gewährleistet ist. Auch Europa und Nordamerika haben ja ihre wirtschaftliche und industrielle Entwicklung erst so richtig beginnen können, nachdem man durch Jahrhunderte – immer wieder mit Rückschlägen – die Produktion von Nahrungsmitteln durch die Landwirtschaft krisenfest eingerichtet hat.

Missionare verbinden ihre Arbeit im Ausland oft mit Entwicklungshilfe. Wodurch unterscheiden sich diese beiden Tätigkeiten und was sind die Gemeinsamkeiten?

Es geht um eine gesamtmenschliche Entwicklung. Der Auftrag Christi richtet sich einerseits an die Solidarität mit den Armen und die Hilfe für Leidende und Kranke und beruft dann zur Verkündigung der frohen Botschaft über den liebenden Gott und die Auferstehung. Eine reine Verkündigung der frohen Botschaft, ohne die Not der Armen zu sehen und zu lindern, wäre frivol und wohl auch nicht wirksam. Sich nur auf die materielle Hilfe zur Entwicklung und zur Wirtschaft zu beschränken, würde aber dem Sendungsauftrag Christi nicht gerecht. Es muss also beides in glaubwürdiger Weise verbunden sein. Dabei darf es auch innerhalb der Kirche eine vernünftige Arbeitsteilung geben. Schon in der Apostelgeschichte wird berichtet, dass man Diakone bestellte, damit sie den »Dienst an den Tischen« verrichten, damit so die Apostel frei bleiben für den »Dienst am Wort« (Apg 6, 1–7).

In welcher Beziehung stehen denn nun »Freiheit« und »Mission«?

Vorausgeschickt sei, dass es sicherlich in der Vergangenheit schwere Fehler in der Mission gegeben hat, weil wir sie nicht auf der Basis der Freiheit durchgeführt haben, sondern eine Art »Zwangsbeglückung« praktizierten. Der heutige Missionsbegriff basiert grundsätzlich auf den beiden Dokumenten des Zweiten Vatikanischen Konzils zur Mission und zur Religionsfreiheit und ist untrennbar mit dem Begriff Freiheit verbunden. Die Kirche selbst macht sich in diesen Dokumenten zur Vorkämpferin menschlicher Freiheit. Das Tragische ist ja, dass, wenn man einen Menschen gegen seinen Willen zur Wahrheit zwingt, die Wahrheit in seinem Munde zur Lüge verkommt. Damit die Botschaft wirklich ankommt, muss der Mensch frei und offen sein. Alles andere ist menschenunwürdig.

Vermutlich ist auch der Begriff »Mission« durch die unzureichende Bewertung der Freiheit in schweren Misskredit gekommen. Ich habe daher oft das Wort »Mission« ins Deutsche übersetzt, um die negativen Assoziationen – dass nämlich Mission zwangsläufig Unfreiheit schaffe – zu vermeiden. Im Deutschen ist dann der Begriff »Sendung«, der sich mit Evangelisierung und Apostolat verbindet, sehr schön. Wenn das klar ist, dann kann man das Wort »Mission« auch wieder unbefangen verwenden.

Kapitel 6
Hierarchie – hierarchia

Abt Gregor, spricht man von der Kirche, so wird oft der Begriff »Hierarchie« verwendet: Was ist damit gemeint? Gibt es auch andere Hierarchien? Ist die Kirche wie ein »Unternehmen« organisiert?

Die Kirche ist tatsächlich »heilig«. Und der erste Wortteil von Hierarchie kommt vom griechischen Wort »hieros«, was so viel wie »heilig« heißt. Im zweiten Wortteil wird eine Herrschaft unterstellt. Dies ist aber letztlich die »Herrschaft« Jesu Christi, und der ist gekommen, um zu dienen. Die heilige Herrschaft der Kirche ist daher von Gott und von Christus in die Heiligkeit berufen, aber sie selbst besteht aus Menschen, die Sünder sind, die daher die beabsichtigte Heiligkeit immer wieder verraten und in Misskredit bringen. Ich weiß, dass diese Hierarchie der Kirche in der Geschichte durch sündhafte Menschen oft missbraucht wurde. Dieser Missbrauch ändert aber nichts an der ursprünglich positiven Bedeutung. Denn die »Herrschaft« muss Dienst sein, Gottesdienst, im weitesten Sinn, Dienst an der Wahrheit und letzten Endes Diakonie, das hießt Dienst für die Menschen. Wenn man Theologie überhaupt ernst nimmt, dann ist also Hierarchie so verstanden etwas sehr Schönes, Mildes, Menschliches.

Aus der Schilderung wird klar, dass die Kirche anders organisiert ist als Staaten, andere Organisationen und schon gar Wirtschaftsunternehmen. Trotzdem wird auch bei diesen oft das Wort »Hierarchie« verwendet, aber zumindest das Wort »heilig« ist dabei sicherlich fehl am Platze. Doch auch in nichtkirchlichen Strukturen gibt es Unterordnungen und unterschiedliche Verantwortungsebenen. Ich selbst bin Staatsbürger der geordneten Organisation der Republik Österreich, Bürger der hochkompliziert organisierten Europäischen Union, Mitglied verschiedener Vereine und Organisationen und schließlich habe ich ein Jahrzehnt meine Lebens in einer großen Firma gearbeitet. Auch in den Jahren davor habe ich weltliche Hierarchien in Schulen und an der Wirtschaftsuniversität erlebt und erlitten. Es ist klar, dass die weltliche Hierarchie wegen des Wortes »heilig« ein Widerspruch in sich ist, aber ich sehe, dass die Unterordnungen, die Verantwortungsebenen und damit die übertragende Macht auch in all diesen Organisationen in grässlicher Weise missbraucht werden können. An Universitäten ebenso wie in Unternehmen gibt es »Päpste« und »Cardinäle«, die sich unglaublich stark profilieren und ihre durchaus unheilige Macht in den Dienst der eigenen Eitelkeit stellen. Da lobe ich mir die Demut unseres Papstes. Oder auch die freundlich lächelnde Bescheidenheit unseres Erzbischofs von Wien, Christoph Cardinal Schönborn. Dabei sind beide schon vom Intellekt her – und schon gar von ihren Persönlichkeiten – den vielen Verantwortungsträgern in weltlichen Hierarchien ums Vielfache überlegen.

Die Kirche ist doch auch sehr weltlich, sehr diesseitig, sehr konkret. Wie läst sich denn das Weltliche mit dem Geistlichen vereinbaren? Und welche Rolle nimmt der Papst dabei ein?

Die Stiftung der Kirche durch Gott und seinen Sohn Jesus Christus ist göttlichen Ursprungs, existiert aber sehr konkret durch Menschen in der Welt. Nach dem Beispiel der Menschwerdung Gottes in Jesus von Nazareth, die wir »Inkarnation« nennen, was so viel heißt wie »Fleischwerdung«, ist auch diese Existenz der Kirche nach dem inkarnatorischen Prinzip gestaltet. Durch dieses Wagnis Gottes, sich mit der Welt, mit Menschen und mit Sündern einzulassen, will er die Menschen und die Welt zu sich führen und somit retten. Trotz aller traurigen Erfahrung, die wir kennen, können wir im Glauben die Gewissheit haben, dass Gott siegen wird!

Daher gibt es die Kirche in der Welt und im Menschen. Und so, wie ich das bisher erlebt habe, ist das noch immer der beste Teil, den die Welt je gehabt hat. Wir haben schon von den unglaublichen kulturellen Leistungen gesprochen, die im Kult, also der Gottesverehrung des Christentums, begründet sind. Vor allem aber betet die Kirche zu bestimmten wichtigen Gelegenheiten, zum Beispiel in der Feier der Osternacht oder vor der Priesterweihe, die Allerheiligenlitanei. In einem rhythmischen Gesang werden Namen meditativ skandiert und bringen auf diese Weise die großartigsten Gestalten der Heilsgeschichte ins Bewusstsein. Jede einzelne dieser Gestalten zeigt, wie siegreich Gott in den Menschen wirkt. Mein Herz jubelt, wenn ich dabei von Papst Gregor dem Großen höre, meinem Klosternamenspatron, der eine überragende Gestalt in der Kirche ist, gerade auch in seinem erschütternden Sündenbewusstsein. Was ist der heilige Franz von Assisi für eine liebenswerte und bis heute wirksame Gestalt der Menschen- und Naturliebe um Gottes willen. Wie verehre ich die heilige Edith Stein, die als Jüdin und Christin den Weg ins Martyrium bewusst gegangen ist und uns in ihren Werken ein faszinierendes Erbe religiöser Spiritualität gegeben hat. Am Allerhöchsten steht die Gottesmutter und Jungfrau Maria, die in der lauretanischen Litanei eigene rhythmische Lobpreisung bekommt, weil sie in Demut Gottes Gnade in sich hat wirken lassen und so wesentlich zur Erlösung der Menschheit beigetragen hat.

Albrecht Dürer hat in seinem großartigen Allerheiligenbild, das im Kunsthistorischen Museum in Wien hängt, ein beeindruckendes Kunstwerk über die Heiligen geschaffen. Eine Kopie davon hängt in meinem Schreibzimmer.

Im Zusammenhang mit unserem Thema »Hierarchie« muss ich den heiligen Petrus, den ersten Papst der Kirche erwähnen, einen armen Sünder und trotzdem Träger der Verheißung: »Auf diesen Felsen werde ich meine Kirche bauen, und die Mächte der Unterwelt werden sie nicht überwältigen. Ich werde dir die Schlüssel des Himmelreichs geben.« (Mt 16, 18–19)

Das Petrusamt geht, gemäß der katholischen Lehre, von Petrus auf alle seine Nachfolger im römischen Bischofsamt über. Die höchste Autorität der Weltkirche hat also der Papst. Was beinhaltet diese Autorität eigentlich?

Der Papst ist »Vicarius Christi«, Stellvertreter Christi auf Erden. Dies verleiht ihm einerseits eine unerhörte Autorität, andererseits bindet es ihn an den demütigen Dienst, den Christus selbst für die Menschen geleistet hat. Der Hauptdienst des Papstes im Petrusamt ist es, den Glauben der Mitbrüder zu stärken. »Ich aber habe für dich gebetet, dass dein Glaube nicht erlischt. Und wenn du dich wieder bekehrt hast, dann stärke deine Brüder.« (Lk 22, 32) Dies ist die Aufgabe des Papstes, und trotz allen menschlichen Versagens in der Geschichte hat dieser Auftrag nie aufgehört und wirkt höchst effizient bereits zwei Jahrtausende.

Die Autorität des Bischofs von Rom in der Kirche hat sicherlich durch die zwei Jahrtausende unterschiedliche Ausprägungen und Entwicklungsstufen erfahren. Die hohe Autorität, die noch im ersten Jahrhundert einer der Nachfolger des heiligen Petrus, Papst Clemens I., innehatte, wird in seinem erhaltenen Brief, der durch einige Jahrhunderte sogar den Heiligen Schriften zugezählt wurde, deutlich hörbar.

Sogar der evangelische Exeget und Bischof Otto Dibelius spricht bei diesem ganz frühen Dokument des kirchlichen Lebens von einer Art des »Frühkatholizismus«. Der evangelische Wissenschaftler ist offensichtlich erstaunt darüber, wie päpstlich und katholisch Clemens bereits geschrieben hat.

Die Auffassung des Papstamtes unter Papst Leo I. (genannt Leo der Große, 440–461) ist eine andere als die des bereits erwähnten Papstes Gregor I. (genannt Gregor der Große, 590–604). Das sogenannte »Saeculum obscurum« (»das dunkle Jahrhundert« der Papstgeschichte zwischen 882 und 1046) mit seinem grauenvollen Missbrauch des Papsttums stellt sicherlich den moralischen Tiefpunkt dieses Amtes in der Geschichte der katholischen Kirche dar. Die Theologen müssen diesen Abschnitt der Kirchengeschichte sehr genau lernen und wissen darüber Bescheid. Die vom Journalismus »informierte« Öffentlichkeit kennt allerdings nur die problematischen Borgia-Päpste Kalixt III. und Alexander VI., dabei waren diese im Vergleich mit den Gestalten des »Saeculum obscurum« relativ harmlos. Die Kirche hat aus eigener Kraft diese traurige Phase überwunden. Wesentlich haben daran die benediktinischen Ordensleute um die große Abtei Cluny sowie die Kaiser der damaligen Epoche mitgewirkt. Papst Gregor VII. und Papst Bonifaz VIII. sind markante und oft missverstandene Päpste des Hochmittelalters. Es kann kein Zweifel darin bestehen, dass die Päpste des 19., des 20. und des jetzt beginnenden 21. Jahrhunderts vielleicht die besten und auch überaus heiligen Hirten der Kirche sind. Und wenn ein österreichischer Politiker, der schon jahrelang keine politische Funktion innehat, behauptet, er möchte die Kirche vor dem Papst retten, muss man doch sagen, dass sich hier ein Zwerg in seinem ganzen Hochmut gegen die wahre Größe in Demut in lächerlicher Weise vergreift.

Abt Gregor, was bedeutet eigentlich der Begriff »päpstliche Unfehlbarkeit«?

Wie schon gesagt war die Autorität im Petrusamt von Anfang an sehr hoch. Aufgrund dieser hohen Autorität hat das Erste Vatikanische Konzil (1869/70) diese an sich schon vorhandene Kapazität im sogenannten Dogma der päpstlichen Unfehlbarkeit expressis verbis formuliert. Sicherlich ist dieser Extremfall noch einmal ein Zeichen höchster Entscheidungsgewalt im Petrusamt. Um die Dimension aber richtig im Blick zu behalten, muss man zum Beispiel wissen, dass seit der Erklärung des Konzils zu dieser Unfehlbarkeit erst ein einziges Mal davon Gebrauch gemacht wurde: Das war 1950, als Papst Pius XII. das Dogma der »Leiblichen Aufnahme Mariens in den Himmel« verkündete. Man muss wissen, dass die Unfehlbarkeit des Papstes nur dann gegeben ist, wenn er nach ausführlicher Beratung mit den Vertretern der Weltkirche eine Aussage zu Glaubens- und Sittenfragen macht und diese in feierlicher Weise ex cathedra verkündet. Gerade am Dogma der Leiblichen Aufnahme Mariens in den Himmel wird auch sichtbar, wie stark solche Aussagen bereits durch Jahrhunderte in der Kirche vorhanden sind und geglaubt werden. Zum Beispiel haben alle Kirchen der Cistercienser seit dem 12. Jahrhundert grundsätzlich das Patrozinium »Mariä Himmelfahrt«. Die Cistercienser – und nicht nur diese – feiern und bekennen also den Inhalt des Dogmas von 1950 schon seit Jahrhunderten und die Ostkirche sicherlich seit 1500 Jahren. Es ist logisch, dass das Dogma der Unfehlbarkeit die Autorität des Papstes noch einmal unterstreicht und dass es keineswegs bedeutet, dass all die vielen anderen Lehräußerungen, die nicht mit dem Anspruch der Unfehlbarkeit vorgelegt werden, automatisch fehlerhaft wären. Sondern auch diese sind mit Respekt, Ehrfurcht und größter Aufmerksamkeit zu behandeln.

Ich persönlich habe bei den Päpsten, die ich in meiner Lebenszeit sehen konnte, immer den Eindruck gehabt, dass ich ihnen restlos vertrauen kann. Im Gewirr der Stimmen außerhalb, aber auch innerhalb der katholischen Kirche konnte ich bei ihnen immer klare und richtige Orientierung finden. Wenn schon die patriotischen Engländer ihr Land so hoch schätzen, dass sie mit dem Wort leben »Rigth or wrong – my Country«, dann habe ich allen Anlass, nach der Devise zu leben »Right or wrong – my Pope«. Dabei halte ich fest, dass ich das Falsche am Papst noch nicht erlebt habe, aber feststellen muss, dass viele tatsächlich glauben, »the Pope is wrong«.

Der heutige Papst Benedikt XVI. ist sicherlich ganz anders als sein Vorgänger, Johannes Paul II. Er wird auch von den Menschen unterschiedlich wahrgenommen. Warum, glauben Sie, ist das so?

Es ist immer viel leichter, auf den aktuellen Papst einzudreschen und den vorhergehenden zu glorifizieren. Ich würde den Unterschied zwischen den beiden Personen nicht allzu hochspielen. Das Wichtige am Petrusamt ist in erster Linie nicht die jeweilige Person, der jeweilige konkrete Mensch – Karlo Wojtyła, Joseph Ratzinger – sondern das Charisma des Amtes seit Petrus. Das ist das Bedeutende, und es ist für mich bei allen Päpsten, gerade auch in denen, die ich erlebt habe, manifest greifbar.

Viele Menschen kritisieren den Papst. Wie kommt es bei Ihnen zu dieser positiven Einstellung?

Sicherlich spielen meine Erziehung und die Herkunft aus meiner Familie eine Rolle. Mein Großvater und mein Urgroßvater lebten in Oberschlesien zu Zeiten des Reichskanzlers Otto von Bismarck. Dieser Reichskanzler begann eine scharfe antikatholische und antipäpstliche Politik in Preußen, die unter dem Namen »Kulturkampf« in die Geschichte eingegangen ist. Vermutlich würde man heute die Begegnung in Canossa von Papst Gregor VII. und Heinrich IV. nicht so stark im Bewusstsein haben, wenn es nicht den berühmten Ausruf Bismarcks im Parlament gegeben hätte. »Wir gehen nicht nach Canossa!!!« Meine Vorfahren waren als Katholiken unmittelbar von diesem Kulturkampf betroffen und haben persönlich und mit ihren Organisationen gegen Bismarck Front gemacht. Dies bedeutete auch eine Solidarisierung mit dem damaligen Papst, insbesondere Pius IX. und später Leo XIII., sowie eine Solidarisierung mit dem Papstamt schlechthin. Davon war auch ich nach dem Zweiten Weltkrieg geprägt, was in einer kleinen Begebenheit sichtbar wird, die ich hier erzählen will.

Als ich ungefähr sechs Jahre alt war, kam ein evangelischer Onkel zu uns zu Besuch und fragte mich in Anwesenheit meiner Eltern: »Ulli, was möchtest du einmal werden?« Ohne zu zögern antwortet ich: »Ich möchte Nachtwächter beim Heiligen Vater werden.« Der Onkel und meine Eltern waren sprachlos und fragten kopfschüttelnd: »Wie kommst du denn auf diese merkwürdige Idee?« Daraufhin eilte ich zum Tisch, auf dem Zeitungen und Magazine lagen, und holte eine Ausgabe des »Katholischen Digest« hervor. Auf dem Titelbild war Papst Pius XII. zu sehen, wie er sich aus einem Fenster des Apostolischen Palastes im Erdgeschoss beugt und freundlich mit einem Monsignore spricht. Das ganze Foto war schon etwas in nächtliches Dunkel getaucht. Ganz recht auf diesem Foto stand ein Mann mit einer wunderschönen Tracht und Hellebarde. Wer der Papst war, wusste ich, und diesen Mann erklärte ich zum »Nachtwächter«. Das war also mein Berufswunsch! Meine Eltern mussten mir dann erklären, dass das ein Mitglied der Schweizergarde sei. Da ich kein Schweizer war, war mir dieser Berufsweg leider versperrt. Ich war natürlich traurig, aber nicht verzweifelt, und sehe in dieser Anekdote eine infantile Äußerung meines persönlichen »Papismus«.

Abt Gregor, worin unterscheiden sich denn die Päpste der letzten siebzig Jahre?

Papst Pius XII. hat in seiner vornehm erhabenen Art meine Kindheit und Jugend geprägt. Ich halte ihn für einen großen und bedeutenden Papst, der seine Aufgabe gerade auch im Zweiten Weltkrieg in der Abwehr des Nationalsozialismus in beeindruckender Weise erfüllt hat. Die Enzyklika seines Vorgängers, Pius' XI., »Mit brennender Sorge«, war von ihm verfasst worden und stellt in einer beeindruckenden Weise die deutliche Kritik der Kirche am Nationalsozialismus dar. Es war logisch, dass die Nazis ihre Veröffentlichung in Deutschland verboten haben. Wie ich aus dem Buch von Pinchas E. Lapide »Rom und die Juden« sehe, hat er durch seinen persönlichen Einsatz vermutlich einer halben oder sogar einer ganzen Million Juden das Leben gerettet. Die Polemik des Rolf Hochhuth mit seinem manipulativen Drama »Der Stellvertreter«, setzte erst nach dem Tod Pius' XII. ein. Ich halte diese Kritik von Hochhuth für nicht begründbar. Wie gemein und niederträchtig er arbeitet, wird an seiner Verwendung des Titels der Enzyklika sichtbar. Hochhuth lässt in beispielloser Infamie den Papst in seinem Stück sagen: »In brennender Sorge für unsere Aktienpakete können wir nichts für die Juden tun.« Inzwischen wurde ja bekannt, dass Rolf Hochhuth mit dem rumänischen Geheimdienst, der Securitate, zusammengearbeitet hat. Vor kurzer Zeit ist ein ausgezeichnetes Buch von Michael Hesemann erschienen: »Der Papst, der Hitler trotzte. Die Wahrheit über Pius XII.«. Dieses Buch haben wir in Heiligenkreuz als Tischlektüre gehabt: Es ist ein beeindruckendes Werk in der Richtigstellung des Bildes Pius' XII. vor der Geschichte.

Die Verkündigung »Habamus Papam« der Wahl des Patriarchen von Venedig, Angelo Roncalli, zum Papst war für mich eines der ersten Ereignisse, bei welchem das Medium Fernsehen weltweit die Information brachte. Als Johannes XXIII. zum Papst gewählt wurde, war ich rein vom Äußeren her nach der hehren, vornehmen Gestalt Pius' XII. von diesem korpulenten Bauernsohn zuerst furchtbar enttäuscht. Bald darauf aber merkte ich, was für eine hohe Intelligenz mit einer liebenswürdigen Menschlichkeit in diesem Mann verbunden war. Er hat das Zweite Vatikanische Konzil einberufen und war allein deswegen schon ein großer Papst. Seine Enzykliken »Pacem in terris« (»Über den Frieden auf Erden«) und »Mater et Magistra« (»Mutter und Lehrmeisterin«) sind wahre Meilensteine der kirchlichen Lehrentwicklung. Ich war in der vorletzten Klasse des Gymnasiums in Klagenfurt, und wir bekamen tatsächlich unterrichtsfrei, um im Konferenzzimmer im Fernsehen an der Eröffnungssitzung des Konzils teilzunehmen. Unvergesslich bleibt mir, wie der Papst, mit Tiara und Pontifikalhandschuhen angetan, sich energisch auf die Oberschenkel schlug, als er von den falschen Unglückspropheten sprach. Ich bin mir sicher, dass er, wenn er das Konzil hätte zu Ende führen können, danach in einem ähnlichen Konflikt mit der Öffentlichkeit und den Medien gekommen wäre wie Papst Paul VI. Allerdings hätte Johannes XXIII. in seiner menschlichen Art anders darauf reagiert als sein sensibler Nachfolger. Ich bin glücklich, bei seiner Seligsprechung am 3. September 2000 dabei gewesen zu sein.

Papst Paul VI. als sensibler Intellektueller hat sein Amt mit höchster Qualifikation ausgeübt. Breite Teile der Öffentlichkeit haben ihn nicht verstanden. Er musste als Erster eine schwierige Krise der Kirche nach dem Konzil erleben. Ganz gleich, ob er in seiner Sozialenzyklika »Populorum Progressio« (»Die Entwicklung der Völker«) Wesentliches und Neues zur Entwicklungsproblematik sagte oder sich nach genauester Prüfung verpflichtet sah, in »Humanae Vitae« Wichtiges zur Frage des Lebens auszusagen, er wurde in brutalster Weise öffentlich bis in die Kirche hinein angefeindet, ja sogar lächerlich gemacht (die Medien nannten ihn »Pillen-Paule«) oder verraten (die Erklärungen der Bischöfe von Königstein und Maria Trost). Er hat darunter entsetzlich gelitten, was man ihm auch angesehen hat. Ich aber halte ihn für einen Märtyrer der Mediengesellschaft. Meine Einstellung zum Papsttum habe ich damals in einer privaten Diskussion so formuliert: »Ich bin so links wie der Papst in ›Populorum Progressio‹ und so rechts wie der Papst in ›Humanae vitae‹!« Ich habe ja bereits erzählt, dass ich aus einem gewissen Oppositionsgeist, aus einer gewissen Justament-Solidarität mit Papst Paul VI. damals ins Kloster eingetreten bin.

Die liebenswürdige Erscheinung von Papst Johannes Paul I. hat als Papst nicht wesentlich in die Kirche hineingewirkt, er ist zu früh gestorben.

Mit Karol Wojtyła trat wiederum eine epochale Figur auf. Ein Mann, der in grandioser Weise mit den Medien umgehen konnte und eine bis dahin ungeahnte pastorale Tätigkeit in seinen Reisen ausübte. Seine Enzykliken, gerade auch seine Sozialenzykliken, sind von höchster Präzision und ungemein ideenreich. Bei all dieser Wirksamkeit nach außen, die bis heute nachwirkt, ist den wenigsten Menschen bekannt, dass er in seinem innersten Wesen eigentlich ein kontemplativer Mystiker war. Wie sehr er vom »real existierenden Sozialismus« des kommunistischen Ostens als Gefahr erkannt wurde, zeigt das Attentat auf ihn, wo er nur um Millimeter am Tod vorbeiging. Ich bin ihm als Nationaldirektor von »Misso Austria« zwischen 1994 und 1999 persönlich begegnet, wobei er immer wegweisende Worte für die Missionswerke insgesamt zu geben imstande war, obwohl zu diesem Zeitpunkt – teilweise als Spätfolgen des Attentats – bereits ein starker Alterungsprozess eingesetzt hatte. 2002 war ich schon als Abt im Amte, als unsere Hochschule in Heiligenkreuz eine Romwallfahrt aus Anlass ihres 200-jährigen Bestehens machte. Wir hatten eine Privataudienz bei ihm in der Sala Clementina, bei der ich als Rektor der Hochschule eine kurze Ansprache an ihn richten durfte. Seine Antwort war vom Inhalt her ganz tief und wichtig, aber so richtig verstehen konnten wir sie erst nachher in der schriftlichen Fassung des »Osservatore Romano«, weil seine gesprochenen Worte damals aus Altersgründen fast nicht mehr verständlich waren. Sein Ausharren im Amt bei aller Behinderung war unter anderem auch ein Zeichen der Hoffnung für die vielen Millionen von alten, kranken und behinderten Menschen, die oft darunter leiden, dass sie keine Aufgabe mehr für sich erkennen.

Gibt es auch unter den Priestern einen antipäpstlichen Affekt?

Ich fürchte ja. Mir ist durchaus eine klerikale Kritik am jeweiligen Papst bekannt. Gerd Bacher, dem früheren Generalintendanten des ORF, verdanke ich eine Analyse dieses Phänomens. Bacher hat einmal in einem Referat darauf aufmerksam gemacht, dass sich die mediale Situation der Priester und der Hierarchie vollkommen verändert, ja geradezu auf den Kopf gestellt habe. Früher war es so, dass man in einer normalen Kirchengemeinde sagen konnte, die Gläubigen sehen den Pfarrer jede Woche und werden von ihm durch die Predigt geprägt. Den Bischof sah man vielleicht einmal im Jahr bei der Firmung oder Visitation. Den Papst bekam man überhaupt niemals zu sehen. Heute sehen die Menschen den Papst im Fernsehen, wenn sie wollen, tatsächlich wöchentlich. Der Bischof kommt im Fernsehen auch manchmal vor, aber den eigenen Pfarrer sehen die Menschen nie, weil sie gar nicht in die Kirche gehen!

Die Situation hat sich also vollständig umgedreht. Das ist aber fast niemandem bewusst. Und laut dem Wiener Psychoanalytiker Sigmund Freud kommen die Aggressionen ja aus dem Unbewussten. Daher meinte Gerd Bacher in der unbewussten Veränderung zum Nachteil der Priester eine Ursache für Aggression zu erkennen.

Ich vermute, dass ein Teil der Kritik an Paul VI., Johannes Paul II. und Benedikt XVI. einer problematischen Erwartungshaltung an das Zweite Vatikanische Konzil entspringt. Dabei muss man sich vor Augen halten, dass Paul VI. zuerst als Cardinal Erzbischof von Mailand und dann als Papst am Konzil teilgenommen und sich selbst mit dem Konzil identifiziert hat. Karol Wojtyła hat als Bischof und später als Cardinal Erzbischof am Konzil teilgenommen, und aus den veröffentlichten Protokollen kann man ablesen, dass er ein ganz wichtiger Gestalter des Konzils war. Papst Benedikt XVI. hat am Konzil nicht als stimmberechtigter Konzilsvater, wohl aber als Peritus (theologischer Berater) des für das Konzil so wichtigen Cardinal Erzbischofs von Köln Joseph Frings teilgenommen; als solcher gehörte er zu den einflussreichsten Persönlichkeiten im Konzil. Alle drei Päpste wissen bzw. wussten also genau, worum es beim Konzil wirklich ging. In der Öffentlichkeit aber ist ein falsches Bild des Konzils rezipiert worden unter dem Motto: Die Kirche passt sich widerstandslos an die Welt an. Dieses Bild vom Konzil ist falsch. Aber die Erwartungshaltung vieler Menschen – auch mancher Priester – an das Konzil oder an einen oft zitierten »Geist des Konzils« hat sachlich unbegründet bei vielen Frustrationen hervorgerufen. Mutter Teresa von Kalkutta hat einmal gesagt: »Der Teufel nimmt das

Konzil sehr ernst, weil er es in sein Gegenteil zu verkehren sucht.« Cardinal Ratzinger hat bei einer Tagung in St. Georgen am Längsee im Jahr 1985 folgendermaßen formuliert: »Jetzt haben wir bald zwanzig Jahre über das Konzil der Journalisten geredet. Sollten wir jetzt nicht daran gehen, das Konzil der Bischöfe zu verwirklichen?«

Wann sind Sie Papst Benedikt XVI. zum ersten Mal begegnet?

Das war im Jahr 1972, und Joseph Ratzinger, unser jetziger Papst, war ein noch relativ junger Professor der Dogmatik in Regensburg. Jedes Jahr, immer vom Freitag vor dem Palmsonntag bis zum Palmsonntag, halten die Malteser und die katholischen Edelleute Schlesiens in Bad Wimpfen am Neckar eine religiös vertiefende Veranstaltung ab. Zwar war ich damals noch lange nicht Malteser, aber durch meine familiären Beziehungen konnte ich an dieser Tagung mehrmals teilnehmen. Für das Jahr 2011 bin ich übrigens eingeladen worden, diese Tagung in Bad Wimpfen zu halten.

Im Jahr 1972 war also Joseph Ratzinger der Vortragende. Ich arbeitete damals mit 29 Jahren als Diplomkaufmann in Frankfurt und interessierte mich durchaus auch für Politikwissenschaften. In meinem Studium hatte ich auch Sozialwissenschaft gehört. Meinen Tagebucheintragungen kann ich entnehmen, dass mir sehr imponiert hat, wie ein Theologe die aktuelle Literatur zu diesen nicht theologischen Themen im kleinen Finger hatte und zum Beispiel den Soziologen Helmut Schelsky perfekt referierte. Professor Ratzinger hat sich den kleinen Teilnehmer Ulrich Henckel von Donnersmarck sicherlich nicht gemerkt, ich aber habe ihn seit damals nicht mehr vergessen.

Das nächste Mal begegnete ich ihm schon als Priester und Ordensmann im Jahr 1985 in Eisenstadt, wo er auf Einladung von Bischof László vor Priestern eine wirklich brillante theologische Interpretation des damals neuen Codex Iuris Canonici (»Kodex des kanonischen Rechts«) vortrug. Dort bin ich auch persönlich mit ihm ins Gespräch gekommen, insbesondere weil ich wusste, dass ich ihm wenige Wochen später im Sommer 1985 in St. Georgen am Längsee in Kärnten bei den »St. Georgener Gesprächen« begegnen würde. Die »St. Georgener Gespräche« waren eine Idee von Bischof Egon Kapellari, der fand, es sei schade und unzureichend, dass man berühmte Vortragende immer nur so erlebt: Flugzeug – eine Stunde Vortrag – eine Stunde Zerstörung des Vortrags durch Diskussion – und wieder Flugzeug. Bischof Kapellari meinte, man solle »geistliche Väter« doch mehrere Tage hören. Und so fanden in den 1980er- und 1990er-Jahren in St. Georgen am Längsee eine Reihe von Tagungen jeweils im Ausmaß von einer Woche statt. Andere Vortragende waren zum Beispiel Hans Urs von Balthasar, der Münchner Philosoph Robert Spaemann und der spätere Cardinal Schönborn. Bei einer solchen Veranstaltung lernt man einen Vortragenden ganz anders kennen. Man feiert zusammen die heilige Messe, man nimmt die Mahlzeiten gemeinsam ein, man geht spazieren oder schwimmen im Längsee, und dazwischen hört man mehrmals am Tag Vorträge, Diskussionen, es gibt Kamingespräche und dergleichen mehr. Durch die Zusammenschau einer ganzen Vorlesungsreihe und den persönlichen Kontakt lernt man sich natürlich viel besser kennen. Das Thema der damaligen Tagung war die Schöpfungslehre (De Deo creante) einerseits und andererseits die Kirchenlehre (Ecclesiologie) unter besonderer Berücksichtigung des Konzils. Es war faszinierend und ich schöpfe noch heute daraus.

Anlässlich des 80. Geburtstages des Papstes habe ich 22 Jahre später anhand meiner handschriftlichen Notizen eine Zusammenfassung der damaligen Referate versucht. Diese wurde dann in einer Festschrift, die der Bruder des Papstes, Prälat Georg Ratzinger, herausgegeben hat, veröffentlicht.

Bei den Mahlzeiten in St. Georgen kam es mehrmals vor, dass die Plätze neben dem Cardinal frei blieben. Bischof Kapellari hat mich ermuntert, mich zu Cardinal Ratzinger zu setzen, was ich ungeniert getan habe. Wir haben uns bei mehreren Mahlzeiten gut unterhalten, und auf seine Einladung hin habe ich ihm auch mein Primizbild überreicht, auf dessen Vorderseite der selige Bischof Otto von Freising abgebildet ist, der als Sohn des heiligen Leopold und als Cistercienser entscheidend für die Gründung von Heiligenkreuz gewirkt hat. Später wurde er sogar Bischof von Freising und war als solcher ein Vorgänger von Joseph Ratzinger, der ja, bevor er nach Rom berufen wurde, Erzbischof von München und Freising war. Das alles wusste der Cardinal natürlich und nahm das Bildchen mit freundlichstem Lächeln entgegen. Dann begann er mir aus dem Stegreif die wichtigsten Gedanken des Werkes Ottos von Freising aufzuschlüsseln. Ich war fasziniert von seinem universalen Wissen. Als schließlich Bischof Kapellari dem Cardinal die nahe gelegene alte Bischofskirche von Maria Saal und die romantische Burg von Hochosterwitz zeigen wollte, wurde ich mitgenommen und war de facto der »Cicerone« für den jetzigen Papst. Seitdem kennt er mich und erkennt mich auch bei jeder Begegnung. Bewundernswert!

Hat es noch weitere Kontakte zum jetzigen Papst gegeben?

Von 1992 bis 1994 war ich Assistent des Generalabtes des Cistercienserordens in Rom. In diesen Jahren bin ich ihm bei verschiedenen Gelegenheiten begegnet und erinnere mich gerne daran, dass er bereit war, auch über kleine dumme Witze von mir zu lachen. Am wichtigsten für die weitere Geschichte war sicher der 1. März 2003. Mein Mitbruder Pater Maximilian

Heim, derzeit Prior unseres Tochterklosters in Rom, hatte in Graz bei Professor Körner eine Dissertation über die Ecclesiologie Joseph Ratzingers geschrieben. Kaum war die Fertigstellung bekannt, bekam ich einen Anruf aus der Glaubenskongregation – früher einmal »Heilige Inquisition« genannt –, dass der Cardinalpräfekt erwarte, dass der Dissertant und sein Abt sich bei ihm einfänden. Wenn ich diese Geschichte übertrieben erzählen will, sage ich immer: »Im Hintergrund hörte ich schon die Scheiterhaufen im Hof der Inquisition knistern und prasseln.« So kam es zur Begegnung im Gebäude der Glaubenskongregation, dem Palazzo del Sant'Uffizio, am 1. März 2003. Nebenbei gesagt, war dieser 1. März der erste Arbeitstag von Prälat Georg Gänswein als Sekretär des Cardinals. Das Gespräch über die Dissertation meines Mitbruders verlief harmonisch, und die theologischen Grundlinien wurden mir erst in diesem Gespräch so richtig klar. Cardinal Ratzinger sagte zu Pater Maximilian mit einem freundlichen Lächeln: »Durch Ihre Arbeit verstehe ich jetzt wesentlich besser, was ich damals zu dem Thema geschrieben habe.« Nach dem einstündigen Gespräch gingen wir am Schreibtisch des Cardinals vorbei, wo viele Stöße mit riesigen Aktencouverts lagen. Auf meinen fragenden Blick hin sagte der Cardinal: »Das sind alles Akten von den schrecklichen Missbrauchsfällen in der katholischen Kirche der USA. Es ist entsetzlich für mich, das alles lesen zu müssen, aber der Heilige Vater findet, dass ich der richtige Mann sei, um diese unerfreulichen Dinge zu bearbeiten. Also muss ich es wohl tun!«

Abt Gregor, wie haben Sie denn dann die Papstwahl erlebt?

Als Papst Johannes Paul II. starb, war ich gerade auf einer Wallfahrt mit der Stiftung Pro Oriente unter Leitung von Christoph Cardinal Schönborn im Heiligen Land. Nebenbei gesagt: eine faszinierende Erfahrung. Der Redakteur der »Tagespost«, Stefan Bayer, sagte mir damals, dass er nicht daran zweifle, dass Cardinal Ratzinger zum Papst gewählt werden würde. Ich habe das für völlig ausgeschlossen gehalten, weil die öffentliche Meinung über ihn wegen seiner Tätigkeit in der Glaubenskongregation ganz negativ war. Auch habe ich es für höchst unwahrscheinlich gehalten, dass ein Deutscher zum Papst gewählt wird. Aus meiner Sicht habe ich damals Christoph Cardinal Schönborn noch eher als Papstkandidat vermutet.

Am Wahltag waren wir in Heiligkreuz gerade beim Gesang der Vesper, als ein Mitbruder verspätet hereinkam und sagte: »Es ist ein Papst gewählt worden (weißer Rauch), man weiß aber noch nicht wer.« Nach der Vesper habe ich den Mitbrüdern gesagt: »Wer nicht will, muss jetzt nicht zum Abendessen gehen. Wir schauen im Fernsehen, wer zum Papst gewählt wurde.« Dann wurde tatsächlich verkündet, dass die Wahl auf Cardinal Ratzinger gefallen war. Ich war wie vom Blitz getroffen und habe mir gesagt: Es ist völlig unmöglich, dass es jetzt einen Papst gibt, den ich kenne und der auch mich kennt! Das war eine ganz neue Erfahrung des Papsttums für mich, die fast etwas von »Desillusionierung« mit sich brachte: so normal, so menschlich nahe ist der Papst!

Im Herbst 2005 tagte in Rom das Generalkapitel der Cistercienser. Bei einer Generalaudienz auf dem Petersplatz waren die Teilnehmer des Generalkapitels anwesend. Unsere Plätze waren sogar oben auf dem Vorplatz von St. Peter, auf der Höhe des Thrones des heiligen Vaters. Als Abtpräses, der ich damals war, hatte ich einen Platz in der ersten Reihe. Der Papst ging an dieser Reihe vorbei und schüttelte jedem die Hand. Als er mich sah, sprach er mich an und sagte: »Ja, Abt Gregor, wie kommen Sie denn hierher?« In wenigen Worten habe ich ihm vom Generalkapitel der Cistercienser berichtet. Als der Papst schon weitergegangen war, stand eine Zeit lang sein Sekretär, Prälat Georg Gänswein, direkt neben mir. Ich konnte ihn ansprechen und sagen: »Erinnern Sie sich noch an den 1. März 2003, Ihren ersten Arbeitstag bei Cardinal Ratzinger, als ich mit Pater Maximilian beim Cardinal war?« Seine Antwort: »Ja, selbstverständlich erinnere ich mich, Abt Gregor! Seit damals hat sich bei mir aber alles vollkommen verändert!«

Wie kam es denn zum Papstbesuch in Heiligenkreuz?

Im Februar 2006 war ich mit Pro Oriente, dessen Vizepräsident ich damals war, in Rom. Am Fest Cathedra Petri (22. Februar Petri Stuhlfeier) fand eine Generalaudienz in der Großen Audienzhalle mit der Delegation von Pro Oriente unter der Leitung von Professor Marte statt. Ich war wieder oben auf der Tribüne in der Nähe des Heiligen Vaters platziert und konnte ihn persönlich begrüßen. Diesmal hatte ich mich darauf vorbereitet, denn es war schon durchgesickert, dass der Heilige Vater am 8. September 2007 nach Mariazell pilgern würde. Ich sagte also zum Papst: »Eure Heiligkeit, Sie würden uns allen in Heiligenkreuz eine unsagbare Freude machen, wenn Sie bei Ihrem Österreich-Besuch auch nach Heiligenkreuz kommen würden.« Sofort fragte mich der Papst zurück: »Wie sieht es mit der Hochschule aus?« Damit meinte er unsere Eingabe, der Hochschule päpstlichen Status zu verleihen. Ich konnte ihm versichern, dass der Antrag bereits im Jänner 2006 eingereicht worden war und dass bei normalem Verlauf bis September 2007 alles unter Dach und Fach sein könnte. Damit war aber unser Gespräch bereits beendet. Ich konnte Prälat Gänswein noch ein Schreiben mit meiner Einladung in die Hand drücken.

Ich kann es nicht anders sehen als eine gnadenhafte Fügung, dass ich im selben Jahr, am Samstag vor dem Palmsonntag, noch einmal dem Heiligen Vater begegnen konnte. Es handelte sich um eine Privataudienz für den Erzherzog Otto von Österreich, seine engste Familie sowie Vertreter des Ordens vom Goldenen Vlies, zu denen ich als Aumônier-Vicaire zähle. Wiederum konnte ich dem Heiligen Vater meine Einladung persönlich übermitteln, und er hat freundlich darauf reagiert, ohne jedoch eine Zusage zu geben.

Ich habe in den folgenden Monaten das Faktum meiner Einladung zwei oder drei Mal immer wieder beim Staatssekretariat in Erinnerung gerufen, jeweils mit Kopie an Cardinal Schönborn, an den Nuntius in Österreich, an den österreichischen Botschafter beim Heiligen Stuhl, meinen Freund Dr. Martin Bolldorf, und auch an den Generalabt. Von allen Seiten hörte ich immer nur, dass das völlig unmöglich sein würde und ich keine Chance hätte. Ich schwebte in Unsicherheit, habe aber nie aufgehört zu kämpfen und mir immer gesagt: Ich höre erst auf, um den Besuch in Heiligenkreuz zu kämpfen, wenn der Papst schon wieder im Flugzeug von Österreich nach Rom unterwegs ist.

Am 28. Dezember 2006 gab Innenministerin Liesl Prokop vor Journalisten ihren Überblick für das kommende Jahr 2007. Dort sagte sie: »Wir werden im kommenden Jahr auch das Großprojekt des Papstbesuches haben und wir werden die Sicherheit in Wien, in Mariazell und in Heiligenkreuz gewährleisten.« Sofort wurde ich von Journalisten angerufen, wieso denn, ob etwa der Papst nach Heiligenkreuz käme. Ich habe darauf geantwortet, dass ich den Papst eingeladen, aber von allen umgebenden Stellen negative Signale bekommen hätte, aber wenn die Innenministerin mehr wisse und er nach Heiligenkreuz komme, sei das für uns natürlich eine große Freude. Ich habe in meinen Terminkalender geschrieben:

2. Jänner 2007: Liesl Prokop anrufen! Ich kannte Frau Prokop ganz gut und hätte kein Problem gehabt, sie direkt anzusprechen. In der Silvesternacht ist sie dann völlig unerwartet verstorben und ich konnte sie nicht mehr dazu befragen. Ihr Tod war sicherlich ein Verlust für die österreichische Innenpolitik. Beamte aus ihrem Ministerium haben mir dann im Jänner 2007 gesagt, die Mitteilung im Rahmen der Pressekonferenz sei ein »Irrtum« gewesen.

In den letzten Faschingstagen des Jahres 2007 war bei uns in Heiligenkreuz Pater Jozef Maj SJ zu Besuch, den ich vom Sekretariat für die Einheit der Christen in Rom her kannte. Er saß beim Mittagessen im Refektorium bei mir und sah die erfreulich hohe Anzahl an jungen Mitbrüdern in unserem Hause. Nachdem ich ihm die ganze Geschichte meiner bisher vergeblichen Einladung an den Papst geschildert hatte, sagte er mir: »Ich sehe übermorgen Abend Prälat Georg Gänswein. Geben Sie mir doch ein Schreiben mit, in dem Sie speziell auf die große Anzahl jugendlicher Mitbrüder hinweisen. Das könnte für den Papst ein wichtiges Argument sein.« Ich habe das gemacht, und es kann sein, dass dieser Brief tatsächlich den letzten Ausschlag gegeben hat.

Am 8. März 2007 lud mich der damalige Apostolische Nuntius in Wien, Erzbischof Edmond Farhat, zum Mittagessen ein. Ich hatte keine Informationen, was er von mir wollte. Wir redeten beim Essen über verschiedene Themen. Als er sich vor der Nachspeise erhob und sich entschuldigte, weil er einen Arzttermin hatte, sagte sein Nuntiaturrat Monsignore Rüdiger Feulner: »Aber Exzellenz, Sie wollten doch dem Herrn Abt noch etwas Spezielles mitteilen.« Der Nuntius blieb stehen, machte ein grimmiges Pokerface und sagte halb abgewendet zu mir: »Ach ja. Der Papst kommt zu Ihnen nach Heiligenkreuz, und jetzt entschuldigen Sie mich bitte.« Ich war wie vom Blitz getroffen: Aus Überraschung einerseits und in maßloser Freude andererseits. Es war mir also tatsächlich gelungen, ein historisches Ereignis für mein geliebtes Kloster Heiligenkreuz herbeizuführen.

An sich fügt sich der Besuch des Papstes in Heiligenkreuz in Konzepte seiner sonstigen Besuche gut ein. Fast immer sucht er Orte benediktinischer Spiritualität auf, um von dort aus genau diesen spirituellen Aspekt in der Kirche anzusprechen; so hat er es dann auch in seiner Ansprache in Heiligenkreuz getan. Dass er sich selbst als Papst den Namen Benedikt gegeben hat, hängt ja auch mit dem heiligen Benedikt von Nursia zusammen, den er so sehr schätzt.

Wie waren die Vorbereitungen? Und wie spielte sich der Papstbesuch in Heiligenkreuz schlussendlich ab?

Zuerst muss ich sagen, dass die Monate bis zum Papstbesuch ungemein angefüllt waren mit einer Vielzahl von Vorbereitungen. Hier haben alle Mitbrüder ihr Bestes gegeben und Vorzügliches geleistet. In besonderer Weise muss ich Pater Karl Wallner hervorheben, der als Hauptkoordinator in diesen Monaten eine großartige Arbeit geleistet und viele gute Ideen eingebracht hat. Man macht sich ja nicht klar, was an Protokoll, Sicherheit, Liturgie, Vorprogramm, Öffentlichkeitsarbeit und vieles andere mehr bei so einem Besuch zu bedenken ist.

Heiligenkreuz stand einige Monate lang sehr im Licht der Öffentlichkeit, und Pater Karl und ich mussten viele Interviews und Stellungnahmen in allen nur denkbaren Medien abgeben. Im Prinzip waren alle gutwillig, aber natürlich auch ziemlich ahnungslos. Als Beispiel dafür erwähne ich die Frage eines Journalisten: »Was sagen Sie dazu, dass der Papst Prada-Schuhe trägt?« Zuerst habe ich zurückgefragt: »Was sind Prada-Schuhe? Kann man damit Eislaufen?« Dann aber habe ich mich verpflichtet gefühlt ihm Folgendes zu antworten: »Es ist sicher, dass Sie den Papst nicht verstehen werden, wenn Sie auf seine Schuhe schauen. Verstehen können Sie ihn nur, wenn Sie ihm zuhören und versuchen, seine Gedanken aufzunehmen!«

Schließlich kam der große Tag, es war Sonntag der 9. September 2007. Zum ersten Mal in der Geschichte des Stiftes Heiligenkreuz war der Nachfolger Petri bei uns anwesend: Er betete schweigend im Angesicht der Kreuzreliquie, er hörte den von ihm geliebten gregorianischen Choral unserer Schola und er hielt uns eine wertvolle und ungemein umfangreiche Ansprache, aus der wir bis heute noch immer schöpfen und zitieren.

Es waren wohl an die 20 000 Pilger zu uns gekommen, und wir, die Mönche von Heiligenkreuz, waren zutiefst von innerer religiöser Freude erfüllt und sind es in gewisser Weise bis heute – und noch für lange Zeit. Ich bin mir im Klaren darüber, dass ich mich mit dieser meiner Initiative außerhalb von Heiligenkreuz nicht überall beliebt gemacht habe. Aber das ist angesichts der Schönheit des Ereignisses, das wir erleben durften, völlig sekundär. Auch wenn die Hierarchie der Kirche theologisch gesehen natürlich in Christus dem Herrn endet, so ist sein Stellvertreter auf Erden doch höchster irdischer Punkt der Hierarchie. Und ihn in Heiligenkreuz zu erleben, war ein unbeschreibliches Geschenk.

Nach diesem hierarchischen Großereignis würde mich die Hierarchie im Kloster interessieren. Welche Aufgaben hat eigentlich ein Abt?

Um in der heutigen Managersprache zu reden: Die Hierarchie ist ziemlich flach. Der Abt ist von den Mitbrüdern gewählt, ist für sie da und lebt mit ihnen. Innerhalb der Mitbrüder gibt es Gruppen, die aber nicht zu sehr hierarchisch aufgestellt sind, sondern mehr auf ihr Alter bzw. Klosteralter bezogen hierarchisch sind.

Was heißt Klosteralter?

In der Regel des heiligen Benedikt steht, dass derjenige, der am Nachmittag ankommt, um einzutreten, wissen muss, dass er sein Leben lang hinter jenem steht und geht, im Rang nach ihm kommt, der am Vormittag gekommen ist. Egal, welchen Rang oder welches Alter er vorher hatte. Das Eintrittsdatum, bzw. das Datum der ersten Gelübde, bestimmt somit das »Alter« im Kloster.

Das bedeutet, dass es Kandidaten gibt, die noch gar nicht an das Kloster gebunden sind, sich aber für das Leben dort interessieren. Die Nächst-»Älteren« sind die Novizen, die immerhin schon eingekleidet sind, einen Klosternamen haben und verpflichtet sind, am Gemeinschaftsleben voll teilzunehmen. Noch »älter« sind die Mitbrüder mit zeitlichen Gelübden, auf drei oder mehr Jahre. Und schließlich kommt die Hauptgruppe des Klosters mit den Mönchen mit den feierlichen ewigen Gelübden, die voll berechtigt im Kloster sind und auch Capitulare genannt werden, weil sie dem obersten Gremium des Klosters, dem Kapitel, der Vollversammlung der Mönche, angehören.

Grundsätzlich gibt es dann noch im Kloster die Gruppe der Priester und die Gruppe der Chormönche, die nicht zu Priestern geweiht sind. Schon der heilige Benedikt betont, dass der Unterschied zwischen den Mönchen, je nachdem, ob sie Priester sind oder nicht, nicht hochgespielt werden soll. Auch das Dokument des Zweiten Vatikanischen Konzils »Perfectae Caritatis« (»Über die zeitgemäße Erneuerung des Ordenslebens«) betont, dass es keine Standesunterschiede im Kloster geben soll.

Wie wird man eigentlich Abt?

Der Abt wird normalerweise aus dem Kreis der feierlichen Professen mit Priesterweihe und einer Mindestfrist der Zugehörigkeit zum Kloster gewählt. Bernhard Meuser schreibt wohl recht zutreffend in seinem Buch »Chant – Leben für das Paradies. Die singenden Mönche von Stift Heiligenkreuz«: »Nie ist ein Kloster aufgeregter als in dem Moment, in dem eine Abtwahl herannaht. Meistens gibt es zwei Kandidaten. Der es werden will, darf es nicht werden. Der es nicht werden will, muss es werden. Und so tut der, der es unbedingt werden will, als wollte er es auf gar keinen Fall werden. Die Weisheit der Mönche besteht nun darin, natürliche wie künstliche Nebel der Demut zu durchsteigen und mit Gottes Hilfe den Mann zu wählen, der in Zukunft ihr Abbas oder Abt, zu Deutsch ›Vater‹, sein will.«

Ist der Beruf des Abtes vergleichbar mit einer hohen Management-Funktion?

Nein. Man muss die religiöse Dimension des Klosters und der in ihm lebenden Menschen und ihre jeweiligen Charismen kennen und würdigen, um zu bemerken, dass der Abt kein Manager ist und seine Aufgabe krass verfehlen würde, wenn er sich in dieser Richtung zu profilieren versuchte. Daher habe ich mir in meinem Terminkalender schon seit vielen Jahren auf die letzte Seite die Begriffe aufgeschrieben, die in der Regel des heiligen Benedikts den Abt charakterisieren sollen: Vater, Lehrer, Erzieher, Seelsorger, Hirt, Arzt, Diener, Begleiter, Vorbild, Vorsteher, Richter, Verwalter und schließlich die restlose Überforderung: Stellvertreter Christi in der Gemeinschaft. Mit diesen Worten kommt man so ungefähr an das »Job-Profil« des Abtes heran. Keiner kann das jemals voll erfüllen, aber er hat immerhin eine Reihe von Richtungsangaben, von denen er sich immer wieder in die richtige Richtung leiten lassen kann. Die logische Überforderung kann nur von der Demut irgendwie aufgefangen werden. Es kommt dabei auch zu Krisen in physischer und psychischer Hinsicht, und um mit seinen Kräften vernünftig umzugehen, muss man sich auch um Erholung bemühen, um den Pflichten des Amtes immer wieder nachkommen zu können. Ich war Manager und weiß ungefähr, was das ist.

Wie wird der Abt von den Mönchen im Kloster akzeptiert?

Je nachdem, wie gut es dem Abt gelingt, das oben geschilderte Profil seiner Aufgaben zu erfüllen oder zumindest spürbar zu machen, dass er sich darum bemüht, umso eher wird er von den Mitbrüdern auch geschätzt und anerkannt. Man muss bedenken, dass er von den Mönchen in freier und geheimer Wahl zum Abt bestimmt wurde.

Der Abt muss sich daher vor allem bemühen, den Mitbrüdern zuzuhören und ihnen liebevoll Wegweisung und spirituelle Anregung zu geben. Dafür stehen ihm zum Beispiel die Predigten an vielen hohen Feiertagen, bei Einkleidungen und Professen oder am Aschermittwoch zur Verfügung. In Heiligenkreuz ist es üblich, dass der Abt bei den monatlich stattfindenden Kapitelsitzungen zu Beginn ein geistliches Wort spricht. Für mich ist es zum Beispiel sehr wichtig, dass ich mich einmal in der Woche mit den Novizen treffe. Ich bin einer der Vortragenden im Noviziatsunterricht. Der Novizenmeister trägt die wichtigsten Fächer vor, einige Mitbrüder helfen ihm dabei. Bei uns ist es so, dass der Abt den Novizen die rechtlichen Grundlagen des Klosters, der Kongregation, des Ordens und der Kirche vorstellt. Dabei gibt es rein rechtliche Dokumente, wie das Allgemeine Kirchenrecht und die

Konstitutionen des Ordens und der Kongregation, aber auch spirituelle Dokumente, wie etwa das Dokument des Zweiten Vatikanischen Konzils »Perfectae Caritatis« (»Über die zeitgemäße Erneuerung des Ordenslebens«). Ausgehend von diesen Texten stößt man immer zu spirituellen Themen vor. Die Themenzuordnung ist rein zufällig. Vermutlich nimmt der Abt in anderen Klöstern mit anderen Themen am Noviziatsunterricht teil oder auch gar nicht, denn es ist von der Konstitution her nicht zwingend vorgesehen. Ich aber halte es für sehr wichtig, dass die Novizen den Abt kennenlernen und der Abt die Novizen kennenlernt. Jede Frage und jedes Gespräch sind erlaubt.

Was macht der Abt, wenn einer der Mönche im Kloster Fehler macht?

Auch hier ist der heilige Benedikt in seiner väterlichen Weisheit und Milde derjenige, der uns helfen kann. Die Benediktsregel (RB 64, 11–13) gibt dem Abt die Anweisung, wie er mit den Mitbrüdern umgehen soll: »Er hasse das Böse und liebe die Brüder. Muss er zurechtweisen, handle er klug und gehe nie zu weit, damit das Gefäß nicht zerbricht, wenn er es allzu sauber vom Rost reinigen will.« Immer soll er lieber Erbarmen walten lassen als strenges Gericht, damit ihm selbst nicht das Gleiche zuteil wird. Er selbst ist auf die Barmherzigkeit angewiesen, weil er seine eigenen Schwächen kennt. Wir alle sind Geschöpfe aus Gnade und immer wieder des Erbarmens Gottes bedürftig. Und es ist immer besser, mehr geliebt als gefürchtet zu werden.

Müssen Mönche dem Abt immer und in jedem Fall gehorchen?

Bei der letzten Feier einer Einkleidung von sieben Novizen habe ich auch auf diese Frage des Gehorsams Bezug genommen und gesagt, dass natürlich der Mönch verpflichtet ist, den Gehorsam zu verweigern, wenn ihm Sünde befohlen wird. Das muss klar sein. Aber man muss auch wissen, dass es höchst unwahrscheinlich ist, dass es zu diesem Extremfall kommt. Darunter gibt es viele Fragen, wo der eine diese Ansicht hat und der andere jene. Das gibt es natürlich auch zwischen dem Abt und seinen Mitbrüdern. Natürlich muss man diese Dinge ansprechen und in Ruhe diskutieren. Aber letztlich muss dann doch das Wort des Abtes gelten. Und zwar nicht um der Effizienz des »Betriebes« willen, denn darum geht es nicht. Es kann ja tatsächlich sein, dass der Mönch sich in technischen Dingen besser auskennt als der Abt. Sondern es geht um die charakterliche Bildung des Mönches, der sein Gelübde des Gehorsams aus religiöser Überzeugung erfüllt. Natürlich hat der Abt auch die Verpflichtung, sich wirklich zu bemühen, alle Vor- und Nachteile gewissenhaft zu erwägen, um vernünftig zu entscheiden. In diesem Sinne sagt auch der heilige Benedikt, dass der Abt zum Rat ausdrücklich jüngere Mitbrüder herbeiziehen soll, weil »der Herr oft einem Jüngeren offenbart, was das Bessere ist« (RB 3, 3). Es wäre absurd, wenn der Abt von einem Mönch eine Gehorsamsprobe um des Gehorsams willen verlangte. Er muss redlich bemüht sein, das zu befehlen, was er nach reiflicher Überlegung als das Beste für den Mitbruder, die Gemeinschaft und das Haus insgesamt ansieht.

Der heilige Benedikt erwähnt ausdrücklich den Fall, dass einem Mönch Unmögliches aufgetragen wird. »Wenn einem Bruder etwas aufgetragen wird, das ihm zu schwer oder unmöglich ist, nehme er zunächst den erteilten Befehl an, in aller Gelassenheit und im Gehorsam. Wenn er aber sieht, dass die Schwere der Last das Maß seiner Kräfte völlig übersteigt, lege er dem Oberen dar, warum er den Auftrag nicht ausführen kann, und zwar geduldig und angemessen, ohne Stolz, ohne Widerstand, ohne Widerrede. Wenn er seine Bedenken geäußert hat, der Obere aber bei seiner Ansicht bleibt und auf seinem Befehl besteht, sei der Bruder überzeugt, dass es so für ihn gut ist; und im Vertrauen auf Gottes Hilfe gehorche er aus Liebe.« (RB 68, 1–5)

Wie steht es mit der Macht des Abtes und der Opposition der Mönche?

Natürlich gibt es derartige Fälle, und das ist sehr bedauerlich. Ich aber gehe von der Grundkonzeption des klösterlichen Lebens aus. Diese ist erstens geprägt vom Neuen Testament und der Botschaft Jesu Christi. Die ganze Atmosphäre der Benediktsregel geht von der prinzipiellen religiösen Motivation des Abtes und der Mönche aus, die im gegenseitigen besten Wollen ihre jeweiligen Charismen ins Kloster und in die Gemeinschaft einbringen. Bei allen Schwierigkeiten, die auch ich im Kloster vorfinde und vielleicht auch selbst unbedacht verursacht habe, darf ich aber doch mit Dankbarkeit sagen, dass ich keinen Grund sehe, an der positiven religiösen Bindung der Mitbrüder, ihrem Streben, die Gelübde zu erfüllen und der Gemeinschaft, dem Haus und der Kirche zu dienen, zu zweifeln.

Hat Ihr Ordensgewand eine hierarchische Bedeutung?

Es ist so, dass wir uns mit unserem Ordenshabit sichtbar in eine Ordensgemeinschaft einfügen und uns zu ihr bekennen. Der heilige Benedikt sagt, dass sich die Mönche über die

Farbe des Ordensgewandes nicht allzu viele Sorgen machen sollen. Unser weißer Habit mit dem schwarzen Skapulier ist also mehr zufällig so entstanden, doch seit den ersten Jahrzehnten unseres Ordens ein typisches Merkmal. Manchmal werden wir auch als »wandelnde Zebrastreifen« bezeichnet. Vor Jahren, ich war damals noch nicht Abt, wurde ich einmal gefragt, warum denn Heiligenkreuz so viel Nachwuchs hat. Ohne recht zu wissen, was ich da sagte, rutschte mir heraus: »Ich glaube, wir haben Nachwuchs, weil wir den Ordenshabit tragen und grundsätzlich den Papst verteidigen!« Kaum war das Wort dem Mund entflohen, bin ich fast erschrocken und dachte, dass das wohl doch nicht so einfach gesagt werden kann. Ich habe immer wieder darüber nachgedacht und doch das Gefühl, dass etwas Wahres dran ist: Wir bekennen uns zum Nachfolger Petri und wir machen sichtbar, ohne uns zu genieren, wohin wir gehören!

Ist es nicht schade, Abt Gregor, dass die Mönche im Kloster der so wichtigen Pastoralarbeit in der Seelsorge entzogen sind?

Zum einen muss ich dazu sagen, das ich die wertvolle pastorale Arbeit in der ordentlichen Pfarrseelsorge sehr schätze und dass das Stift Heiligenkreuz fast zwanzig Pfarren durch eigene Mitbrüder seelsorgerlich betreut und dort Vorbildliches geleistet wird. Andererseits höre ich nicht auf zu betonen, dass es in Entsprechung dazu auch eine klösterliche Seelsorge gibt. Alles, was wir im Kloster tun, kann auch als außerordentliche und indirekte Form der Seelsorge bezeichnet werden. Die Liturgie regt die Menschen zum Gebet an, das Angebot von Exerzitien, Einkehrtagen, »religiöser Fortbildung« letztlich sogar an der Hochschule ist von enormer pastoraler Wichtigkeit. Und ich glaube sogar, dass diese Formen außerordentlicher klösterlicher Seelsorge in Zukunft noch wichtiger werden. Und zwar deswegen, weil die ordentliche Seelsorge in den Pfarren durch die Umstände unserer Zeit in eine schwierige Engpasssituation gerät.

Als der Bischof von Essen, der spätere Cardinal Hengsbach, das Kloster Heiligenkreuz und seine Mitbrüder von der Klostergründung in seiner Diözese überzeugen wollte, kam es zu einem Gespräch mit den Mitgliedern des Abtrates. Mein Mitbruder, Pater Sighard, Pfarrer in Trumau, sagte zum Bischof: »Exzellenz, wir wissen doch alle, dass auch in Ihrer Diözese der Priestermangel immer größer wird. Ich vermute, dass Sie die Klostergründung mit Mönchen aus Heiligenkreuz betreiben, damit Sie uns später die Arbeit in mehr und mehr Pfarren als ordentliche Seelsorger übertragen.« Der Bischof antwortete: »Und genau das möchte ich ausdrücklich ausschließen und im Statut untersagen. Gerade in der Zukunft, wo in noch mehr Pfarren als derzeit kein Priester mehr arbeiten wird können, möchte ich, dass es in meiner Diözese ein Kloster gibt, wo die Menschen hinfahren können und dort Liturgie, Gemeinschaftsleben, das Beichtsakrament, geistliche Aussprache und alles, was mit dem klösterlichen Leben verbunden ist, vorfinden und erleben können.« Das hat mir großen Eindruck gemacht und hat es mir erleichtert zu lernen, was für einen Wert klösterliche Seelsorge gerade in der Zukunft haben wird.

labora – arbeite

Kapitel 7
Tapferkeit – fortitudo

Abt Gregor, was versteht die katholische Kirche unter Tapferkeit?

Die Tapferkeit ist, ebenso wie es die anderen Cardinaltugenden sind, nicht alleiniges Eigentum der katholischen Kirche. Die Kirche »monopolisiert« die Tugenden nicht, sondern freut sich daran, wo immer diese Tugenden verwirklicht werden. Allerdings hat die Kirche einen reichen Erfahrungsschatz und eine hohe Artikulationsfähigkeit, und so scheint mir die Definition, die der Katechismus der katholischen Kirche für die Tapferkeit gibt, sehr brauchbar: »Die Tapferkeit ist jene sittliche Tugend, die in Schwierigkeiten standhält und im Erstreben des Guten durchhalten lässt. Sie festigt die Entschlossenheit, Versuchungen zu widerstehen und im sittlichen Leben Hindernisse zu überwinden. Die Tugend der Tapferkeit befähigt, die Angst selbst vor dem Tod zu besiegen und allen Prüfungen und Verfolgungen die Stirn zu bieten. Sie macht bereit, für eine gerechte Sache auch das eigene Leben zu opfern.«

Dieser Gedanke wird von Viktor E. Frankl aufgegriffen, wenn er sagt, dass der Mensch auch das Leid und sogar den Tod akzeptieren kann, wenn und insoweit er den Sinn seiner Existenz gefunden hat. Ich glaube, die Tapferkeit eignet sich in besonderer Weise dazu, den »Willen zum Sinn« und die »Sehnsucht nach dem Sinn«, wie sie Frankl gesehen hat, zu veranschaulichen. Er spricht sogar ausdrücklich von der Tapferkeit im Tragen des Leides. Er hat die erschütternde Erfahrung seiner Zeit im KZ und die Ausrottung seiner Familie als existenziellen Hintergrund zu dieser Selbstübersteigerung des Menschen in der begründeten Sehnsucht nach dem Sinn erlebt.

Wann begegnet man dem Begriff Tapferkeit in der katholischen Kirche?

Es ist in letzter Zeit modern geworden, den Begriff »Tapferkeit« in der katholischen Kirche nur dort zu sehen, wo man sich gegen die Kirche auflehnt. Das halte ich gar nicht einmal für so tapfer, weil es im Fluss des Zeitgeistes sehr behaglich getragen und von den Medien begeistert unterstützt wird. Die Tapferkeit, die, so glaube ich, heute wichtiger ist, ist jene, tapfer zur Lehre der Kirche zu stehen, sie gegen den Zeitgeist zu verteidigen und sich von der Übermacht der Kirchenkritik nicht entmutigen zu lassen.

Können Sie mir konkrete Menschen, die die Tapferkeit verwirklicht haben, nennen?

Aus aktuellem Anlass möchte ich hier Großherzog Henri von Luxemburg nennen, der nicht bereit war, im Jahr 2008 ein Euthanasie-Gesetz durch seine Unterschrift zu decken. Das nenne ich heutzutage wirklich Mut.

Unsere heutige Zeit, in ihren nebelhaft verschwommenen Fronten, ist der Tugend der Tapferkeit nicht sehr förderlich. Daher gibt es in der Zeit der Naziherrschaft ebenso wie in der Zeit der kommunistischen Unterdrückung klar erkennbare Beispiele von Mut. Mir fallen dazu die Männer des Attentats vom 20. Juli 1944 (Operation Walküre), der Bischof Galen von Münster und der selige Franz Jägerstätter ein. Es hat auch viele tapfere Frauen gegeben, wie die Schwestern Inge und Sophie Scholl, die in der studentischen Widerstandsgruppe »Weiße Rose« tätig waren.

Und welche Bedeutung hat die Tapferkeit heute, im 21. Jahrhundert, Ihrer Meinung nach?

Gerade in unserer Zeit halte ich die Tapferkeit für besonders wichtig. Obwohl sie sich, wie gesagt, aufgrund der permissiven Grundtendenz unserer Zeit weniger deutlich artikulieren kann. Doch gerade deswegen halte ich es für notwendig, diese Tugend zu üben und immer deutlicher in die Welt zu tragen. Man kann sich selbst in der Verwirklichung der Tugenden schwer beurteilen. Ein Versuch ist der folgende: Beim ersten Besuch von Papst Johannes Paul II. in Österreich im Jahr 1983 war ich bei der Jugendveranstaltung im Stadion dabei. Der Papst sagte damals zu den Jugendlichen: »Ihr tut recht daran, wenn ihr eure Eltern und Großeltern fragt, warum sie in den schwierigen Jahren der Nazizeit und des Krieges zu Verbrechen geschwiegen haben. Ihr aber müsst euch im Klaren darüber sein, dass euch einmal dieselbe Frage von euren Kindern und Enkeln gestellt wird!« Ich habe damals dieses Zitat unmittelbar für mich auf die Frage der ungerechten Gesetze bezüglich des Lebens der Ungeborenen bezogen und mir vorgenommen, mindestens zwei Mal im Jahr in meinen Predigten diese »offene Wunde« unserer Gesellschaft anzusprechen.

Wie wichtig sind die vier Cardinaltugenden – Klugheit, Tapferkeit, Maß, Gerechtigkeit – in Ihrem bisherigen Leben für Sie gewesen?

Alle Ordensleute und Geistliche, die sich nicht scheuen, ihr Ordensgewand öffentlich zu tragen, halte ich für tapfer; sie stehen mit dieser Tapferkeit, wie mir scheint, derzeit als Minderheit im Raum. Ich habe aber auch den Eindruck, dass die Frauen – in diesem Fall die Ordensfrauen – viel tapferer sind als die Männer, sie tragen das Ordensgewand nämlich häufiger. Bei uns an der Pforte in Heiligenkreuz, wo die Entgeltbeträge für die Führungen genannt sind, habe ich darunter schreiben lassen: »Priester und Ordensleute im geistlichen Gewand haben freien Zutritt.« Tapferkeit darf also auch manchmal belohnt werden, obwohl ihr Wesen ja gerade darin besteht, nicht auf Belohnung zu spekulieren.

Mut, Durchhaltewillen, Kühnheit und Ritterlichkeit sind die Eigenschaften tapferer Menschen. Was sollte, Ihrer Meinung nach, zum Beispiel ein Manager tun, um in wirtschaftlich schwierigen Zeiten als »tapfer« zu gelten?

Grundsätzlich muss der unternehmerisch denkende Manager in seinem Bereich tapfer für den Erfolg des Unternehmens arbeiten. Diese Tapferkeit ist grundsätzlich nicht unmoralisch, sondern sie dient den Kunden, den Eigentümern und den Mitarbeitern des Unternehmens. Die Kunden bekommen ein gutes Produkt, die Eigentümer eine vernünftige Dividende und die Mitarbeiter gerechten Lohn und einen sicheren Arbeitsplatz. In Extremsituationen kann sich natürlich die Tapferkeit des Managers auch auf bestimmte Teilbereiche richten: Die kluge Entscheidung muss getroffen werden zwischen (bedingungslosem) Erhalt der Arbeitsplätze, wie etwa in der ehemaligen »Verstaatlichten Industrie« in Österreich (heute ÖIAG), oder einer Verringerung der Kosten im Personalbereich (Verringerung des Personalstandes oder Lohnkürzungen). Die Entscheidungen können sich aber auch auf die Produktgestaltung im Blick auf den Kunden richten und selbstverständlich auch auf die Dividendenpolitik gegenüber den Eigentümern. Hier muss der Manager mit der Tugend der Klugheit tapfer für den Bestand des Unternehmens im Interesse der Kunden, der Mitarbeiter und der Eigentümer kämpfen.

Abt Gregor, darf ich Sie etwas Persönliches fragen: Wann waren Sie in Ihrem Leben tapfer?

1976 als ich mich entschlossen habe, den Beruf zu wechseln und ins Kloster einzutreten, um Priester zu werden, kam ich mir am Anfang schon ein bisschen »tapfer« vor. Später habe ich bemerkt, dass ich die Entscheidung ja gar nicht überblicken konnte, meine anscheinende Tapferkeit also »blind« war und ich heute feststellen muss, dass mir damals etwas Wunderschönes geschenkt worden ist. Ich kann mich also heute meiner damaligen Tapferkeit nicht rühmen! Als Katholik bin ich es eher gewohnt, mich in der Gewissenserforschung auf die heilige Beichte vorzubereiten, also meine Untugenden zu memorieren und nicht mich mit Tugenden zu rühmen. Daher drücke ich mich feige vor der Beantwortung dieser Frage.

Eine Prise Erfolg gehört auch zu den oben genannten Eigenschaften der Tapferkeit. Wie wichtig ist Erfolg für einen Mönch?

Grundsätzlich muss man sagen, dass Erfolg keine Kategorie des christlichen Glaubens ist. Ich widerspreche Ihnen daher und leugne, dass es zu den oben genannten Eigenschaften der Tapferkeit unbedingt gehört, Erfolg zu haben. Die Bereitschaft, für die erkannte, gute Sache tapfer einzustehen, schließt mit ein, den Misserfolg in Kauf zu nehmen. Ich darf nochmals Franz Jägerstätter und den Großherzog Henri von Luxemburg erwähnen. Das ist die wahre Tapferkeit, die nicht auf den Erfolg in dieser Welt schaut.

Der »Erfolg« für einen Mönch ist, dass er die ewige Glückseligkeit erreicht. Ich möchte da gerne einen Satz aus der Benediktsregel zitieren, Vers 49 im Prolog: »Sobald man aber im klösterlichen Leben und im Glauben Fortschritte macht, weitet sich das Herz, und man geht den Weg der Gebote Gottes in unsagbarer Freude und Liebe.« Und das gibt es. Es gibt Mitbrüder, bei denen man das Gefühl hat, dass sie diesen »Erfolg« erzielt haben. Dass sie in der Erfüllung ihrer Gelübde, ihrer apostolischen, klösterlichen und kirchlichen Aufgaben ihren Weg in unsagbarer Freude gehen. Ich würde sagen, das ist ein wunderbarer diesseitiger Erfolg, wenn Menschen im klösterlichen Leben offensichtlich strahlen, glücklich sind, anderen Menschen in Liebe und Herzlichkeit begegnen.

Die Menschen »draußen« in der Welt werden aber immer wieder vom Weg der Tugendhaftigkeit abgelenkt. Der materielle Wohlstand fördert den Konsum von Gütern, die man eigentlich nicht unbedingt braucht. Die Werbung suggeriert uns aber das Gegenteil. Kann man sagen, dass wir eine Wirtschaftskrise benötigen, um wieder auf den »rechten Weg« zu gelangen?

Ich gehöre nicht zu denjenigen, die sagen, jetzt müssen wir wieder einmal eine ordentliche Not herbeiführen, damit die Menschen vernünftig werden. Auch nicht in der jetzigen Weltwirtschaftskrise. Denn die Erfahrung zeigt, dass die Weltwirtschaftskrise 1929 zum Wahnsinn des Verbrechens des Nationalsozialismus geführt hat und keineswegs zu einer religiösen Rückbesinnung auf die wahren Werte. Abgesehen davon halte ich politische Freiheit und materiellen Wohlstand für gut – also für etwas Positives, für das wir dankbar sein müssen. Doch der Mensch hat noch nicht gelernt, vernünftig damit umzugehen. Er ist von dieser Freiheit und diesem materiellen Wohlstand derart fasziniert, dass er frei bleiben und konsumieren will bis zum Äußersten, und er glaubt, dadurch sein Glück zu finden. Diese Form der Zufriedenheit ist leider zum Scheitern verurteilt. Das wissen wir nicht nur aus der

Religion, sondern auch aus der griechischen Philosophie. Denn es war lediglich einer kleinen Elite vorbehalten, gut versorgt zu sein, im Wohlstand zu leben. Momentan befinden sich ganze Kontinente im Wohlstand. Und genau auf diesen Kontinenten haben wir auch plötzlich Schwierigkeiten damit.

Und wie sieht Ihrer Meinung nach die Lösung dieses Problems aus?

Es gibt zwei Auswege aus dieser Situation. Welchen Ausweg wollen Sie zuerst hören? Den guten oder den unerfreulicheren?

Fangen wir mit den bad News an: Ich bin ja Journalistin, und in meinem Berufsstand gilt das Motto: »Only bad news are good news.«

Ich habe das Gefühl, dass die Chancen für die unerfreulichen »News« relativ hoch sind. Ich glaube, dass die beiden Kontinente Europa und Amerika, eines Tages einfach untergehen werden. Der Europäer ist am Aussterben: In zweihundert Jahren werden Menschen hier leben, die nicht unsere Nachkommen sind, sondern Menschen mit einem nicht-europäischen Hintergrund. Das ist übrigens eine Tatsache, die sich kein Politiker traut, offen einzugestehen. Früher wurden noch die Bevölkerungspyramiden veröffentlicht. Damit hat man heute aufgehört. Aus Angst!

Wo liegt denn eigentlich das Grundproblem in der von Ihnen geschilderten Situation?

In der Tatsache, dass die Menschen mit der politischen Freiheit und dem materiellen Wohlstand einfach nicht umgehen können, sondern ihre menschliche Dimension verlieren, indem sie glauben, sie müssen ihr Leben lang frei bleiben und ihr Leben lang möglichst viel konsumieren. Sie verlieren dadurch ihre philosophische Dimension, und damit auch ihre religiöse. Und daher laufen sie Gefahr, demografisch unterzugehen.

Jetzt brauchen wir die gute Nachricht.

Der andere Ausweg wäre der positive: zu sagen, der Mensch hat hunderttausend Jahre gebraucht, um den aufrechten Gang zu erlernen, wenn ich es einmal evolutionistisch formulieren darf. Vielleicht brauchen wir noch ein paar Generationen, um zu lernen, mit den Themen Freiheit und materieller Wohlstand sowie den wichtigen Fragen von Sein oder Nicht-Sein, dem Woher-Wohin-Warum, richtig umzugehen. Um dann einmal die Thematik philosophisch anzudenken und somit auch wieder zur Religion vorzudringen. So sieht meine Analyse aus: entweder biologisches Aussterben oder lernen, in einem über Generationen dauernden, langen Adaptionsprozess mit diesen höchst ungewöhnlichen neuen Dingen verantwortlich umzugehen.

1963 hat Papst Johannes XXIII. die »Frauenfrage« als Überlebensfrage für Kirche und Gesellschaft erkannt, als »Zeichen der Zeit«, das keinesfalls als bloße Modeerscheinung abgetan werden dürfe. Wie hat sich die Stellung der Frau in der Kirche bis heute entwickelt?

Wenn ich heute in den Gottesdienst gehe, stelle ich fest, dass zwei Drittel bis drei Viertel der Teilnehmer an der heiligen Messe Frauen sind. Das heißt, die Christinnen und Katholikinnen tragen die Kirche in ihrem entscheidenden Aspekt, nämlich dem Leben in den Sakramenten, viel stärker als die Mannsbilder. Ich freue mich, dass in vielen kirchlichen Funktionen, also auch in leitenden Positionen der Diözesanverwaltung und an den Universitäten, die Frauenquote steigt. Im ehrenamtlichen Bereich in den Pfarren sind die Frauen ohnehin dominant. Und was Ordensfrauen rund um die Welt für die Menschen leisten, in Krankenhäusern, Schulen, Sozialprojekten und der Verkündigung, ist atemberaubend.

Menschen beiderlei Geschlechts sind in ihrer Würde und ihrer Gottesbeziehung absolut gleich. Daher ist es gut, wenn Frauen und Männer in all ihrem Tun auch gleichberechtigt sind. Das Wort Gleichberechtigung lässt natürlich mitschwingen, dass es sich auch um Gleichmacherei handeln könnte. Und das halte ich für falsch. Es ist, so glaube ich, die ärgste Sklaverei für die Frau, wenn man behauptet, sie würde dann glücklich sein, wenn sie genau das tut, was der Mann tut. Ich bin überzeugt, dass Frauen und Männer gleich wertvoll sind, aber unterschiedliche Charismen, Gnadengaben, zu verwirklichen und einzubringen haben. Die Länder Europas und Nordamerikas sind in der Frage der Frauenrechte in den letzten Generationen sehr viel weiter gekommen. In Asien und Afrika allerdings gibt es Bereiche, wo für die Frauen noch viel zu tun ist. Keine Institution der Welt tut in diesen Ländern so viel für die Frauen wie gerade die katholische Kirche in Ausbildung, medizinischen Fragen, wirtschaftlichen Initiativen und vielem anderem mehr. Ich habe das in meinen Jahren bei »Missio« in unglaublich eindrucksvoller Weise miterleben dürfen.

Keinesfalls ist aber das Sakrament der Priesterweihe Objekt einer Emanzipation. Hier würden wir das Thema verfehlen. Priestertum ist erstens keine gesellschaftliche Kategorie und zweitens keine »Karriere«. Die Karriere in der Kirche ist nicht klerikal, sondern heilig. Also nicht das Ziel des Priestertums, sondern die Heiligkeit. Gott sei Dank gibt es viel mehr weibliche Heilige als männliche!

Welche tapferen Ordensfrauen haben Ihnen am meisten imponiert?

Ich hatte die große Freude, Schwester Emmanuelle von Kairo (Mutter der »Müllmenschen«) persönlich kennenzulernen. Es bleibt für mich ein unvergesslicher Eindruck, von ihr erfahren zu dürfen, wie tapfer sie in Ägypten für die Armen und gegen die Ungerechtigkeit der gesellschaftlichen und wirtschaftlichen Verhältnisse gekämpft hat. Sie ist mit anderer Akzentsetzung eine ähnlich beeindruckende Persönlichkeit, wie es Mutter Teresa von Kalkutta war. Mutter Teresa habe ich leider nie persönlich getroffen, obwohl sie 1988 in Heiligenkreuz war. Ich war damals gerade in Stift Rein in der Steiermark. Aber nicht nur diese prominenten Beispiele will ich nennen, sondern gerade auch jene vielen, vielen Ordensfrauen, die ich durch »Missio« kennengelernt habe. Sie stehen jahrzehntelang »ihre Frau« in schwierigsten Verhältnissen. Das ist wahre Emanzipation, das ist großartige Tapferkeit.

Abt Gregor, Sie haben Theologie sozusagen im zweiten Bildungsweg studiert wie sah Ihr Weg danach aus?

Ich habe das späte Theologiestudium als Mittdreißiger eigentlich sehr genossen. Danach kam die Priesterweihe, das war 1982. Dann habe ich ein paar Jahre als Studentenseelsorger in Baden gearbeitet und ab 1986 fünf Jahre im Cistercienserstift Rein bei Graz als Prior gewirkt. 1992 wurde ich Assistent des Generalabtes in Rom, 1994 Nationaldirektor bei den Päpstlichen Missionswerken in Österreich. 1999 wurde ich in Heiligenkreuz zum Abt gewählt.

Vor Ihrer Wahl zum Abt in Heiligenkreuz waren Sie eine Zeit lang Prior in Stift Rein in der Steiermark. Wurden Sie damals in den Beruf des Abtes eingearbeitet?

Mehr als das. Dieser »Job« als Troubleshooter in der Steiermark, zwischen 1986 und 1991, hat großen Eindruck auf mich gemacht, denn ich wurde engagiert, um wieder eine gewisse Ordnung ins Stift zu bringen. Man hat mich ins Kloster Rein geschickt, da der damalige Abt, Paulus Rappold, gemeinsam mit Dr. Kurt Ruso, dem damaligen Generaldirektor der Bundesländerversicherung, in einen Korruptionsfall verwickelt war. Der Abt von Rein wurde später durch die kirchenrechtlichen Behörden abgesetzt, kam vor Gericht und wurde wegen Veruntreuung verurteilt.

Offiziell wurde ich eingesetzt, um den Prior zu unterstützen. Ich habe nicht sofort gewittert, dass man mich wegen meiner langjährigen Erfahrung als ehemaliger Geschäftsführer von Schenker in Rein brauchte, sondern ich dachte zunächst, man hätte mich als Mitbruder von Heiligenkreuz dorthin geschickt, um die klösterliche Leitung ein wenig in Schwung zu bringen. Aufmerksam wurde ich, als Bischöfe, Priester, Laien und gutwillige Christen mir auf die Schulter klopften und sagten: »Bravo. Sie werden als studierter Diplomkaufmann und ehemaliger Manager die materielle Basis des Klosters wieder in Ordnung bringen. Wenn Sie das getan haben, dann geht alles andere schon von alleine weiter.« Ich war von diesen Worten geschmeichelt und bedankte mich sogar für die Ermunterung. Ich war, offen gestanden, ein wenig blauäugig. Erst als nach etlichen Gesprächen immer wieder der Begriff »materielle Basis« verwendet wurde, sind bei mir plötzlich die Sicherungen durchgebrannt. Ich habe mich gefragt: Wieso erwähnen die dort immer diesen Begriff?

Wie wäre es mit Karl Marx?

Genau. In »Zur Kritik der politischen Ökonomie« schreibt Karl Marx: »Die Gesamtheit der Produktionsverhältnisse bildet die ökonomische Struktur der Gesellschaft, die reale Basis, worauf sich ein juristischer und politischer Überbau erhebt, und welcher bestimmte gesellschaftliche Bewusstseinsformen entsprechen.« Die materielle Basis ist – wenn Sie so wollen – das Entscheidende. Alles andere ist, laut Marx, ideologischer Überbau. Und das darf im kirchlichen Bereich aber nicht sein: weder nach dem Neuen Testament noch nach der Regel des heiligen Benedikt. Seitdem springe ich jedem an die Gurgel, der mir irgendetwas von der »materiellen Basis« erzählt. Weil ich vermute, dass viele Menschen eigentlich marxistisch-materialistisch denken.

Können Sie das bitte näher erklären?

Gerne. Unsere Basis im Stift Heiligenkreuz ist unser spiritueller Auftrag, im Glauben einen Grund zu suchen und zu finden. Die materiellen Güter sind mit der Sorgfaltspflicht des ordentlichen Kaufmannes und der Klugheit des weisen Hausvaters mit Verantwortung zu verwalten. Doch die materielle Basis ist nicht das Entscheidende. Seitdem reagiere ich auf Worte wie Materialismus, Marxismus und Managertum irgendwie empfindlich und emotional.

Aber da geht es ja nur um einen Begriff, also nur um ein Wort …

Das Verbrechen beginnt im Wort, sagte schon der Schriftsteller Karl Kraus. Ich bin in vielen Bereichen immer wieder interessiert daran, mir darüber klar zu werden, welche Worte wir verwenden und ob die auch wirklich den richtigen Sinn treffen. Denn im einzelnen Wort liegt oft der Beginn eines ganz tiefen Missverständnisses.

Warum wollen Sie als Abt eigentlich nicht auch als »Manager« bezeichnet werden?

Mir ist der Manager – aus Sicht der Soziallehre – deswegen nicht so recht, weil ich der Meinung bin, dass diese Menschen den Ruf haben, »Hohepriester des Mammons« zu sein. Eine derartige Jobbeschreibung wäre natürlich für einen Abt eine Katastrophe. Denn erstens ist es gemäß Kirchenrecht und Konstitution wichtig, dass der Abt nicht alles ganz alleine entscheidet, sondern einen Mitbruder engagiert, der die wirtschaftliche Hauptverantwortung trägt. In Stift Heiligenkreuz ist Pater Josef Riegler unser Hauptökonom: Er zeichnet mit mir gemeinsam für die Leitung des Klosters verantwortlich. Weil ich Wirtschaft studiert habe, gibt es Momente, wo ich mich ganz bewusst in die Verwaltung des Klosters einschalte. Um mich aber für die vielen Aufgaben des Abtes freizuhalten, ist es wichtig, dass der Hautökonom – seine Funktion nennt sich in den nach benediktinischen Regeln geführten Klöstern übrigens »Cellerar« – in Heiligenkreuz im ökonomischen Bereich die Hauptverantwortung trägt und mir berichtet. Seine Funktion entspricht in etwa dem Finanzvorstand eines Unternehmens. Bestimmte Dinge müssen in Heiligenkreuz gemeinsam beschlossen werden, bestimmte Dinge muss ich persönlich genehmigen oder unterschreiben.

Arbeiten alle Äbte in Europa so?

In Europa gibt es ganz unterschiedliche Äbte: solche, die Wirtschaft gar nicht interessiert und die vorrangig ihren Hauptökonom walten lassen. Manchmal ist das auch berechtigt. Ich bin wahrscheinlich etwas aktiver auf dem wirtschaftlichen Gebiet, aufgrund meiner Ausbildung und meines früheren Jobs.

Klöster werden von gestressten Menschen oft als Rückzugsmöglichkeit besucht, um auszuspannen.

Nicht nur von Managern. Auch Kreative kommen zu uns und Menschen, die hier in Ruhe arbeiten wollen. In Heiligenkreuz sind sicherlich in den letzten vierzig Jahren zwanzig Dissertationen und zweihundert Diplomarbeiten entstanden und vieles andere mehr. Es kommen Komponisten, um hier in Ruhe zu arbeiten, wie zum Beispiel David Janni, der für Heiligenkreuz eine Messe komponiert hat, oder Dichter, die hier ihre Bücher schreiben. Auch Wissenschaftler sind immer wieder zu Gast in Heiligenkreuz.

Natürlich freut es mich auch ganz besonders, wenn die eigenen Mitbrüder aus dem klösterlichen Leben heraus schöpferisch und kreativ tätig werden. An erster Stelle nenne ich hier unseren Pater Raphael, der als Bildhauer hervorragende Werke schafft zur höheren Ehre Gottes. Ebenso meine ich die Professoren, die an der Hochschule lehren und in allen Sparten der Theologie forschen. Ich meine all jene Mitbrüder, die sich für Vorträge und Exerzitien bis zur Selbstaufgabe einsetzen, und schließlich meine ich die Mitbrüder, die selbst Bücher schreiben oder herausgeben. Pater Karl hat in letzter Zeit viel publiziert, Pater Wolfgang und Pater Alkuin haben wissenschaftliche Publikationen vorgelegt, und Pater Dominicus Trojahn hat gerade sein Werk »Der Antichrist – Legende oder Wirklichkeit?« veröffentlicht. Das Cover sieht aus wie ein Werk von Dan Brown, aber ich bin sicher, dass der Inhalt um Klassen und Kategorien besser ist!

Um bei den Kreativen zu bleiben: Vor acht Jahren kam Ihr Neffe Florian Henckel von Donnersmarck nach Heiligenkreuz, um hier das Drehbuch für seinen Film »Das Leben der Anderen« zu schreiben.

Florian kam zu mir und sagte: »Onkel Ulli, ich will in klösterlicher Ruhe in Heiligenkreuz in einer ganz einfachen Zelle das Drehbuch, das ich im Kopf habe, in den Computer hineinhämmern.« Florian war damals gerade dabei, eine Familie zu gründen, und hatte daheim nicht die nötige Ruhe, um sich auf das Verfassen seines Drehbuchs zu konzentrieren. Er hat dann dort drüben gewohnt. (Zeigt auf ein Fenster im anderen Trakt.) Ich konnte also am Abend schauen, ob er am Schreibtisch sitzt und arbeitet. (Schmunzelt.) Er saß und hat das Drehbuch für den Film »Das Leben der Anderen« geschrieben. Denn erst damit konnte er Produzenten, Filmmusiker, Verleihfirmen, Schauspieler für sein Projekt gewinnen. Was mir dabei wichtig erscheint, ist, dass ein Kloster auch für die Menschen ein Ort der Ruhe und der Kreativität sein kann. Ein Ort, an den man sich zurückziehen kann für das Gebet oder für das kreative Schaffen. Das ist mir sehr wichtig. Insofern ist die Entstehung des Drehbuchs für »Das Leben der Anderen«, das dann tatsächlich den bayerischen, den deutschen und den europäischen Filmpreis erhielt und es schließlich bis zum Oscar schaffte, die Spitze eines Eisberges einer Vielzahl von Menschen, die in den letzten Jahrzehnten immer wieder diesen Ort aufgesucht haben, um hier in Ruhe arbeiten zu können. Im schlimmsten Fall, um sich auf Prüfungen vorzubereiten. Das gibt es auch immer wieder.

Wie lange hat Ihr Neffe Florian an seinem Drehbuch gearbeitet?

Er war damals fünf Wochen hier und war dann weitgehend fertig. Er hatte sein Drehbuch im Kopf. Er wusste, was er wollte, hatte vorher viel recherchiert, sich Notizen gemacht und dann alles niedergeschrieben.

Hatten Sie Gelegenheit, das Drehbuch zu lesen, als er damit fertig war?

Nein, ich durfte nichts lesen. Ich wusste nicht einmal, worum es ging. Er war bei anderen Mönchen mitteilsamer als bei mir. Auch das gehört zum Respekt, den man als Verwandter dem anderen entgegenbringen muss. Ich habe da übrigens eine Geschichte für Sie von meinen beiden Neffen, also von Florian und seinem älteren Bruder Sebastian. Sebastian arbeitet im IT-Bereich, aber er ist auch beim Film tätig. Und ich war, bevor ich ins Kloster gegangen bin, ein leidenschaftlicher Cineast. Ich war immer sehr gerne im Kino, habe mich nicht für Tsching-Bum-Filme, wie man in Österreich sagt, interessiert, sondern für die damaligen Kultfilme.

Also nicht für den »Terminator«?

Da fängt ja schon der Konflikt an. Denn meine Neffen finden den Arnie Schwarzenegger so cool. Und ich muss sagen, ich habe diese »Terminator«-Filme ebenfalls witzig gefunden. Eigentlich ist das aber nicht mein Genre. Ich liebe Filme, die eine Aussage haben, wo man intelligent unterhalten wird. Filme, die gut gestaltet sind. Wenn ich vor meinen Neffen über Luchino Visconti, Federico Fellini und über Elia Kazan sprach, da haben sie immer gesagt: »Puhhh. Mein Gott, unser mühsamer Onkel. Das wollen wir doch alles nicht. Wir wollen

Actionfilme und Science-Fiction, wir wollen Monströses, Schockierendes, alle möglichen Tricks und tolle Spezialeffekte.« Und ich war völlig verzweifelt und dachte mir: Das ist ja furchtbar, was denen für ein Schwachsinn gefällt. Und dann kam der erste große abendfüllende Kinofilm meines Neffen: »Das Lebend der Anderen«. Und es war ein perfekter »Onkel-Ulli-Film«.

Den hat er für Sie gemacht?

Nein, nein. Er hatte seine Zielvorstellungen. Ich war nur Quartiergeber hier. Es hat mich gefreut und so soll es auch sein. Ich weiß, dass mein Bruder an einigen Stellen zu diesem Film sogar mitgearbeitet hat. Aber ich blieb davon verschont. Florian hat in Heiligenkreuz sehr viel mit unserem Kantor Pater Simeon über Möglichkeiten der Filmmusik gesprochen. Er hat die Videothek, die Pater Karl aufgebaut hat, genutzt, um sich bestimmte Filme noch einmal anzusehen. Und mit Pater Karl hat er zwischendurch auch immer im Gymnastikstudio hier im Haus trainiert.

Es gehört Mut dazu, in wirtschaftlich gebeutelten Zeiten künstlerisch tätig zu sein. Wie wichtig war denn der Erfolg der CD für das Kloster?

Erfolg, der medial zu stark wird, ist für ein Haus wie unser Kloster, wo es um Ruhe, Stille, Zurückgezogenheit, Meditation geht, ein gewisses Problem. Als wir mit unserer CD »Chant – Music for Pardise« in die Charts kamen, haben wir manches an Öffentlichkeitsarbeit akzentuiert oder einfach nur hingenommen: etwa den Auftritt bei Thomas Gottschalk in »Wetten dass?« oder in Frank Elstners Sendung »Menschen der Woche« im SWR, um das Marketing hoffentlich vernünftig, ehrlich und glaubwürdig zu präsentieren. Wir haben jedoch alle im Kloster gemerkt, dass das eine Ambivalenz hat, der man klug gegensteuern muss. Wir können uns nicht wie ein kommerzielles Unternehmen vollständig der Öffentlichkeitswirksamkeit hingeben, denn das Kloster besteht zu einem nicht unerheblichen Teil aus Öffentlichkeitsentzug.

Sind Pater Karls erfolgreiche Bücher für das Kloster Heiligenkreuz ein Ansporn?

Die Bücher von Pater Karl sind sein persönlicher Bereich. Er sieht sie als apostolisches Werk, mit dem er an Menschen herankommt die nicht kirchlich sind, sondern ganz weit weg stehen. Mit seinen Publikationen erreicht er sie.

Der Medienrummel ist aber für das Kloster wie gesagt durchaus problematisch. Wenn mein Neffe Florian heute in dasselbe Zimmer einzieht, wo er damals sein Drehbuch geschrieben hat, so sucht er diesen Ort als Ort der Ruhe, der Zurückgezogenheit und der Konzentration, der Meditation im Gebet, der klösterlichen Gemeinschaft auf.

Was bedeutet nun eigentlich Erfolg?

Ich wiederhole: Erfolg ist keine Kategorie des christlichen Glaubens. Denn was wir aus der Theologie wissen, ist keine Erfolgsgeschichte. Die Entwicklung des Christentums ist einerseits zwar erfolgreich, aber auch mit störenden Effekten verbunden. Wir sind als Christen nicht diejenigen, die den Erfolg dieser Welt auf unsere Fahnen geschrieben haben. Wir allein können und werden das Paradies auf Erden nicht erzeugen. Und daher sind wir Realisten genug, um zu sagen: Es muss auch ohne Erfolg gehen. Einfach in der richtigen Gestaltung des Lebens in Bescheidenheit, mit Rückschlägen, in Krankheit und bis zum Tode. Wenn wir jetzt umgekehrt sagen: Das ewige Leben ist Erfolg, wie uns Christus glauben lässt, dann sind wir natürlich die Erfolgreichsten. Das ist ganz klar. Ich vermute aber, dass Sie die Frage mehr auf das persönliche Leben bezogen gemeint haben.

Der größte Erfolg in meinem Leben war, dass ich spät, aber doch die Berufung, die mir geschenkt wurde, erkannt und verwirklicht habe. Umgekehrt muss ich allen Menschen sagen, die innerhalb und außerhalb des Klosters allein vom Streben nach Erfolg geprägt sind, die sich nur diesem einen Ziel verschreiben, dass sie vermutlich nicht glücklich werden. Denn die alleinige Fixierung auf den persönlichen Erfolg ist nicht Glück bringend. Das heißt nicht, dass man sich über Erfolg nicht auch ehrlichen Herzens freuen sollte. Wenn Menschen mit guten Ideen und persönlicher Initiative auf einem Gebiet Erfolge erzielen, dann dürfen und sollen sie sich daran erfreuen, aber auch möglichst viele Menschen daran teilnehmen lassen.

Abt Gregor, ich würde Sie an dieser Stelle gerne fragen, was Glück für Sie persönlich bedeutet. Und was muss ein Mensch tun, um wirklich glücklich zu sein?

Der Begriff »Glück« kommt in der theologisch konzipierten Tugendlehre nicht vor. Das Märchen vom »Hans im Glück« der Brüder Grimm zeigt, wie oberflächlich und wie relativ dieser Begriff vom Glück ist. In der »Dreigroschenoper von Bertolt Brecht heißt es: »Ja, renn nur nach dem Glück. Doch renn nicht zu sehr. Denn alle rennen nach dem Glück. Das Glück rennt hinterher.« Trotzdem steht fest, dass die Menschen gerne glücklich sind; ich selbst auch! Aber man kann das Glück wahrscheinlich nicht direkt anstreben, sondern man muss einer Verantwortung entsprechend versuchen, möglichst immer Gutes zu tun, auch wenn das zunächst einmal nicht nach oberflächlichem Glück aussieht, und sich dann freuen, wenn einem Glück als Geschenk zufällt. Wenn man die Menschen fragt, wann sie glücklich waren, dann sind es meistens Augenblicke der entspannten Harmonie mit geliebten, nahestehenden Menschen, in Ruhe erlebte Momente der Schönheit in der Natur oder in der Kunst. Aus all dem wird sichtbar, dass sich Glück nicht erzwingen lässt und schon gar nicht mit materiellen Gütern.

Um auf Ihre Frage zurückzukommen: Der Mensch muss versuchen, mit den ihm anvertrauten Menschen unter Anwendung aller Tugenden Harmonie zu finden. Dies ist übrigens das biblische Gebot der Nächstenliebe: »Liebe deinen Nächsten wie dich selbst!« Zweitens muss der Mensch ganz bescheiden und klein versuchen, die Schöpfung zu erleben und sich an deren Schönheit zu erfreuen. Das löst bei religiösen Menschen tiefe Dankbarkeit an den Schöpfer aus.

Das bedeutet, wir müssen kontemplativ werden, um glücklich zu sein?

Ja, genauso ist es. Dieser kontemplative Zugang zur Natur als Schöpfung Gottes ist in großartiger Weise auch vom heiligen Franz von Assisi in seinem berühmten »Sonnengesang« formuliert. Dort spricht er von Schwester Sonne, Bruder Mond, von Wind, Wasser, Feuer und Erde. Und schließlich sogar vom Bruder Tod. Und alles ist für den heiligen Franz vom Lobpreis Gottes umschlossen. Das ist Kontemplation eines religiösen Genies und gleichzeitig Weltliteratur über allen Nobelpreisen! Ich bin glücklich und stolz, dass der heilige Franz von Assisi vom »Time Magazine« zum »Mann des zweiten Jahrtausends« gewählt wurde.

Aber man erlebt auch Glück, wenn man einfach für andere Menschen da ist, wenn sie Hilfe benötigen. Dieses Phänomen, das wir christliche Proexistenz nennen, ist ebenfalls ein wichtiger Wert: Proexistenz besteht zunächst aus Christus, der für uns in diese Welt gekommen ist, für uns gelitten hat, gestorben und für uns auferstanden ist. In der Proexistenz liegt gleichzeitig auch ein Aufruf, und zwar nicht zum Egoismus, sondern zum Altruismus. Also dass wir untereinander, nach dem Vorbild Jesu Christi, christliche Proexistenzen sind.

Abt Gregor, zu unserer Diskussion über die Cardinaltugenden gehört auch die Frage nach den Werten. Welcher Wert ist Ihrer Meinung nach der wichtigste für den Menschen?

Ich würde sagen, das ist jener, der das Leben der Menschen gut und tüchtig gestaltet. Es gibt ja die drei göttlichen Tugenden, über die wir im ersten Teil dieses Buches gesprochen haben: Glaube, Hoffnung, Liebe. Sie alle stehen in engem Zusammenhang. Darunter befindet sich die größte und wichtigste Tugend: die Liebe. Die vier Cardinaltugenden (Tapferkeit, Gerechtigkeit, Weisheit, Maß) sind den drei göttlichen Tugenden (Glaube, Hoffnung, Liebe) zugeordnet, um diese auf sinnvolle Weise zu untermauern.

Welche davon ist die beste aller Tugenden?

Es gibt eigentlich keine, die nun absolut die Beste wäre. Die Klugheit hat zwar eine gewisse Steuerungsfunktion zwischen Gerechtigkeit, Tapferkeit, Maß. Aber sie ist vielleicht doch nicht die größte. Unter den drei göttlichen Tugenden ist klarerweise die Liebe die größte. Es gibt aber auch eine Vielzahl von kleinen, kleinsten, liebenswürdigen menschlichen Tugenden, die alle zusammen ein wunderschönes Konzert menschlicher Lebensführung ergeben: Dazu zählen Ehrlichkeit, Pünktlichkeit, Liebenswürdigkeit, Bescheidenheit, Fähigkeit zum Glück. Höflichkeit, Hochachtung für den anderen Menschen, Hilfsbereitschaft.

Welcher Wert ist Ihr persönlicher Favorit?

Die Liebe. Ganz klar. Ich muss ja dogmatisch richtig antworten. Aber ich glaube wirklich, dass die Liebe nicht im Sinne eines eingeschränkten Liebesbegriffes, der Liebe zwischen Mann und Frau, sondern als großer Begriff der umfassenden Liebe, die von Gott kommt und die allen Menschen geschenkt wird, wichtig ist. Und ich habe keine Zweifel daran, dass das die größte aller menschlichen Begabungen ist.

Zwischen den vier Cardinaltugenden herrscht Harmonie. Es gibt aber auch eine ganz besondere Tugend: das ist der Humor. Man muss lachen können. Kein böses, hämisches, niederträchtiges Lachen. Sondern ein herzliches, offenes Lachen, das Freude ausdrückt, über Menschen und Situationen. Ich glaube, dass der Humor als Schmiermittel zwischen all den trockenen Tugenden etwas Großes und Wichtiges darstellt.

Es gibt eine schöne Geschichte aus meiner Familie dazu: Mein Vater hat sich mit meiner Mutter verlobt und hat das einer Tante mitgeteilt. Und er dachte, sie würde ihn fragen: »Ist sie reich? Ist sie schön? Ist sie aristokratisch?«, oder sonst etwas. Und sie hat nur gefragt: »Kann sie gut lachen?« Mein Vater hat gesagt: »Ja, sie kann gut lachen.« Dann hat sie gesagt: »Dann heirate sie.«

Wozu brauchen wir Werte, Abt Gregor?

Werte dienen uns zur Erhaltung unserer inneren Existenz. Sie ermöglichen es dem Menschen, sich positiv weiterzuentwickeln und sich zu verwirklichen.

Der britische Autor Salman Rushdie wurde eines Tages gefragt, welche westlichen Werte er kennt. Seine Antwort lautete: Küssen in der Öffentlichkeit, Schinkensandwiches, offener Streit, scharfe Klamotten, Kino, Musik, Gedankenfreiheit, Schönheit, Liebe.« Geben sie ihm recht?

Ich merke, dass Salman Rushdie diesen Wertekatalog durchaus ironisch aufstellt. Trotzdem will ich mich auf seine Gedanken einlassen und diese »Werte« mit Ihnen durchbuchstabieren: Mit der Liebe gebe ich ihm sofort recht. Küssen in der Öffentlichkeit ist eher zum Schmunzeln. Das war früher nur in Frankreich üblich; leider machen das die Österreicher und die Germanen so ungraziös. Schinkensandwiches, na ja, die habe ich auch ganz gerne. Offener Streit – nun, da muss man vorsichtig sein. Es ist sicherlich gut, wenn Menschen sich ehrlich und offen begegnen und Konflikte auch austragen, in dem Sinn, dass man Konflikte erkennt und sie überwindet. Scharfe Klamotten – dafür bin ich zu wenig Piefke. Klamotten sind wohl Sachen zum Anziehen. Kino, Musik sind etwas Großartiges: ein Bach, ein gregorianischer Choral oder ein religiöser Song von Ray Charles sind Musikstücke, die meiner Meinung nach einen sehr hohen Wert im Sinne der Religion darstellen. Ich bin auch gerne ins Kino gegangen. Gedankenfreiheit ist ebenfalls ein wunderschöner Wert. Schönheit, Liebe. Mir fällt auf, Salman Rushdie steigert sich zum Schluss. Kino: sehr gut; Musik: schon besser. Die Liebe: großartig.

Wir leben in einer Zeit, in der Werte offensichtlich kein Thema sind. Warum ist das so?

Dieses Gefühl habe ich auch. Im wirtschaftlichen Bereich haben wir Werte zugunsten einer kapitalistischen Gestaltung vernachlässigt. Ich sehe aber auch in der Politik gewisse Tendenzen in diese Richtung, die mir sehr missfallen. Im Prinzip hoffe ich, dass wir – über kurz oder lang – Werte wieder anerkennen werden. Die katholische Kirche ist sowieso ein absoluter Spitzenanbieter in Sachen Werte und wird auch in dieser Richtung verstärkt arbeiten.

Gibt es Gestalten, an denen sich ein gläubiger Christ orientieren kann?

Es gibt eine Stelle im Alten Testament, die mich immer besonders berührt: das Buch Jona. Jona ist mir irgendwie sympathisch, denn ich verstehe sein Handeln durchaus: Da er dieser großen Berufung von Gottes Glauben nicht standhalten kann, flieht er kurzerhand woanders hin. Er hat Angst. Er sagt: Das kann ich nicht, das ist zu viel für mich. Und er flieht. Dann lässt Gott einen Sturm kommen. Der Rest der Geschichte mit dem Walfisch ist bekannt.

Eigentlich berührt mich der gesamte Psalm: Ein Mensch ist eingeschlossen im Bauch des Fisches, als dem Untier des Todes. Er betet in seiner Not zu Gott und findet seinen Weg aus der Krise. Dann gibt es noch eine Stelle, die mich immer unglaublich beschäftigt hat, wo es um den Begriff des Monotheismus geht, also des einen Gottes. Als das Unwetter auf hoher See ausbricht, schläft Jona im unteren Teil des Schiffes. Die Matrosen suchen ihn, und als sie ihn gefunden haben, sagen sie zu ihm: »Wir suchen einen, der schuldig ist an dem Unglück.« Und dann fragen sie ihn: »An welchen Gott glaubst du?« Und er antwortet: »Ich glaube an den einen Gott, der Himmel und Erde erschaffen hat.« Den einzigen sozusagen. Und jetzt das Interessante: Diese Matrosen, die vermutlich an Götter, Dämonen und Nebelnixen glauben, erkennen, welch großartige Gottesvorstellung Jona hat. Und sie drohen ihm: »Und du wagst es, diesem großen, auserwählten Gott, der alles erschaffen hat, nicht zu gehorchen? Wir werden dich bestrafen und ins Meer werfen.« Und dann folgt die Geschichte mit dem Fisch. »Der Herr schickte einen großen Fisch, der Jona verschlang. Jona war drei Tage und drei Nächte im Bauch des Fisches, und er betete im Bauch des Fisches zum Herrn, seinem Gott.« (Jona 2, 1–2) Jetzt muss ich zur Verteidigung des Walfisches sagen, dass diese drei Tage im Bauch des Fisches ein alttestamentarischer Vergleich für die drei Tage der »Grabesruhe Christi« sind.

Jona betet im Buch des Walfisches, wird wieder gerettet, also vom Fisch ausgespien, und hat seine Mission erfolgreich bestanden. Sie sehen, nichts geht ohne die Hilfe des Gebetes. Hier ist übrigens die korrekte Passage im Alten Testament:

»In meiner Not rief ich zum Herrn, und er erhörte mich. Aus der Tiefe der Unterwelt schrie ich um Hilfe, und du hörtest mein Rufen. Du hast mich in die Tiefe geworfen, in das Herz der Meere; mich umschlossen die Fluten, all deine Wellen und wogen schlugen über mir zusammen. Ich dachte: Ich bin aus deiner Nähe verstoßen. Wie kann ich deinen heiligen Tempel wieder erblicken? Das Wasser reicht mir bis an die Kehle, die Urflut umschloss mich; Schilfgras umschlang meinen Kopf. Bis zu den Wurzeln der Berge, tief in die Erde kam ich hinab; ihre Riegel schlossen mich ein für immer. Doch du holtest mich lebendig aus dem Grab herauf, Herr, mein Gott. Als mir der Atem schwand, dachte ich an den Herrn, und mein Gebet drang zu dir, zu deinem heiligen Tempel. Wer nichtige Götzen verehrt, der handelt treulos. Ich aber will dir opfern und laut dein Lob verkünden. Was ich gelobt habe, will ich erfüllen. Vom Herrn kommt die Rettung. Da befahl der Herr dem Fisch, Jona ans Land zu speien.« (Jona 2, 3–11)

Und die Moral von dieser religiösen Geschichte?

Eigentlich sagte Jona, dass die Matrosen allesamt nicht seine Kategorie sind, denn sie erreichen nichts mit ihrer Götzenanbetung. Außerdem sagt er, er wolle sein Gelübde erfüllen, also den Auftrag, den Gott ihm gegeben hat: über Gott zu sprechen und »sein Lob zu verkünden«. Ich finde dieses Buch Jona sehr beeindruckend und auch passend in jeder Form von Krise. Denn die eigentliche Moral dieses Gleichnisses lautet: tapfer sein, niemals aufgeben.

Kapitel 8
Klugheit – prudentia

Abt Gregor, für den Philosophen Immanuel Kant bedeutete Klugheit »die Geschicklichkeit in der Wahl der Mittel zu seinem eigenen größten Wohlsein«. Wie lautet Ihre Definition der Klugheit?

Ich möchte mit dem Katechismus der katholischen Kirche antworten, dort findet man folgende Passage: »Die Klugheit ist jene Tugend, welche die praktische Vernunft bereitmacht, in jeder Lage unser wahres Gut zu erfassen und die richtigen Mittel zu erwählen, um es zu erlangen. Sie hat nichts mit Schüchternheit oder Ängstlichkeit, mit Doppelzüngigkeit oder Verstellung zu tun. Man nennt sie auch ›auriga virtutum‹, das heißt ›Lenkerin der Tugenden‹: Sie steuert die anderen Tugenden, indem sie ihnen Regel und Maß gibt. Der kluge Mensch bestimmt und ordnet sein Verhalten nach dieser Klugheit.«

Ein Mensch wird als klug bezeichnet, wenn er die Fähigkeit besitzt, in einer Situation angemessen zu handeln. Nun befinden wir uns seit dem Jahr 2008 in einer Wirtschaftskrise. Heißt das, dass die Menschen, also im konkreten Fall die Bankmanager, zuletzt nicht immer klug waren?

Zuerst einmal muss ich sagen, dass es nicht nur Banker waren, die in der aktuellen Wirtschaftskrise fehlerhaft gehandelt haben, sondern die Ursachen für die Krise in vielen Bereichen der Wirtschaft und Politik liegen. Natürlich waren bestimmte derivative Finanzaktionen der Banken in besonderer Weise unklug. »Bei allem, was du tust, denk an das Ende«, heißt es in der Bibel (Sir 7, 36).

Diese Entwicklung hat mich dazu gebracht, meine Gedanken zur Wirtschaft neu zu ordnen. Ich kann nur hoffen, dass das, was ich jetzt als Ergebnis schildern werde, klug sein möge: Eigentlich ist ja Ethik nur die philosophische Begründung für mögliche moralische Normen. Ich glaube, dass wir, ohne die Wirtschaftsethik zu vernachlässigen, den Mut haben sollten, jetzt eine handlungsorientierte, an den Menschen direkt gerichtete Wirtschaftsmoral zu entwickeln, zu verkünden und zu praktizieren.

Wie kann eine solche praktizierte Wirtschaftsmoral aussehen?

Als Theologe gehe ich natürlich zuerst einmal von den drei göttlichen Tugenden aus – Glaube, Hoffnung und Liebe – und schreite weiter zu den vier Cardinaltugenden Tapferkeit, Klugheit, Maß, Gerechtigkeit. Schließlich aber komme ich dann zu einer Vielfalt von alltäglichen kleinen Tugenden, die abgeleitet von den sieben großen im Umgang von Menschen miteinander in der Wirtschaft ungeheuer viel bewirken können. Ich liste einfach einmal ein paar dieser Tugenden auf, in der Hoffnung, dass andere diese Liste noch bis ins Unendliche verlängern:

Wenn in der Wirtschaft moralisch verantwortlich gehandelt werden soll, dann muss das Handeln transparent sein. Dann müssen die Vereinbarungen zwischen Menschen von Pünktlichkeit und Vertragstreue getragen sein, und der Umgang miteinander sollte höflich sein. Ehrlichkeit muss wieder in ihrer vollen Konsequenz als Prinzip anerkannt sein. Schließlich sollten die Menschen Leistungswillen einbringen, bereit sein, Opfer zu bringen, Demut zu üben, dem anderen zu dienen in Form eines Altruismus und schließlich die Dankbarkeit nicht vergessen. Reiner Materialismus und Gier sind natürlich das Gegenteil von Tugenden. So könnte der Begriff des »ehrbaren Kaufmannes« auch wieder zu seinem ursprünglichen Glanz geführt werden und die Wirtschaft aus den Tugenden saniert werden. Dabei sei nicht unerwähnt, dass man sogar aus den »großen sieben« direkte moralische Anstöße für die Wirtschaft ableiten kann: Ein Unternehmer ohne Hoffnung ist zum Scheitern verurteilt. In der Tugend des Maßhaltens ist wohl eigentlich das ganze weite Feld von Ökologie, Nachhaltigkeit und Schöpfungsverantwortung zu entdecken. Dass Gerechtigkeit ein wichtiges Prinzip in der Wirtschaft sein muss, wusste schon Thomas von Aquin. Das Thema ist unerschöpflich und sollte in naher Zukunft intensiv bearbeitet werden, um einen respektablen Weg aus der Krise zu finden.

Ich bin fest davon überzeugt, dass das Menschliche in der Wirtschaft wieder eine zentrale Stellung einnehmen wird. Der Mensch ist einerseits der Produktionsfaktor. Andererseits ist der Mensch aber auch das Subjekt der Wirtschaft, nicht das Objekt. Unser wirtschaftliches Handeln geschieht um des Menschen Willen. Die Wirtschaft muss daher wieder lernen, menschlich zu werden.

Wenn die Klugheit eine der Cardinaltugenden darstellt, wäre ein ungläubiger Mensch vor diesem Hintergrund eigentlich unklug?

Zuerst muss ich noch einmal sagen, dass die kirchliche Lehre zwar die Systematik und den Katalog der Tugenden entfaltet und argumentativ ausgelegt hat, dass sie also höchst kompetent auf diesem Gebiet ist, aber nicht die Klugheit oder andere Tugenden für sich gepachtet hat. Gerade in der jetzigen Zeit müssen wir feststellen, dass es Mitarbeiter der Kirche im Priester- und Ordensstand gibt, die ohne Tugenden handeln.

Auch wenn das nur ein kleiner Prozentsatz ist, diskreditiert er doch alle anderen Amtsträger und letztlich auch die Institution Kirche. Trotzdem gilt es festzuhalten, dass es, wie auch Viktor E. Frankl nach dem Jahr 1945 so eindringlich betonte, keine »Kollektivschuld« gibt. Weder ist die Kirche verantwortlich, wenn ihre Amtsträger gegensätzlich zu den von ihr verkündeten hohen moralischen Standards handeln, noch können Unschuldige und Tugendhafte wegen ihrer »schwarzen Schafe« mit einem Generalverdacht konfrontiert werden.

Sie meinen das Thema Missbrauch innerhalb der katholischen Kirche?

Ja. Ich möchte wiederholen, dass die hohen moralischen Standards in der Kirche alle Amtsträger in besonderer Weise verpflichten, moralisch und tugendhaft zu handeln. Es ist ein besonderes Verbrechen, wenn von Amtsträgern der Kirche hier gefehlt wird. Entsprechend all den Richtlinien, die in der katholischen Kirche gegeben sind, ist in diesen Fragen volle Kooperation mit den polizeilichen und gerichtlichen Stellen nötig. Die Opfer sind zu schonen und ihnen ist zu helfen, nachgewiesene Täter sind der weltlichen Gerichtsbarkeit zu übergeben und potenzielle Möglichkeiten für weitere Sünden und Verbrechen durch psychotherapeutische und andere Maßnahmen so weit wie möglich zu verhindern. Aufgrund einer bestimmten Hysterie in den Medien traue ich mich jetzt gar nicht mehr weiterzureden, weil alles, was ich sagen möchte, sofort als Vertuschung und Verharmlosung interpretiert werden würde. Ich will aber versuchen, die Tugend der Tapferkeit und der Wahrhaftigkeit zu praktizieren und daher trotzdem Folgendes festzuhalten: Erstens ist das Problem von sexuellem Missbrauch und Gewalt nicht ein exklusives Problem von Amtsträgern der katholischen Kirche, sondern es kommt in allen Bereichen von Erziehung, Internaten, Vereinigungen und Gruppen vor. Erschütternderweise sagen alle Fachleute, dass der gefährdetste Bereich für diese Verbrechen der nachbarschaftliche, freundschaftliche, verwandtschaftliche und familiäre ist. Drei konkrete Fälle sind mir bekannt, wo Menschen durch Erlebnisse in ihrer Jugendzeit, die irgendwo zwischen Verführung und Vergewaltigung anzusiedeln sind, eine sexuelle Prägung erhalten haben, unter der sie heute noch leiden. In keinem dieser drei Fälle waren die Verführer Amtsträger der katholischen Kirche. Das Problem ist also ein Problem der Gesellschaft, wie auch die Fälle Fritzl in Amstetten, Priklopil in Wien sowie Otto Muehl im Burgenland zeigen. Wir müssen alle Kräfte für eine moralische Aufrüstung auf diesem Gebiet zusammennehmen. Sicherlich läuft eine solche moralische Aufrüstung gegen die Tendenzen der sexuellen Revolution der Jahre 1968 und danach.

Zweitens ist mir ganz wichtig, drei verschiedene Methoden der »Rechtsfindung« zu unterschieden. Die erste Vorgehensweise ist die des Staates, der nach Gesetzen und Verfahrensregeln die Untersuchungen polizeilich führen lässt und in einem geregelten Verfahren vor Gericht mit Vorsicht ein Urteil fällt und dem Verurteilten trotzdem noch Rechtsmittel zugesteht; die Verjährung ist unter anderem so ein Rechtsmittel. Obwohl ich inzwischen leider die Erfahrung machen musste, dass bis in die Reihen der österreichischen Polizei Korruption Platz greift, bleibt der Kirche nichts anderes übrig, als voll und offen mit den staatlichen Ermittlungsbehörden und Gerichten zusammenzuarbeiten; unter anderem auch deswegen, weil die Kirche selbst keine Polizei- und Verbrechensbekämpfungsinstitution ist. Alle kirchlichen Regelungen der letzten Zeit stellen diese Kooperation ins Zentrum der Aktivitäten. Die zweite Form der »Rechtsfindung« wird von den Medien praktiziert, wo selbsternannte Richter ohne Verfahrensordnung unter bewusster Erzeugung von Hysterie eine gnadenlose Lynchjustiz betreiben, bei der es überhaupt kein Rechtsmittel mehr gibt. Schließlich gibt es die dritte Form der »Rechtsfindung« durch die Kirche: Hier wird gerufen zur »Umkehr« (Metanoia), zu Bekenntnis, Reue, Buße und schließlich zum Geschenk der Vergebung und eines Neubeginns.

Trotz aller derzeitigen Zurufe an die katholische Kirche, dass sie brutal, hart und konsequent durchzugreifen habe, darf sich die Kirche von ihrem Proprium des Weges zur Versöhnung mit Gott nicht abdrängen lassen. Die Kirche selbst ist also nicht Justiz, sondern sie hat einen eigenen Auftrag und wird daher mit der Justiz aus wohlverstandenem Eigeninteresse voll kooperieren. Diese Unterscheidungen (discretiones) halte ich für dringend gebotene Klugheit (prudentia)!

Hat denn der sexuelle Missbrauch nicht auch mit »Macht ausüben« zu tun?

Ja, das ist so. Und es ist besonders schlimm, wenn von kirchlichen Amtsträgern das Vertrauen, das ihnen aus religiöser Motivierung entgegengebracht wird, benützt wird, um mit Machtmissbrauch weitere Formen des Missbrauchs zu begehen. Aber Macht- und Machtmissbrauch sind wiederum keine kirchlichen Reservate, sondern sie finden sich in allen Strukturen der Gesellschaft.

Es wird viel Klugheit benötigen, um mit diesem Problem richtig umzugehen.

Nicht nur. Es gibt eine weitere Tugend, die ich eben bereits erwähnt habe und die im Neuen Testament »discretio« genannt wird. Diese hat nur mehr ganz peripher mit unserem oberflächlich gebrauchten Begriff »Diskretion« zu tun, denn sie ist von ihrem inneren Wortgehalt her die Gabe der Unterscheidung, eine Gabe des Heiligen Geistes. Eigentlich heißt diese Gabe sogar »Unterscheidung der Geister«. Der kluge Mensch muss abwägend die Dinge auseinanderhalten, damit er nicht selbst durcheinanderkommt. Dass die Gabe der Unterscheidung ein Geschenk des Heiligen Geistes ist, heißt nicht, dass wir sie nicht auch als Tugend im Zusammenhang mit der Klugheit nennen können. Die heutige umgangssprachliche Verwendung des Wortes Diskretion kommt letzten Endes ursächlich daher, dass der Mensch mit Unterscheidungsgabe weiß, wem er wann was sagen kann. Das ist die höhere Form von Diskretion.

Und ist ein ungläubiger Mensch nun unklug?

Da wie gesagt die Kirche und Mitglieder der Kirche Tugenden nicht monopolisieren, sondern sich freuen, wo immer diese blühen, möchte ich sagen, dass Menschen, die keinen Glauben haben (Glaube als göttliche Tugend!), trotzdem viele andere Tugenden vorbildlich verwirklichen können. Es könnte sein, dass hier in gewisser Hinsicht der Begriff von Karl Rahner vom »anonymen Christen« zutrifft: Menschen, die ganz bewusst Tugenden verwirklichen, die wir vom Christentum her kennen und formulieren. Gleichzeitig muss ich mit Trauer feststellen, dass es eben auch Christen gibt, die trotz des Angebotes der frohen Botschaft mit ihrer Tugendlehre diese nicht verwirklichen, sondern unklug und nicht tugendhaft handeln!

Schließlich aber muss ich als Christ festhalten, dass unser Glaube eine evidente Logik hat. Daher ist die Nichtannahme des Glaubens für den Menschen schädlich und objektiv unklug.

Haben Sie in Ihrer Funktion als Abt und Mönch mehr mit Ungläubigen zu tun als mit Gläubigen?

Keineswegs. Auf einen Menschen zu treffen, der sich so richtig als Ungläubiger bekennt, passiert mir eher selten. Ich würde einmal sagen, dass Priester in der ordentlichen Seelsorge viel öfter mit Ungläubigen zusammentreffen als wir Mönche. Ich sehe viele Menschen, die im Prinzip irgendwie – vielleicht mehr schlecht als recht, und das gilt ja für mich auch – in diesem Glauben glücklich sind und die versuchen, sich gegenseitig zu helfen. Alle jene, die zu uns kommen für Exerzitien, Kloster auf Zeit, Tage der Stille oder die an unseren verschiedenen Kursangeboten teilnehmen, sind Menschen, die nicht nur ins Leere Suchende sind, sondern die schon Ansatzpunkte zum Glauben gefunden haben. Und bei uns versuchen sie, diese Ansatzpunkte zu vertiefen und zu verstehen. Die meisten Menschen, die zu uns ins Stift Heiligenkreuz kommen, sind gläubig – oder im Glauben bemüht. Sie erwarten sich von uns, dass wir sie in ihrem Glauben unterstützen.

Warum gibt es trotzdem so viele ungläubige Menschen?

Was ich bemerke, ist, dass die Menschen sich heutzutage immer stärker danach sehnen, den Glauben in der Theorie zu diskutieren. Dieses Thema des Nicht-glauben-Wollens wird von den Menschen lieber nicht angesprochen, und wenn sie es doch mit uns besprechen, dann eher aggressiv, also in der Form: Jetzt beweise mir mal einer die Unrichtigkeit meines Atheismus.

Verstehen Sie einen ungläubigen Menschen? Und wie gehen Sie mit einem solchen um?

Ich verstehe ihn, Punkt eins. Und Punkt zwei: Ich werde mit ihm selbstverständlich mit großer Sympathie als Mitmensch umgehen. Ich garantiere Ihnen, dass ich nicht von vornherein mit missionarischem Eifer auf einen ungläubigen Menschen oder einen Atheisten losgehe. Und zwar deshalb, weil ich glaube, dass das unmenschlich wäre. Nachdem ich ziemlich offensichtlich ein Gewand trage, durch das man sieht, auf welcher Glaubensseite ich mich einordne, wird vielleicht das Gespräch auf das Thema Glauben kommen. Ich habe ja auch ein paar Freunde und Bekannte, die sich als ungläubig verstehen, auch in meiner engsten Familie. Da ist es sogar momentan so, dass ein Verwandter sich offensichtlich mit dem Glauben und den heiligen Sakramenten so schwer tut, dass er weder kirchlich heiratet, noch seine Kinder taufen lässt. Doch da mit flammendem Schwert und apostolischem Eifer hineinzufahren, wäre nicht sinnvoll. Das ist sogar vollkommen kontraproduktiv.

Wie reagieren Sie in solchen Momenten?

Ich muss versuchen, diesem Menschen, der mir nahesteht, zu zeigen, dass ich immer für ihn da bin. Und dass ich auch offen für ihn bin, dass ich mich freue, wenn er zu mir kommt und ich ihm nicht böse bin, weil er nicht glaubt. Denn der Glaube ist eine Gnade, ein Geschenk und etwas Schönes. Es darf nicht sein, dass ich jemandem zum Vorwurf mache, dass er dieses Geschenk momentan nicht erlebt. Der Glaube kann ja nur in Freiheit wachsen, darüber haben wir eingangs bereits gesprochen. Das ist ein ganz wichtiger Gedanke im Zweiten Vatikanischen Konzil und übrigens einer der schweren Dissenspunkte mit den Lefèbvristen, die ja so stark ins öffentliche Bewusstsein gerieten, weil dieser Holocaust-Leugner, der britische Bischof Richard Williamson, in den Blickhorizont der Medien kam. Das Zweite Vatikanische Konzil hat in seinem letzten Dokument »Dignitatis Humane«, »Von der Würde des Menschen«, Religions- und Gewissensfreiheit postuliert und damit der Kirche eine ganz großartige Entwicklung ermöglicht. Die Kirche hat somit grundsätzliche Dinge, die vorher als unantastbar galten, geklärt, indem sie sich zur Fürsprecherin einer wirklichen Freiheit des Gewissens gemacht hat. Die Kirche ist so gesehen zur Vorkämpferin für andere Glaubensgemeinschaften geworden, indem sie sagt, dass niemand zum Glauben gezwungen werden darf: Das Gewissen des Menschen entscheidet.

Dieser Gedanke war für einen rückwärts gewandten Theologen wie Marcel Lefèbvre nicht akzeptabel. Der eigentliche Konflikt um diese Bewegung besteht in der Frage der menschlichen Freiheit bei der Glaubensfindung. Es ist in gewisser Hinsicht fast überraschend, dass die katholische Kirche den Sprung über den eigenen Schatten getan hat. Gregor XVI., ein Papst des 19. Jahrhunderts, hat das so formuliert: »Die Unwahrheit hat kein Recht zur Wahrheit.« Das ist philosophisch betrachtet richtig. Die Kirche war natürlich immer sehr stark von ihrer philosophischen Dienerin »Ancilla« beeinflusst. Dass die Lüge gegenüber der Wahrheit kein Recht hat, ist aus Sicht der Philosophie, der Kunst der Fragestellung, wohl richtig. Doch psychologisch und pastoral betrachtet, ist es nicht haltbar. Und zwar, weil die Wahrheit nur in Freiheit gefunden werden kann.

Von einem Priester nimmt man an, dass er immer versucht, Ungläubige zu bekehren. Ist das wirklich so?

Der französische Schriftsteller Paul Claudel hat einmal geschrieben: »Rede nur, wenn man dich fragt. Aber lebe so, dass man dich fragt.« Das ist eine wichtige Eigenschaft für jene missionarisch-evangelisierende Spannung, die einen religiösen Menschen, zumindest einen christlichen Menschen erfüllt. Er freut sich, wenn andere Menschen zum Glauben finden. Er wird sich bemühen, soweit er kann, das auch zu fördern.

Ich glaube, dass die eigentliche missionarische Kraft stärker von überzeugten Christen bzw. Katholiken ausgeht, die in Ehe, Familie und Beruf stehen. Sie sind mit Menschen ohne Glauben intensiver in Kontakt, als wir Ordensleute es sind. Priester sind ja von Hause aus schon in einer schwierigen Position. Einen Arbeitskollegen oder Freund zu fragen, woran er glaubt, ist doch eine viel einfachere Sache, als mit einem Priester zu sprechen, der für viele Menschen ja von Berufs wegen dazu verpflichtet ist, über den Glauben zu reden.

Der Glaube ist die eine Sache. Aber wie kann ein Priester klug über die Ehe sprechen, wenn er selbst nicht weiß, wie das ist?

Das ist genauso, wie jeder unverheiratete Mensch sich auch seine Gedanken zur Ehe machen darf. Der Priester hat katholische Sakramentenlehre studiert und wird nicht unbedingt über medizinische Aspekte oder über Erotik sprechen, sondern vielmehr über die Schönheit und die vielen Formen der Liebe. Er wird auch wichtige Aspekte des Sakraments der Ehe schildern. Das kann er. Er muss dafür weder Ehe noch Sexualität praktiziert haben. Es ist durchaus nicht so, dass man immer alles selbst gemacht haben muss, um darüber zu diskutieren. Der Priester wird daher über die katholische Auffassung der Ehe sprechen.

Abt Gregor, warum ist die katholische Kirche gegen die Pille?

Ich glaube wirklich, dass die Argumente gegen die Pille sprechen. Und das ist jetzt keine Frage der Kirche oder des katholischen Glaubens, sondern ein Zeichen von Menschlichkeit. Wie kann die Sexualität menschlich anders eingeordnet werden als beim Ebenbild Gottes? Lesen Sie doch mal in der Enzyklika »Humanae Vitae« nach. Das ist jene Enzyklika, in der es um das Leben und die Theologie des Lebens geht, und wo Papst Paul VI. unvermeidlich zu der Geburtenregelung mit künstlichen Mitteln – wie zum Beispiel Pille, Kondom – Stellung nehmen musste. Wie er zu Recht an den tiefen inneren Zusammenhang der Geschlechtlichkeit von Mann und Frau mit der Verantwortung der Weitergabe des Lebens glaubte. Diese Dinge unserer menschlichen Natur sind keine theologischen Phänomene, sondern sie beinhalten eine große Dimension menschlichen Lebens. Johannes Paul II. hat immer gesagt: »So groß denkt Gott vom Menschen, dass er ihm all diese Dinge wie die Weitergabe des Lebens anvertraut.« Und ihn nicht zu einer biologischen Maschine verkommen lässt.

Welche Werte fehlen Ihnen bei der Geburtenregelung? Was vermissen Sie in der Diskussion darum?

Die Bejahung des Lebens in allen seinen Phasen. Ich halte die Frage nach dem Schutz des Lebens für die ganz entscheidende Frage. Wenn Sie heute das Thema Fristenlösung, über das in Österreich bereits 1973 abgestimmt wurde, medial lostreten, wird so lange darüber geschrieben und diskutiert werden, bis in den Medien eine Überarbeitung des Gesetzes gefordert werden wird. Und da spielt die EU leider eine unglückselige Rolle, sowohl die Kommission als auch das Parlament. Weil sie tatsächlich bestimmte Dinge wie etwa die Frage des Schutzes des Lebens sowohl am Anfang als auch am Ende nach einem Mehrheitskonsens entscheidet, der, so glaube ich, nicht sinnvoll ist.

Warum soll man sich nicht zu diesem Thema äußern, darüber abstimmen oder neue Gesetze schaffen dürfen?

Es gibt Werte, über die man nicht abstimmen kann. Wenn man das Leben des Menschen in seinem Beginn, in seinem Ende und in seiner Gestaltung manipuliert, also Menschen mit Hilfe der Gentechnologie und des Klonens erschafft, dann gehen dabei gewichtige Werte verloren. Wir Menschen sollten versuchen, aus menschlicher Verantwortung heraus zu tun, was wir können, ohne dabei Unerlaubtes zu tun. Menschliches Leben ist unverfügbar, auch das ungeborene. In dieser Diskussion geht es um die Verantwortung, den Menschen als Gottes Ebenbild zu sehen. Das ist die Vision der katholischen Kirche.

Warum sagt die Kirche Frauen, die in Extremsituationen geraten, wie Vergewaltigung, Inzest oder Missbrauch: »Als brave Katholikin musst du dieses Kind bekommen!« Warum mischt sich die Kirche in eine persönliche Entscheidung ein?

Ich verstehe die Situationen, die Sie hier ansprechen. Lassen Sie mich Ihnen und den geschätzten Leserinnen so antworten: Es gibt einen Fall, da ist es erlaubt, dass die Mutter ihr Baby abtreibt: und zwar, wenn es um Notwehr geht. Also konkret: Wenn dieses neue Lebewesen das Leben der Mutter bedrohen würde, sprechen wir von Notwehr bei der Mutter.

Auch jene Mutter, deren Sohn oder Tochter mit der geladenen Pistole auf sie zugeht und versucht, sie zu erschießen, hat das Recht, ihr eigenes Kind in Notwehr zu erschießen. Das ist ein Thema, über das schon Papst Pius XII. entschieden hat. Hier muss klar sein, dass Leben gegen Leben steht. Und jeder hat das Recht, sich zu verteidigen. Bei dem anderen Fall, der höchst unerfreulich und ganz besonders negativ ist, das Faktum einer Gewalttat, einer Vergewaltigung, also eine der grässlichsten Verbrechen, wird nichts positiv durch die Tatsache, dass man dann bei einer Abtreibung einen Menschen tötet. Diesen noch nicht geborenen Menschen in Blutrache umzubringen, ist ein weiteres schweres Unrecht. Dieses Unrecht hat mit dem Verbrechen einer Vergewaltigung, mit all den katastrophalen Umständen, die damit verbunden sind, nichts zu tun. Hier muss man versuchen, die Dinge »distinguo« zu unterscheiden, denn da geht es um zwei verschiedene Dinge. Und aus Erfahrung wissen wir, dass Mütter eine sehr starke Kraft haben, ihre Kinder zu lieben, egal, welche tragischen Erfahrungen sie mit den jeweiligen Vätern – vielleicht sogar auch mit den Ehemänner – haben.

Hatten Sie schon einmal mit Frauen, die vergewaltigt wurden oder abgetrieben haben, zu tun?

Ja. Es hat in meinem Leben als Priester und Abt Zeiten gegeben, wo ich im Beichtstuhl gesessen bin und mit Frauen sprach, die abgetrieben hatten und die mir sagten: »Ich habe es zwar schon mehrmals in der heiligen Beichte gesagt und um Lossprechung gebeten, aber es lässt mich nicht los. Ich bitte Sie wiederum um die Lossprechung.« Diese Frauen haben unter der Abtreibung gelitten. Ich sagte dann immer: »Es war richtig, dass Sie das gebeichtet haben. Und dass Sie losgesprochen worden sind. Haben Sie bitte Vertrauen zur Kraft und

Barmherzigkeit Gottes. Wenn Sie ehrlich bereuen, beichten, Buße tun und Vorsätze fassen, dann verzeiht Ihnen Gott. Gehen Sie getrost in Ihr weiteres Leben, aber tun Sie es nicht wieder.« Obwohl ich nicht sehr oft im Beichtstuhl sitze, war diese Gewissenslast, mit der diese Frauen kamen, eine der erschütterndsten Erfahrungen, die ich gemacht habe. Ich verletze hier kein Beichtgeheimnis, denn ich sage nicht wer, wann und wo. Ich sage lediglich, dass es mehrmals vorgekommen ist.

Müssen Priester ein Psychologiestudium absolvieren, um mit solchen Problemen richtig und klug umgehen zu können?

Ein Priester ist kein Sozialpädagoge. Und er muss auch nicht alles können. Er muss sogar ganz bewusst im Beichtsakrament wissen, wo seine Grenzen sind, in welchen Fällen er als Seelsorger zuständig ist und wann er jemanden zum Psychologen oder zum Mediziner oder zur Polizei schicken muss. Verstehen Sie, das sind andere Fachgebiete.

Aber er muss psychologische Qualitäten haben, um mit Menschen einfühlsam umgehen zu können.

Dafür gibt es im Studium der Pastoraltheologie die »Hirten-Ausbildung«. Wobei das zum größten Teil eine Frage der Begabung ist. Mit Menschen in Kontakt zu treten, lässt sich nur in einem gewissen Maß erlernen. Einfühlsamkeit hängt mit den menschlichen Grundbeschaffenheiten zusammen, ist aber auch Charaktersache. Es gibt Mönche und Priester, die bereits mit einer psychologischen »Grundausstattung« in ein derartiges Seminar kommen. Dann hilft ihnen die Pastoraltheologie, diese zu verbessern. Wichtig ist das auch im Umfang mit sozialen Randgruppen, für die die katholische Kirche sehr viel tut.

Warum ist die katholische Kirche eigentlich gegen die Sterbehilfe? Aktive Sterbehilfe ist strikt verboten, hingegen ist die passive Sterbehilfe erlaubt.

Der ehemalige Erzbischof von Wien, Franz Cardinal König, hat einmal gesagt: »Wir verteidigen den Standpunkt, dass die Menschen nicht durch die Hand des Mitmenschen, sondern an der Hand des Mitmenschen sterben sollen.« Das hieß, wir sehen das Leben von seinem ersten Beginn bis zu seinem Ende als heiliges Geschenk Gottes. Deswegen sind wir Katholiken auch für die Schöpfungsverantwortung. Und daher finden wir, dass wir einem Menschen helfen sollten, sein Leben zu erhalten. Das heißt aber auch, dass es ab einem bestimmten Zeitpunkt nicht mehr notwendig ist, lebensverlängernde Maßnahmen zu setzen, wenn es nichts mehr bringt: Das ist der Unterschied zwischen aktiver Sterbehilfe und Begleitung des Sterbenden.

Wie kann man einen Sterbenden in seinem Sterben unterstützen?

Dieses Thema ist eines der heikelsten überhaupt. Grundsätzlich gilt, dass man das Leben pflegen soll und dass Mediziner eine hohe Verpflichtung haben, Leben zu erhalten. Einem Menschen im Sterben zu helfen, heißt, den Schmerz stillen, ihn beruhigen, bei ihm bleiben und den Priester rufen, der ihm das letzte Sakrament bringt. Die Hospizbewegung leistet hier Großartiges. Der Sterbenskranke wiederum hat das Recht – ich habe das gerade in meiner engsten Familie erlebt –, zu einem bestimmten Zeitpunkt zu sagen: »Ich glaube, die nächste Chemotherapie möchte ich mir nicht mehr zumuten, denn das ist keine Lebensqualität für mich.« Das ist eine legitime Entscheidung. Das ist etwas anderes, als aktiv ein Leben auszulöschen. Ich kann nur sagen: Gott sei Dank gibt es in Österreich noch keine Sterbehilfeinstitute.

Und wenn der Leidensdruck zu groß ist?

Ich will hier die Situation eines Menschen, der leidet, natürlich nicht bagatellisieren. Was mich aber so verblüfft ist, dass in der Frage des Lebens die vorchristlichen Heiden schon weiter waren als unsere nachchristlichen Säkularisten. Ein Mann wie Hippokrates hat in seinem hippokratischen Eid vermerkt, was ein Arzt nicht tun darf. Das hat über Jahrhunderte gehalten. Die Kirche hat es immer mitgetragen. Und jetzt steht plötzlich die Kirche alleine mit den heidnischen Grundsätzen des Hippokrates da. Im Grunde ist das ein humanistisches Problem. Nur sind die Humanisten offenbar blind. Sie haben noch nicht begriffen, was das menschliche Leben ist. Eine Gegenbewegung war da die »Anti-Duell-Liga«.

Was ist die Anti-Duell-Liga?

Die »Anti-Duell-Liga« wurde 1902 begründet. Damals herrschte in Offiziers- und Intellektuellenkreisen noch gesellschaftlicher Konsens darüber, dass man sich bei Ehrenverletzungen zu duellieren habe. Und dann schlossen sich Christen, Sozialisten, Liberale, die plötzlich Humanisten wurden, zusammen und sagten: Das ist ein Wahnsinn. Gemeinsam haben sie die Problematik des Duells tatsächlich aus der Welt geschafft. Wieso die katholische Kirche heute plötzlich die einzige Institution ist, die das Leben der Ungeborenen, der Alten und Leidenden verteidigt, verstehe ich nicht ganz. Das ist eine Unlogik, die ich beklage, weil sie eigentlich eine sehr große humanistische Allianz formieren müsste.

Zum Thema Klugheit, über das wir hier sprechen, gehört auch das Thema Bildung. Was würden Sie einem Jugendlichen raten, der nicht mehr zur Schule gehen will? Ist ein solches Kind unklug?

Ich gehe im Prinzip davon aus, dass Bildung ein kostbares Gut ist und dass man sich eine gute Ausbildung durchaus leisten sollte. Ich bin aber dafür, dass Schüler viel mehr in sprachlichen und musischen Fächern unterstützt werden sollten. Sie sollen allgemein gebildet sein, um dann später das technische Wissen und wirtschaftliche Kenntnisse darauf aufbauen zu können. Ich selbst bin nicht sehr gern in die Schule gegangen und auch zweimal durchgefallen. Ich möchte jungen Menschen gerne Mut machen und sagen. »Versuche es! Die Schule ist zu deinem Besten gedacht. Damit du mehr Ausbildung, mehr Wissen, mehr intellektuelle Anregung erhältst.« Ich würde immer für ein bisschen mehr Ausbildung plädieren, bevor sie zu früh ins Berufsleben einsteigen.

Menschen im Berufsleben sind heute sehr oft gestresst, unglücklich, depressiv. Woran liegt das?

Ich habe das Gefühl, dass viele Menschen außerhalb, manche sogar innerhalb des Klosters psychisch krank werden, weil sie zu wenig Gebrauch vom Sich-Besinnen machen, von Zu-sich-selbst-Finden. In meinem kirchlichen Jargon würde ich sagen: vom wunderbaren Geschenk des Sakraments der Versöhnung mit Gott in der heiligen Beichte. Gottfried Roth, Mediziner, Psychiater und Professor für Pastoralmedizin, hat bei uns im Kloster einen Vortrag gehalten und einen Satz gesagt, der in mir in derartigen Situationen immer wieder nachhallt: »Die wichtigste Voraussetzung für die Heilung, das gilt für psychisch und physisch kranke Menschen, ist, dass der Patient die Einsicht hat, dass er krank ist.«

Das ist ja genau das Problem des depressiven Menschen, der nicht einsieht, dass er depressiv ist.

Genau. Der sagt: Ich werde von der Umwelt krank gemacht. Das mag wohl manchmal zutreffen. De facto muss er aber ehrlich zu sich selbst sein und sagen: Ich bin krank, also muss ich einen Arzt aufsuchen, der mir hilft. In diesem Fall kann ein Seelsorgegespräch wichtig sein, um einem depressiven Menschen diesen Schritt ans Herz zu legen. In seiner Funktion als Beichtvater tritt der Seelsorger dem Menschen ja nicht als Richter gegenüber, sondern als Vermittler der göttlichen Verzeihung. Im Aussprechen vor dem aufmerksamen Zuhörer und der Einsicht in die Krankheit liegt oftmals ein wesentliches Element der Heilung.

Haben auch der Abt und die Mönche manchmal ein Problem mit der Motivation?

Als ich im Jahr 1977 ins Kloster eintrat, hatte ich davor in meiner beruflichen Ausbildung immer wieder an Managementseminaren teilgenommen. Und da wurde einem natürlich ganz besonders auch »Management by motivation« beigebracht. Dann war ich im Kloster und hörte jeden Abend im Lesegang, einem Teil unseres schönen Kreuzgangs, ein Kapitel aus der Benediktsregel; und plötzlich wurde mir klar: Der heilige Benedikt hat schon vor 1500 Jahren die besten Managementtheorien – auch hinsichtlich der Motivation – vorweggenommen. Lediglich mit einem kleinen Unterschied: not for profit gaining! Die Regel des heiligen Benedikt versucht den Abt und die Mönche aus den tiefsten Quellen ihres religiösen, christlichen Lebens zu motivieren. Außerdem ist das Motivieren innerhalb einer Gemeinschaft immer ein Geben und Nehmen: Die Mönche sollen sich gegenseitig motivieren. Vor allem aber ist es natürlich der Abt, der väterlich und milde, aber beharrlich und ermunternd motivieren soll. Manchmal ist der Abt auch ganz dankbar, wenn er von einem Mitbruder motiviert wird!

Hängt das mit ora @ labora zusammen?

Ja, selbstverständlich. Aus dem Gebet, den religiösen Wurzeln, strömt Motivation für ein sinnvolles Arbeiten, und umgekehrt darf auch aus dem Gebet wiederum Motivation und Anlass für das Gebet gefunden werden. In diesem Sinne ist wohl jene Selbstverwirklichung für den Mönch und letztlich für jeden Menschen gemeint, wie sie Papst Johannes Paul II. in seiner Enzyklika »Laborem exercens« erwähnt hat. Und wenn wir hier das trockene lateinische Wort »et« als Verbindungswort durch das »@« ersetzen, wollen wir andeuten, dass diese Grundprinzipien nicht nur in der lateinischsprachigen Spätantike des heiligen Benedikt, sondern auch in unserer computergestützten Zeit, in der der Papst sich wieder Benedikt genannt hat, gilt.

Kapitel 9
Maß – temperantia

Abt Gregor, was bedeutet Maßhalten im klösterlichen Leben?

Der heilige Benedikt spricht in vielen Kapiteln vom Maßhalten. Das gilt für die Speise, für das Getränk, für die Kleidung, für die Strafe, für die Kräfte, für die Überwachung. Dieses kluge Maßhalten wird natürlich vor allem dem Abt, aber auch dem Cellerar (dem Hauptökonom) aufgetragen. Man spürt schon aus den gerade erwähnten unterschiedlichen Bereichen, wo man überall das »rechte Maß« suchen soll, dass es um ein vorsichtiges Umgehen mit allen Dingen und Themen geht. Das »rechte Maß« ist eben nicht die Maßlosigkeit. Weder nach der einen noch nach der anderen Seite. Sondern das Maß sucht ein Gleichgewicht zwischen den Extremen. Es will das Kind nicht mit dem Bad ausschütten. Es reicht sogar bis in die Denkweise der katholischen Theologie hinein, die bisweilen als eine »et-et«-Theologie verspottet wurde. Also eine theologische Denkweise, die nicht zu Extremen neigt und aus dem »sowohl – als auch« Kraft bezieht. In meinem Arbeitszimmer hier in Heiligenkreuz ist auf einem allegorischen Gemälde die Tugend der Temperantia dargestellt mit zwei Symbolen. Da ist einmal das Zaumzeug für das Pferd: Die ungezügelte Kraft des Pferdes wird durch die Klugheit des Menschen mittels des Zaumzeuges gebändigt und so steuerbar und wirksam gemacht. Das zweite Symbol ist, dass ein Engelchen Wasser auf ein Feuer gießt, eine Technik, die in der alten Kunst der Schmiede notwendig war. Ein wunderbares Symbol für das Maßhalten Gottes ist der Anblick des brennenden

Dornbusches durch Mose: Der Dornbusch brennt, aber verbrennt trotzdem nicht! So sind der Mönch, der Manager, der Geistliche, der Ehemann/die Ehefrau und der Familienvater/die Mutter gerufen, im Maß den rechten Mittelweg zu finden im Wissen, dass das immer ein labiles Gleichgewicht sein wird, um das man sich ständig neu bemühen muss.

Es ist daher spirituell logisch, wenn der heilige Bernhard von Clairvaux dann trotzdem einmal Maßlosigkeit fordert, nämlich Maßlosigkeit in der Liebe zu Gott. Aber dies schließt natürlich dialektisch das rechte Maß in den vielen kleinen Tugenden wieder ein. »Das Maß der Gottesliebe ist die Maßlosigkeit.«

Maßhalten ist ein ständiger Prozess. Der gläubige Christ soll dazu durch ein geistliches Leben befähigt werden. Ist das leicht oder schwer?

Das ist vermutlich eine Temperamentsfrage. Dem einen fällt es leicht, der andere tut sich schwerer damit. Und es gibt auch unterschiedliche Bereiche. Mir fällt es immer wieder schwer, beim Essen das rechte Maß zu halten. Zwar weiß ich, dass ich mich wohler fühle und besser schlafe, wenn ich weniger esse, aber die Gottesgabe schmeckt mir meist so gut, dass ich leider allzu oft das rechte Maß überschreite. Es gibt andere Bereiche, wo ich mich persönlich mit dem Maßhalten leichter tue: Das ist zum Beispiel das Trinken von Alkohol. Aber ich weiß, wie unterschiedlich Menschen und wie differenziert die Versuchungen sind. Wenn jemand wirklich das richtige Maß gefunden hat, kann er in einem glücklichen Zustand sein. Vielleicht ist es aber für das menschliche Leben in seiner Abwechslung manchmal notwendig, auch da und dort einmal aus dem absoluten Gleichgewicht herausgetragen zu werden, um es dann wieder entschlossener zu suchen. Denn wenn perfektes Maßhalten absolute »Fadesse« bedeutet, kann sie auch nicht gottwohlgefällig sein. Apathie ist nämlich in der christlichen Denkweise keine Tugend.

Wenn der heilige Benedikt seinen Mönchen ein Leben unter dem Gesichtspunkt des Maßhaltens in jedem Bereich des Lebens nahelegt, stellt sich mir die Frage, ob man diese Forderung auf jeden Christen übertragen kann?

Grundsätzlich verhält sich das benediktinische Kloster zur Welt wie der Suppenwürfel zur Suppe (© Pater Dominicus). Das heißt: Wir Mönche leben quasi das Konzentrat an moralischen Forderungen, die aber genauso für jeden anderen Christen gelten müssen. Daher hat sich die Benediktsregel auch als höchst brauchbarer Leitfaden für Manager erwiesen. Ich selbst durfte unter dem Titel »ora @ labora« schon oft vor verschiedensten Zuhörern, auch vor Managern, die Regel des heiligen Benedikt in deren Alltagsleben übersetzen.

Abt Gregor, agiert die katholische Kirche mit Maß und Ziel? Konkreter gefragt: Sind Sie eigentlich persönlich mit allem, was die katholische Kirche und der Papst sagen und tun, einverstanden?

Also, was der Papst sagt, finde ich im Prinzip großartig. Die Sozialenzyklika »Caritas in Veritate« (»Die Liebe in der Wahrheit«) ist da sehr wichtig. Ich gehe der Kirche mit einem berechtigten Grundvertrauen entgegen. Das schließt nicht aus, dass es innerhalb der Kirche Menschen gibt, die auch Falsches tun. Ich habe aber immer wieder die Erfahrung gemacht, dass man sich am Besten beim Papst rückversichert.

Wenn der Papst allgemein über die Kirche, die Welt, den Glauben und die Gnade spricht, sind das großartige Gedanken. Doch es gibt auch Menschen in der Kirche, die falsch handeln. Das sind Phänomene, die man aber nicht der Kirche anlasten kann, sondern den einzelnen Menschen, die Sünder sind. Keine Institution, keine Religion auf der Welt ist so realistisch in der Erkenntnis, dass ihre Mitglieder Sünder sind, wie die katholische Kirche.

Doch zurück zu Ihrer Frage: Ich bin römisch-katholischer Christ, ich vertraue auf das Amt des Nachfolgers Petri und ich bin bisher nie enttäuscht worden.

Was tun Sie, wenn Sie einem Menschen innerhalb der katholischen Kirche begegnen, der maßlos handelt?

Die Sündhaftigkeit der Menschen innerhalb und außerhalb der Kirche ist ein Faktum. Sie ist Teil der Grundsatzfragen des Glaubens. Das Sakrament der Beichte ist ein großes Geschenk, weil man dadurch die Versöhnung mit Gott an einem Tisch ermöglicht und den Menschen unbelastet einen Neubeginn schenkt. Wir Menschen sind nicht fehlerlos und auch nicht sündenfrei. Nebenbei gesagt, halte ich Menschen, die in die Kirche gehen, noch immer für moralisch verantwortlicher als jene, die nicht in die Kirche gehen. Da sind Menschen, die sich einmal in der Woche Zeit nehmen, um mit Gott, dem Ursprung ihres Seins, Kontakt aufzunehmen.

Ist die Verbindung zwischen Kirche, Kult und Kultur eine maßvolle Verbindung?

Das Austrocknen des Kultes führt offensichtlich zu einer Verdünnung der Kultur. Ebenso erscheint es mir in der Architektur, wo der Mensch immer mehr zum Objekt des Industriedesigns wird. Das ist eine höchst bedauerliche Entwicklung.

Ich sehe in manchen Objekten der modernen Architektur, und zwar in der Gestaltung einer trostlosen gläsernen Kälte, dass sich die Architekten persönliche Momente aus Glas, Stahl, Eisen, Beton schaffen. Derartige von angeblich kreativen Menschen geschaffene Dinge sind nicht mehr Biotope für den Menschen.

Da wollen sich unsere Architekten Denkmäler setzen.

Ja, genau. Jedes Mal, wenn ich über die Südosttangente fahre, denke ich an die armen Menschen, die in diesem von den Medien so hoch gelobten Gebäude von Architekt Günther Domenig, dem T-Center, arbeiten müssen. Einer meiner Mitbrüder sagte uns, dass einige Menschen, die im T-Center arbeiten, selbstmordgefährdet seien. Weil das Gebäude krumm gebaut wurde, blicken diese armen T-Mobile-Mitarbeiter von ihrem Schreibtisch aus in den Abgrund. Das Gebäude erscheint als das Monument einer kalten, unmenschlichen Industriegesellschaft.

Die moderne Architektur fühlt sich berufen, Biotope herzustellen, die unbewohnbar sind. Das ist ein Vorzeichen einer aussterbenden Kultur. Wir haben im religiösen Bereich die Verantwortung vor Gott und somit ein anderes Gefühl für das, was die Menschen menschlich macht. Beginnend bei Ehe und Familie, über Kunst und Kultur, die ein zutiefst menschliches Leben schaffen. Wenn man diese Dimensionen verliert, kommt es zur Selbstverwirklichung irgendwelcher morbiden Ideen. Ich persönlich hatte vor ein paar Jahren die große Freude, eine Kirche in Heiligenkreuz und jetzt auch einen Pfarrhof in Trumau bauen zu dürfen. Unser Baumeister hat Holz, Ziegel und Naturstein verwendet. Das Resultat ist gemütlich und lässt sich sehen.

Dabei ist die Freiheit der Kunst ein gesetzlich verankertes Grundrecht eines jeden Künstlers.

Es ist ein guter, richtiger und zu verteidigender Wert, der Kunst ihren Freiraum zu geben. Aber nicht alles, was unter dem Titel »Freiheit für die Kunst« entsteht, ist okay, nur weil es unangreifbar ist. Es gibt andere Werte in der Gesellschaft, die mit diesem in Konkurrenz stehen. Nur weil die Kunst ihre Freiheit beansprucht, darf sie nicht gotteslästerlich, personenschädigend, menschenverachtend sein. Die Freiheit der Kunst muss sich in Harmonie mit anderen schützenswerten Werten begeben. Sie ist nicht absolut!

Seit ich denken kann, liebe ich Kunst und bin ein Kunstfan. Ich bin oft im Theater oder Konzert, wie ich Ihnen schon sagte. Ich bin immer gerne ins Kino gegangen und ich besuche gerne Ausstellungen. Dennoch bin ich der Meinung, dass sich oft Aggressionen entwickeln, wenn die Bindung zwischen Kunst und Kultur vollkommen gelöst wird. Und dann wird es problematisch.

Aggression ist doch auch eine Form der Provokation.

Provokation ist das gezielte Hervorrufen einer Reaktion bei anderen Menschen und kann durch eine aggressive Grundhaltung des Provokateurs entstehen.

Künstler wollen auf sich aufmerksam machen, sonst würde ja niemand ihre Kunst kaufen. Dann wäre Kunst auch alltäglich. Darum machen Künstler die verrücktesten Dinge.

Ich kenne Kunst unterschiedlicher Art, die trotzdem ihre Kundschaft findet. Das Problem liegt da, wo der Staat denkt, in falsch verstandener politischer Korrektheit alles, was es an

Kunst gibt, mit Steuergeldern fördern zu müssen. Da geht es um eine Verkehrung der Werte. Freiheit der Kunst bedeutet nicht, dass alles erlaubt ist. Dafür ist der Begriff »Freiheit der Kunst« viel zu wertvoll.

Man findet in Kirchen viele bedeutende Kunstwerke. Die katholische Kirche war offensichtlich der Kunst immer schon sehr verbunden.

Und zwar deshalb, weil einerseits Kult und Kultur in einer ursächlichen Verbindung zueinander stehen. Andererseits, weil die Anbetung Gottes, das religiöse Grundmotiv, wohl auch der eigentliche Nährboden für künstlerische Tätigkeiten ist.

Wir haben über die Glasbauten der Moderne gesprochen.
Was halten Sie von modernen Kirchen?

Ich finde, dass dem berühmten französischen Architekten Le Corbusier in Ronchamp mit »Notre Dame du Haut« eine ganz großartige Kirche gelungen ist: ein mystischer Bau mit innerer Schönheit, die wirklich zum Gebet hinführt. Übrigens sehe ich ein ähnliches Motiv beim Wallfahrtsdom von Neviges, der sich nicht weit von unserem Tochterkloster in Nordrhein-Westfalen befindet. Er wurde vom deutschen Architekten Dominikus Böhm entworfen. Bei der Kirche in Wien-Mauer, die Fritz Wotruba gebaut hat, ist etwas gelungen, was ausnahmsweise kein Zweckbau ist. Ob es eine christliche Kirche ist, ist eine andere Frage. Sie ist es inzwischen aber geworden: durch den Altar und die Messfeiern, die darin stattfinden. Im Prinzip ist dieser sehr eindrucksvolle Bau ein religiöses Kunstwerk, eine begehbare Plastik. Eine große Plastik, die dort am Georgenberg eindrucksvoll, ästhetisch und monumental steht und die zum Nachdenken anregt.

Abt Gregor, kommen wir von der Kultur nun zu einem neuen Thema: Ist die Schöpfungsverantwortung in gewisser Hinsicht maßvoll? Ist die katholische Kirche »grün«?

Die katholische Kirche nennt das Thema Umweltschutz »Schöpfungsverantwortung«. Wir sind verantwortlich für diese Schöpfung, die uns Gott anvertraut hat, und daher ist die Kirche in diesem Punkt intensiv »grün«, ohne sich deswegen politisch mit einer Partei ins Bett zu legen. Unsere Grundeinstellung lautet, dass Gott uns diese Welt anvertraut und geschenkt hat und dass hier Nachhaltigkeit, die Schonung der Ressourcen, der Generationenvertrag für die Zukunft unbedingt einzuhalten sind, um der Schöpfung Gottes ihr Weiterleben für die nächsten Generationen und darüber hinaus zu ermöglichen.

Interessant erscheint mir, dass die Kirche sich auch in schriftlicher Form mit dem Thema auseinandergesetzt hat.

Ja. Es gibt zwar erst wenige theologische Abhandlungen dazu, aber in den wichtigen Dokumenten zur katholischen Soziallehre, etwa im »Sozialwort des ökumenischen Rates der Kirchen in Österreich«, findet man die Frage der sozialen Probleme der Umwelt und der Ökologie im Kapitel »Lebensräume: Wandel und Gestaltung«. Das Dokument fällt in die Tradition der katholischen Soziallehre. Ein großer Vertreter dieser Schöpfungsverantwortung ist der ökumenische Patriarch Bartholomäus I. von Konstantinopel. Er hat angeregt, dass wir alljährlich einen Schöpfungstag begehen sollten.

Warum liest man darüber so wenig in den Medien?

Das ist eine Frage, die Sie lieber Ihren Kolleginnen und Kollegen von den Medien stellen sollten. Das »Sozialwort des ökumenischen Rates der Kirchen« ist aus einem ganz besonderen Grund sensationell: Es ist zum einen in Österreich entstanden und ist deshalb ein solch erstaunlicher Erfolg, weil sich erstmalig Protestanten, Orthodoxe, Altorientalen und die katholische Kirche zügig auf ein gemeinsames Dokument geeinigt haben. An diesem Papier haben tatsächlich vierzehn verschiedene Glaubensgemeinschaften mitgewirkt. Und daher wäre es so ungemein wichtig, dass wir Katholiken auch auf anderen Schauplätzen mehr Erfolge erleben.

Wird es weitere Diskussionsgrundlagen dieser Art innerhalb der verschiedenen Glaubensgemeinschaften geben?

Meine Vision war immer, diese ökumenische Schraube um eine Drehung weiterzudrehen. Wir sollten versuchen, auf europäischer und später sogar auf Weltebene die Ökumene der christlichen Kirchen in diesem Thema – Soziales und Ökologisches – auf eine gemeinsame Position zu bringen. Ich glaube, das wäre möglich. Denn was in Österreich möglich ist, müsste auch europaweit und dann auch weltweit möglich sein. Nur so wird diese Gemeinschaft sichtbar: Man kann der Welt zeigen, dass die Christen insgesamt imstande sind, der Gesellschaft und der Politik in den Fragen des Sozialen und der Ökologie gemeinsam ihre Stellungnahme als Christen zu zeigen. Und wenn ich jetzt die Schraube noch um zwei Drehungen weiterdrehen dürfte, würde ich wenig Probleme mit dem Islam, dem Hinduismus, dem Buddhismus und dem Konfuzianismus in Japan sehen, ebensolche erfolgreichen Gespräche zustandezubringen, um beim Thema Schöpfungsverantwortung mit diesen Religionen Gemeinsamkeiten zu finden. Denn warum, frage ich Sie, sollte man es nicht einmal wagen, andere Religionen einzuladen, einen Weg in Gemeinschaftlichkeit mitzugehen?

Abt Gregor, Sie haben sich für ein Leben mit asketischen Idealen und spirituellen Ritualen entschieden und nicht für die Weltkirche. War das eine Entscheidung sozusagen mit Maß und Ziel?

Ich bin ganz bewusst nicht Weltpriester geworden, sondern habe den Weg ins klösterliche Leben gesucht. Meine Schwäche und meine Oberflächlichkeit, die ein Beweggrund für meinen »Berufswechsel« waren, sind übrigens geblieben. Man kann nicht vor sich selbst davonlaufen. Trotzdem glaube ich, dass es für mich der richtige Weg war und dass ich um ein paar Schritte weitergekommen bin. Denn man ist als Mönch in einem benediktinischen Kloster den zentralen Fragen, den eigentlichen Prinzipien des Lebens, des Glaubens, der Gemeinschaft näher, als es der Manager mit geschäftlichen E-Mails oder Kundenbriefen ist.

Provokant gefragt: Geht ein Mensch ins Kloster, um nicht arbeiten zu müssen?

Denken Sie an »Ora et labora«, die Benediktsregel. Man geht sehr wohl ins Kloster, um dort zu arbeiten. Ein Mönch, der nicht arbeitet, gehört eigentlich nicht in ein benediktinisches Kloster. Ich arbeite heute, glaube ich, mehr als damals bei der Firma Schenker. Aber ich bin gleichzeitig an eine Lebensform gebunden, eine Balance zwischen Gebet und Arbeit, wo dem Gebet der Vorrang gegeben wird. Das ist ein wichtiger Aspekt unserer Zeit: Dinge wie die Arbeit, also das Gestalterische in der Wirtschaft, der Politik und der Kultur, aus der Tiefe meditativ zu erfassen, durchzudenken und durchzubeten.

Heute arbeiten Sie sieben Tage in der Woche, im Vergleich zu Ihrer früheren Tätigkeit als Geschäftsführer, wo Sie nur fünf Tage gearbeitet haben. Ist das nicht anstrengend? Sagt man sich da nicht: Jetzt brauche ich mal einen Urlaub. Ich stelle mir vor, das können Sie ja nicht ohne weiteres machen …

Sie werden es nicht glauben, aber sowohl mein Vorgänger als Abt in Heiligenkreuz als auch ich selbst sind ein paar Monate nach dem Beginn unserer Amtszeit gesundheitlich in eine Krise geschlittert. Und zwar, weil wir mit unserer Tätigkeit überfordert waren.

Ich habe mich ins Spital der Barmherzigen Brüder in Wien zurückgezogen. Dort habe ich mich von einem guten Freund, der Internist ist, medizinisch, aber auch psychologisch betreuen lassen. Ich muss sagen, er hat mich sogar fast seelsorgerlich behandelt: Ich musste ihm schildern, wie sich mein normales Arbeitsleben abspielt. Er hat mir dann geraten, einmal im Monat drei Tage mit zwei Übernachtungen – in Freiheit, wie er es nannte – außerhalb des Klosters einzuplanen und auch durchzuhalten. In diesen drei Tagen und zwei Nächten sollte ich mich unbedingt in Ruhe entspannen und erholen können. Er hat insistiert und mir gesagt, wenn ich seinem Rat nicht folgen könnte, würde ich mein Amt nicht lange durchhalten. Ich schaffe es heute, mit diesen kleinen Pausen zwischendurch gut zu arbeiten. Ich ziehe mich zurück und verbringe Tage der Ruhe. Die drei Tage genügen mir und ich regeneriere mich dabei auch immer wieder. Einmal im Jahr fahre ich auch in längere Ferien. Letztes Jahr habe ich sogar eine Kur gemacht. Das sind dann Momente, wo ich mich voll erholen kann. Wo ich mir sage: So, ich bin dann mal weg. Meine Mitbrüder kümmern sich in dieser Zeit um das Kloster und um die wichtigen Managementaufgaben – um einmal Ihre Formulierung zu übernehmen. Wenn mein Rat benötigt wird, bin ich selbstverständlich via Mobiltelefon auch im Urlaub erreichbar. Was nicht immer gut für meine Erholung ist, aber dennoch eine Erleichterung für die Mitbrüder darstellt.

Es ist schön, das von Ihnen zu hören. Neuerdings gehen die Manager ja ins Kloster, um sich zu entspannen und zu meditieren. Sie, als »Manager« des Klosters Heiligenkreuz, gehen auf Kur, um sich zu erholen.

Wie bereits im Kapitel »Hierarchie« angedeutet, fühle ich mich nicht als Manager des Klosters, sondern als Abt. Ich habe mich schon nicht als Manager gefühlt, als dieser Berufsstand zu den erfolgreichen »Hohepriestern des heiligen Geldes hochstilisiert wurde. Ich sehe mich auch jetzt nicht als Manager, wo ein Teil dieser Berufsklasse aus der Achterbahn geworfen wird, weil sie alle derart unsinnig gewirtschaftet haben und wir dadurch in eine Wirtschaftskrise geschlittert sind.

Mögen Sie etwa die Berufsbezeichnung Manager nicht?

Wenn sich der Abt als Manager sieht, was in meinen Augen ein bisserl nach Hektik und nach Improvisation klingt, dann verfehlt er seine Aufgabe. In der Benediktsregel sind die Aufgaben des Abtes beschrieben; wir haben darüber bereits im Kapitel »Hierarchie« gesprochen. Er ist zunächst der Vater. Das ist jener Begriff, der im aramäischen Urtext des »Vater unser« mit »Abinu Asher« übersetzt wird. Dann ist der Abt eines Klosters auch Lehrer für seine Mitbrüder. Er ist Erzieher der jungen und der alten Mönche. Er ist Hirte. Er ist aber auch ein Arzt, der heilen soll. Er ist Diener, Begleiter und Vorbild. Letzteres ist etwas schwieriger zu realisieren. Das Vorbild für die anderen Mönche abzugeben, ist sicherlich ein ganz wichtiger Punkt. Doch ob man es wirklich schafft, ist eine andere Sache. Ein Kloster wird jedenfalls mit Demut geführt. Nachsicht muss im Kloster natürlich auch geübt werden. Das hier kommt dem Manager vielleicht am Nächsten: der Verwalter. Auch der Vorsteher, der Präpositus. Manchmal kann der Abt auch Richter sein, oft ist er sogar Seelsorger. Und schließlich ist er Stellvertreter Christi in der Gemeinschaft.

Das sind sehr viele Berufe: dreizehn habe ich jetzt mitgezählt.

Ja, sehen Sie, und deswegen lehne ich den Titel Manager ab. Den brauche ich nicht auch noch zusätzlich. Aber in meiner Position geht es nicht darum, dreizehn Vollberufe zu haben. Es sind verschiedene Positionen, die ein Ganzes ergeben. Um es in der Sprache der Berufswelt außerhalb der Klostermauern zu sagen: Es geht darum, dass gute Unternehmensführer von mir lernen können, wie sie künftig in einer guten Beziehung zu ihren Mitarbeitern und Kunden stehen können.

Wie sieht denn der »Managementansatz« des Abtes aus?

Unser Unternehmen ist eine zweckgebundene ökonomische Institution. Wenn ich als guter Unternehmer Vorbild sein will, dann muss ich helfend und heilend tätig sein. Der Arbeitskatalog, den ich als Abt habe, um das Unternehmen Kloster zu führen, ist die Benediktsregel. Ich weiß daher, dass ich immer auf dieser Klaviatur spielen muss, um meine Managementanforderungen, wie Sie es nennen würden, zu erfüllen. Mit der

Benediktsregel wurde ein Wegweiser aufgestellt, der zeigt, in welche Richtung wir im Kloster Heiligenkreuz denken und handeln sollen, um den Anspruch, den der heilige Benedikt an den Abt, den Stellvertreter Christi in der Gemeinschaft stellt, zu erfüllen. Ich kann zumindest von mir behaupten: Ich bringe mich so ein, wie ich bin, und muss trotzdem versuchen zu wissen, was ich für die Gemeinschaft sein soll. Und in welche Richtung ich in meiner Führungstätigkeit gehen soll. In einem Unternehmen kann kein Manager vollberuflich Hirte und gleichzeitig Richter sein. Doch interessanterweise sind all diese Elemente im Amt des Abtes enthalten.

Ein Kloster ist vergleichbar mit einem hochspezialisierten Wirtschaftsbetrieb. Es besitzt oft Forst-, Landwirtschafts- und ein paar Gewerbebetriebe sowie Weinbau, ein paar Mietobjekte und ein paar Häuser. Diese müssen nach wirtschaftlichen Gesichtspunkten geführt und verwaltet werden, ebenso wie das Kloster selbst. Diese wirtschaftlichen Dinge haben einen dienenden Charakter. Im Zentrum der klösterlichen Leitung steht die Gemeinschaft von erwachsenen Männern, die den Weg der Christusnachfolge gehen wollen. Das ist keine Managementaufgabe, sondern fällt in den Bereich der menschlichen Zuwendung, des Sichtbarmachens der Gnade, des Wissens um die eigene Zerbrechlichkeit. Anders als in der freien Wirtschaft haben die Mönche eine Vielzahl von Aufgaben, wie Aus- und Weiterbildung, Seelsorge und wirtschaftliche Tätigkeiten. All das ist zusätzlich mit der Verpflichtung zum regelmäßigen Gebet verbunden. Ich kann Ihnen nur bestätigen, dass im Kloster jeder Mönch stark durch seine Arbeit belastet ist. Trotzdem müssen wir uns immer bemühen, im klösterlichen Leben eine gewisse Ruhe zu bewahren. Die fünfmalige Unterbrechung unseres Tagesablaufs durch das Gebet stellt in diesem Zusammenhang einen ganz zentralen Punkt dar.

Glauben Sie, dass eine Krise, egal ob Wirtschaftskrise oder persönliche Krise, eine religiöse Wende herbeiführen kann?

Eine Krise ist immer eine Durchgangssituation, also der Aufbruch zu etwas Neuem, zu etwas Besserem. Ich weiß, dass wir die aktuelle Wirtschaftskrise meistern und gestärkt daraus hervorgehen werden. Aber ich gebe zu bedenken: Ebenso, wie wir das Problem der Aidskrankheit in Afrika nicht nur durch Kondome lösen können, werden wir das Problem der Krise in der Wirtschaft nicht ausschließlich durch neue Schutzvorrichtungen untergeordneter Art lösen können. Was wir tun sollten, ist von innen heraus zu versuchen, das wirtschaftliche Geschehen nach moralisch-menschlichen Prinzipien wertbezogener, menschlicher, transparenter – vielleicht etwas kleiner und übersichtlicher – neu zu organisieren. Denn in der Megalomanie, dem Größenwahn, kann nicht die eigentliche Lösung des Problems liegen. Und auch nicht im Profit. Egal, ob wir uns in einer Krise befinden oder nicht: Wir sollten viel eher den Glauben, die Menschlichkeit, die Moral neu entdecken und fördern. Wir dürfen uns auf keinen Fall demotivieren oder in Hysterie versetzen lassen.

Es gibt immer wieder Menschen, die behaupten, in Krisensituationen käme es zu einem Wandel, alles würde danach besser werden, denn Krisen zögen vor allem eine Rückbesinnung auf moralische Werte nach sich. Natürlich freue ich mich, wenn Menschen sich besinnen, bescheiden werden und schließlich zum Glauben finden. Nur: Die Erfahrung zeigt leider, dass in Zeiten wirtschaftlicher Krise der Mensch leicht dem Irrationalismus irgendwelcher Wahnideen unterliegt. Die Weltwirtschaftskrise am Beginn der 1930er-Jahre hat in den Wahnsinn des Nationalsozialismus geführt. Es wäre daher gefährlich und blauäugig zu meinen, dass in derartigen

Zeiten die große Stunde der Kirche kommen würde. Ich kann nur zur Vorsicht mahnen.

Ist nicht die Überforderung jedes Einzelnen mit schuld an der Krise?

Ganz sicher, wegen der zu großen Hektik in den Betrieben, die durch den finanziellen Druck und den Profitzwang entsteht. Leider leben wir in einer Hektikgesellschaft. Die langfristigen Kapazitäten der Menschen, der Mitarbeiter, Manager und Unternehmer in Unternehmen, der Mütter und Väter sollten aber nicht in Hektik, sondern viel eher in neue Konzepte gegen die Hektik verlaufen. Zum Beispiel in »Entschleunigung«. Das ist ein Begriff, der von einem Klagenfurter Philosophen und Universitätsprofessor namens Peter Heintel erfunden wurde. Der Verein zur Verzögerung der Zeit, der 1990 von ihm gegründet wurde, hat sich zum Ziel gesetzt, für wichtige Entscheidungen genügend Zeit einzufordern, damit sich die destruktiven Nebenwirkungen von vorschnellen Entscheidungen in Grenzen halten oder verhindern lassen. Wir im Kloster denken zwar sowieso in Jahrhunderten, versuchen aber trotzdem diese neue Arbeitsweise der Entschleunigung in unserer Arbeit und in unseren Handlungen zu beherzigen.

Im Arbeitsleben besteht heute die Gefahr einer gewissen Hochstilisierung jedes Menschen zur absoluten Perfektion. Ich möchte damit nicht sagen, dass es nicht gut ist, wenn Menschen neue Qualitäten in Unternehmen einbringen. Doch zu viel Zwang ist kontraproduktiv, ja sogar einschränkend. Dieses dauernde Anklagen und Fehlersuchen in den Unternehmen wirkt sich in meinen Augen zerstörerisch auf die Arbeitsmoral aus. Und dann geht die Kreativität, die für das Unternehmen so wichtig ist, verloren.

Ich erinnere mich an ein Gespräch mit meiner Mannschaft bei »Missio Austria«. Ich hatte damals gesehen, dass es beim Großteil unserer Teambesprechungen immer darum ging, den anderen Fehlern nachzuweisen. Diejenigen, denen Fehler nachgewiesen wurden, knickten dann immer zusammen, waren traurig und vernichtet. Eines Tages habe ich meinen Mitarbeitern schließlich gesagt: »Ich glaube, wir sind auf dem falschen Dampfer. Ich verkünde hiermit öffentlich: Fehler dürfen gemacht werden. Ich setze voraus, dass Sie sich alle in Kenntnis Ihres Arbeitsgebietes darum bemühen, keine Fehler zu machen. Doch Fehler können überall passieren, und solange ich hier Nationaldirektor bin, dürfen Fehler auch gemacht werden. Wir werden künftig darüber sprechen, wie man sie korrigieren und vermeiden kann.« Das war für meine Mannschaft eine Offenbarung. Alle waren sehr erleichtert. Ich halte mich da an den heiligen Benedikt, der sagt: Es ist besser, mehr geliebt als gefürchtet zu werden.

Ständige Erniedrigungen sind ja leider der Alltag im Berufsleben. Was würden Sie den Führungskräften raten?

Ein Prinzip meiner Führung lautet: Bevor man einmal tadelt, muss man ungefähr zehn Mal gelobt haben. Man darf sogar loben, auch wenn kein eigentlicher Grund dazu vorhanden ist. Und tadeln darf man nur, wenn der Grund fünf Mal nachgewiesen ist.

Nichts ist schlimmer als ein unberechtigter Tadel. Und nichts ist wirkungsvoller als ein berechtigtes Lob. In den 1970er-Jahren, als ich nach meinem Studium in der Wirtschaft tätig war, standen in der betrieblichen Führung sowohl Themen wie Betriebsklima, Mitarbeiterförderung, Gespräch als auch Freisetzen von Kreativität viel stärker im Vordergrund als es heute der Fall ist. Tatsächlich werden heute nur mehr Produktivität, Leistungsteilung und Profit gesehen. Und das ist falsch, denn das geschieht unter dem Titel: »Der Kapitalismus hat gesiegt«. Man darf halt nicht nur eindimensional denken in Unternehmen. Denn überall gibt es begabte Menschen, die in ihrer Kreativität gefördert werden müssen, die man wachsen lassen muss und die sich einbringen sollen. Aus diesem gemeinsamen Tun kann dann langfristig gesehen ein wirtschaftlicher Erfolg erzielt werden.

Sie meinen also, die Fähigkeit jedes einzelnen Menschen, seine Tugendhaftigkeit und das Leben im richtigen Maß sind auch das Erfolgsgeheimnis?

Ja. Der Mensch kann nämlich sein eigenes Potenzial verbessern und dadurch sogar weltverbessernd agieren. Es geht ja nicht nur darum, mit Geld Werte zu schaffen, sondern die eigenen Begabungen im Dienste der Gemeinschaft – also der Gesellschaft, der Kirche, der Familie – einzusetzen. Die Erfahrung zeigt uns, dass es immer wieder ganz reiche Menschen gibt, die viel vermögen, und ganz reiche Menschen, die nichts vermögen, weil sie mit ihrem Geld nichts anderes anzufangen wissen, als es in die Bank zu tragen.

Das ist meine persönliche Ansicht als Abt und als ehemaliger Geschäftsführer. Die Einkommen der Manager und der Arbeiter klaffen derzeit viel zu weit auseinander. Vorstände verdienen heute 48 mal so viel wie Arbeiter. Im Jahr 2000 war es »nur« 25 Mal so viel. Das Problem könnte gerade in Zeiten der Krise, wo hohe Managergehälter und Erfolgsbeteiligungen ein vieldiskutiertes Thema sind, gelöst werden. Denn Vermögenskultur bedeutet, auch bei Gehältern und Erfolgsbeteiligungen eine bestimmte Form der Kultur einzuführen. Der Begriff Kultur stammt ja aus der Landwirtschaft, wo der Bauer beschneidet, düngt, ein bisserl jätet und Pflanzen wachsen lässt. Jedenfalls sollten die Politik und die Wirtschaft in der Frage der Gehälter durch den Gesetzgeber festhalten, dass es eine bestimmte Relation zwischen Mindestgehältern, Durchschnittsgehältern und Spitzengehältern geben muss. Denn es sollte zwischen den Gehaltssummen innerhalb einer Gehaltspyramide eine gewisse gesunde Relation bestehen. Für Thomas Druyen, Vorstand des Instituts für vergleichende Vermögenskultur an der »Sigmund Freud Privat Universität Wien«, sind jene Menschen vermögend, die neben dem persönlichen Reichtum auch ihre Fähigkeiten, ihren Willen, ihr Know-how sowie ihr Verantwortungsgefühl einsetzen, um die gesellschaftliche Entwicklung mitzugestalten.

Natürlich sollen die, die höhere Verantwortung tragen, mehr Leistung einbringen und damit auch mehr Risiko in Kauf nehmen, mehr verdienen. Und sie haben tüchtig zu sein. Wobei Tüchtigsein nicht unbedingt etwas damit zu tun hat, die Ellenbogen zu gebrauchen. Tüchtig kann auch ein Mensch sein, der sich auch ohne Ellenbogen um eine gute Betriebsführung bemüht. Das Maßhalten ist ein zentrales Thema gerade für den Wirtschaftsbereich.

Kapitel 10

Gerechtigkeit – iustitia

Abt Gregor, gibt es nur eine Gerechtigkeit oder mehrere?

Fangen wir einmal bei den Menschen an, wo es die absolute Gerechtigkeit letztlich nicht geben kann, weil sie zu ungleich sind. Trotzdem ist es gut, die Tugend der Gerechtigkeit auch schon im menschlichen und, wenn Sie so wollen, im staatlichen Bereich immer wieder zu suchen. Die meisten Gesetze streben dies ja an. Bei Johann Nepomuk Nestroy gibt es den Gedanken, dass man als junger Mensch mit dem Blick auf das Leben, das vor einem liegt, meint, Gerechtigkeit sei ja doch wohl das Mindeste, was einem die Welt zu bieten habe. Und als alter Mann stellt man fest, dass Gerechtigkeit ein hohes Gut ist, das nur ganz selten erreicht wird.

Schreiten wir aber fort zur höchsten Gerechtigkeit Gottes: Er wird jedem Menschen in seiner Individualität und seiner eigenen Persönlichkeit gerecht, gerade weil sie unterschiedlich sind. All diese göttliche Gerechtigkeit ist noch einmal umfangen von seiner väterlichen milden Barmherzigkeit. Die wird uns geschildert in der berühmten Lukas-Perikope vom barmherzigen Vater und den zwei verlorenen Söhnen. Wir erleben diese Barmherzigkeit im Sakrament der Versöhnung mit Gott in der heiligen Beichte.

Der Begriff Gerechtigkeit bezeichnet einen idealen Zustand des sozialen Miteinander. Wenn man sich die Nazi-Gräueltaten ansieht oder die Naturkatastrophen, den Terrorismus und die Kriege, muss man sich da nicht fragen, ob dieser Idealzustand des sozialen Miteinander eigentlich in der Realität erreichbar ist?

Man muss zwei Themen grundsätzlich trennen: Das eine sind Naturkatastrophen wie das Erdbeben von Lissabon, der Tsunami oder die Erdbeben von Haiti, Chile und China. Hier liegt kein moralisches Versagen vor, sondern unsere Welt, wie sie nun einmal ist, ist untrennbar mit solchen Ereignissen verbunden. Gott sie Dank ist unsere Erde so jung, dass sie sich noch bewegt und Leben beinhaltet, und doch schon alt genug, dass sie nicht mehr glühend heiß und daher leblos ist. Der andere Fall sind die menschlichen, moralischen Defizite, die zu Gräueltaten verschiedener politischer Regime, zu Kriegen und zu Terrorismus führen. Hier geht es darum, mit der Gerechtigkeit, die im Symbol durchaus auch mit dem wehrhaften, scharfen Schwert dargestellt wird, mit dem Recht, dem Jus, für Gerechtigkeit, also für Justitia zu sorgen. Dabei ist sicher wichtig, dass man nicht erst die Fakten wie Kriege oder Terrorismus bekämpft, sondern schon vorher versucht, Gerechtigkeit herzustellen, um die Auslöser für Terrorismus und Krieg zu beseitigen. Ob wir einen Idealzustand der Gerechtigkeit erreichen können, wage ich zu bezweifeln. Wir müssen immer wieder darum ringen und uns darum bemühen. Aber auch, wenn wir es nie erreichen, wissen wir doch, welchem Wegweiser wir zu folgen haben. Dass wir uns um Gerechtigkeit bemühen, muss miteinschließen, dass wir niemals verzweifeln dürfen, wenn sie immer wieder (noch) nicht erreichbar ist.

»Alles Leben ist Problemlösen«, sagt Karl Popper. Ist es gerecht, sein Leben lang immer nur von einem Problem zum nächsten wandern zu müssen?

Ich glaube, dass Karl Popper recht hat. Der griechische Weise Solon sagt, man solle »niemand glücklich nennen, der noch nicht gestorben ist«. Ja, das Leben ist ein ständiges Herumlaborieren an Problemen und ein ständiges Korrigieren von Fehlern. So ist es auch nicht einmal ungerecht, denn was das betrifft, geht es allen Menschen mehr oder weniger gleich. Vielleicht wären wir glücklicher, wenn wir das verinnerlichen und realistisch das Leben sehen, wie es ist. Viktor E. Frankl sagt, man solle den Tag beginnen mit dem Satz: »This is the first day of the rest of my life.«

Muss im Leben eigentlich immer alles gerecht ablaufen? Ist ein derartiger Idealzustand überhaupt erstrebenswert?

Ich war einmal sehr beeindruckt von dem Film »Das Wolfskind« von François Truffaut. Truffaut spielt darin selbst den Arzt, der das bei Wölfen aufgewachsene Menschenkind schrittweise in die menschliche Zivilisation hineinführt. Der erschütterndste Moment für mich war jener, als der Arzt sagt: »Bisher hat das Wolfskind alles gut gelernt. Und hat mich als gerecht erlebt. Jetzt muss ich ihm aber auch Ungerechtigkeit widerfahren lassen, damit es auch mit diesem Phänomen der menschlichen Realität umgehen kann.« Ich werde nie den Blick des Wolfskindes vergessen, als es von seinem geliebten Herrn ungerecht geschlagen wird! Bemühen wir uns also um Gerechtigkeit, aber erwarten wir nicht, dass sie uns immer geboten wird. Natürlich ist Gerechtigkeit höchst erstrebenswert.

Die katholische Kirche mischt sich wenig in die internationale Politik ein. Es heißt: »Du sollst nicht töten!«, dennoch haben wir heute mehr Terrorismus, mehr Kriege und mehr Gewalt als je zuvor.

Ich sehe das ganz anders. Erstens besteht die katholische Kirche nicht nur aus Papst und Bischöfen, sondern aus all ihren Mitgliedern, und diese Mitglieder betreiben in ihren Berufen täglich Politik und mischen sich in die Wirtschaft ein. Aber auch die Führung der katholischen Kirche mischt sich zu hundert Prozent in die internationale Politik ein. Die Päpste haben sogar mehrfach vor der UNO gesprochen. Die Kirche agiert doch auf allen Ebenen, unentwegt. Die Leute hören nur nicht hin, obwohl sie von manchen schon als zu politisch abgelehnt wird, weil sie der Meinung sind, es sei nicht Aufgabe der Priester und Bischöfe, Politik zu machen. Aber im Sinne ihrer moralischen Verantwortung für das Leben der Menschen wird die katholische Kirche das immer tun. Die katholische Kirche ist natürlich vom Charisma des Misserfolges gekennzeichnet. Denn kein Politiker, so fürchte ich, richtet sich danach, was der Papst sagt. Während des Ersten Weltkrieges hat Benedikt XV. den sofortigen und bedingungslosen Stillstand aller Kampfhandlungen eingefordert. Damals haben alle das als belanglos abgetan. Auch als Cardinalstaatssekretär Eugenio Pacelli (der spätere Papst Pius XII.) als Ghostwriter für Pius XI. im Jahr 1937 die Enzyklika »Mit brennender Sorge« gegen den Nationalsozialismus verfasste, hat kein Hahn danach gekräht.

Vielleicht ist es ja auch naiv zu glauben, es würde am nächsten Tag keinen Terrorismus mehr geben, wenn der Papst eine Rede hält. Diese Macht hat kein Mensch dieser Welt, der Papst leider auch nicht.

Nein, die hat er leider Gottes nicht. Und zwar deshalb, weil die Menschheit in Wahrheit viel zu wenig bereit ist, sein Wort und seinen Rat anzunehmen.

Um noch einmal zu den Werten zurückzukommen: Was wäre Ihr Vorschlag, um in die Politik wieder die richtigen Werte hineinzubringen? Die Politik gerechter zu machen?

Als Erstes gilt es festzulegen, welche Werte wir in die Politik einbringen wollen. Ich wiederhole mich: Glaube, Hoffnung und Liebe, Tapferkeit, Klugheit, Gerechtigkeit und Maß, und sodann die unzähligen Tugenden, von denen wir an anderer Stelle in diesem Buch sprechen: Transparenz, Nachhaltigkeit, Schöpfungsverantwortung, Vermögenskultur und so weiter. Auch die drei klassischen Prinzipien der katholischen Soziallehre eignen sich hervorragend, um als Werte, welche die Politik und die Wirtschaft positiver gestalten können, eingebracht zu werden: Personalprinzip, Solidarität und Subsidiarität. Und natürlich die Menschenrechte; nachzulesen in der UN-Menschenrechtscharta oder den europäischen Menschenrechtsdeklarationen.

Ich kann nur allen Politikern raten, umzudenken und sich gemeinsam etwas zu überlegen. Am besten wäre es, wenn sich die Spitzen aller Parteien zusammensetzten, und zwar völlig unbeobachtet von den Medien. Sie sollten diskutieren, was zu tun wäre, um eine sachgerechte, wertbezogene Politik zu führen. Das ist vermutlich mit den großen Parteien nicht ganz so einfach zu realisieren. Und unter den kleinen Parteien vermutlich noch schwieriger.

Abt Gregor, unser Thema ist die Gerechtigkeit. Eine Frage, die sich jetzt aufdrängt, lautet: Wird die Ungerechtigkeit auf unserer Welt irgendwann ein Ende haben?

Niemals! Als Christ kann ich Ihnen nur sagen, dass es kein Paradies auf Erden gibt. All jene, die versucht haben, das Paradies auf Erden mit aller Macht herbeizuführen, haben schon auf Erden die schlimmste Hölle errichtet. Wir leben nun einmal in dieser Welt als Menschen, die Gutes und Böses tun können. Das notwendige Abfallprodukt des Guten ist nun einmal das Böse. Wir müssen Realisten sein und das sehen, um damit für die Gerechtigkeit einzutreten und schon durch dieses Bemühen in bestehenden Ungerechtigkeiten dennoch gut zu handeln und motiviert zu bleiben. Die eigentliche und volle Gerechtigkeit wird uns einmal durch den Tod hindurch geschenkt werden, und Gott wird uns wie der barmherzige Vater den verlorenen Sohn und die verlorene Tochter an sich ziehen, umarmen, uns das Festkleid anziehen, den Ring an den Finger stecken und das Mastkalb schlachten.

Anhang

Ansprache von Papst Benedikt XVI. in der Abtei Heiligenkreuz am 9. September 2007

Hochwürdigster Herr Abt,
Verehrte Brüder im Bischofsamt,
Liebe Zisterziensermönche von Heiligenkreuz,
Liebe gottgeweihte Brüder und Schwestern,
Sehr geehrte Gäste und Freunde des Stiftes und der Hochschule,
Meine Damen und Herren!

Gerne bin ich auf meiner Pilgerfahrt zur Magna Mater Austriae auch in das Stift Heiligenkreuz gekommen, das nicht nur eine wichtige Station an der Via Sacra nach Mariazell ist, sondern das älteste durchgehend bestehende Zisterzienserkloster der Welt. Ich wollte an diesen geschichtsträchtigen Ort kommen, um auf die grundlegende Weisung des heiligen Benedikt aufmerksam zu machen, nach dessen Regel auch die Zisterzienser leben. Benedikt ordnet kurz und bündig an, »dass dem Gottesdienst nichts vorgezogen werden soll.«[2]

In einem Kloster benediktinischer Prägung hat daher das Gotteslob, das die Mönche als feierliches Chorgebet halten, immer den Vorrang. Gewiss – und Gott sie Dank! –, die Mönche sind nicht die einzigen, die beten; auch andere Menschen beten: Kinder, Jugendliche und alte Menschen, Männer und Frauen, Verheiratete und Alleinstehende – jeder Christ betet, oder er sollte es zumindest tun.

---

2 Regula Benedicti 43, 3.

Im Leben der Mönche hat freilich das Gebet eine besondere Stellung: Es ist die Mitte ihres Berufes. Sie sind von Beruf Betende. In der Väterzeit wurde das Mönchsleben als Leben nach der Weise der Engel bezeichnet. Und als das Wesentliche der Engel sah man es an, dass sie Anbetende sind. Ihr Leben ist Anbetung. So sollte es auch bei den Mönchen sein. Sie beten zuallererst nicht um dies oder jenes, sondern sie beten einfach deshalb, weil Gott es wert ist, angebetet zu werden. »Confitermini Domino, quoniam bunus! Danket dem Herrn, denn er ist gütig! Denn seine Huld währt ewig«, rufen viele Psalmen (z B. 106, 1). Ein solches zweckfreies Gebet, das reiner Gottesdienst sein will, wird daher mit Recht »Officium« genannt. Es ist der »Dienst«, der »heilige Dienst« der Mönche. Er gilt dem dreifaltigen Gott, der über alles würdig ist, »Herrlichkeit zu empfangen und Ehre und Macht« (Offb 4, 11), da er die Welt wunderbar erschaffen und noch wunderbarer erneuert hat.

Zugleich ist das Officium der Gottgeweihten auch ein heiliger Dienst an den Menschen und ein Zeugnis für sie. Jeder Mensch trägt im Innersten seines Herzens die Sehnsucht nach der letzten Erfüllung, nach dem höchsten Glück, also letztlich nach Gott, sei es bewusst oder unbewusst. Ein Kloster in dem sich die Gemeinschaft täglich mehrmals zum Gotteslob versammelt, bezeugt, dass diese urmenschliche Sehnsucht nicht ins Leere geht. Gott, der Schöpfer, hat uns Menschen nicht in eine beängstigende Finsternis gesetzt, wo wir verzweifelt den letzten Sinngrund suchen und ertasten müssten (vgl. Apg 17, 27); Gott hat uns nicht in einer sinnleeren Wüste des Nichts ausgesetzt, wo letztens nur der Tod auf uns wartet. Nein! Gott hat unsere Dunkelheit durch sein Licht hell gemacht, durch seinen Sohn Jesus Christus. In ihm ist Gott mit seiner ganzen »Fülle« in unsere Welt eingebrochen (Kol 1, 19), in ihm hat alle Wahrheit, nach der wir uns sehnen, ihren Ursprung und ihren Gipfelpunkt.[3]

Unser Licht, unsere Wahrheit, unser Ziel, unsere Erfüllung, unser Leben – all das ist nicht eine religiöse Lehre, sondern eine Person: Jesus Christus. Noch viel mehr als wir Menschen Gott je suchen und ersehnen können, sind wir schon zuvor von ihm gesucht und ersehnt, ja gefunden und erlöst! Der Blick der Menschen aller Zeiten und Völker, aller Philosophien, Religionen und Kulturen trifft zuletzt auf die weit geöffneten Augen des gekreuzigten und auferstandenen Sohnes Gottes; sein geöffnetes Herz ist die Fülle der Liebe. Die Augen Christi sind der Blick des liebenden Gottes. Das Kreuzbild über dem Altar, dessen romanisches Original sich im Dom von Sarzana befindet, zeigt, dass dieser Blick einem jeden Menschen gilt. Denn der Herr schaut jedem von uns ins Herz.

Kern des Mönchtums ist die Anbetung – das Sein nach der Weise der Engel. Weil aber die Mönche Menschen mit Fleisch und Blut auf dieser unserer Erde sind, hat der heilige Benedikt dem zentralen Imperativ des »Ora« doch einen zweiten hinzugefügt: das »Labora«. Zum Mönchsleben gehört in der Konzeption des heiligen Benedikt wie des heiligen Bernhard mit dem Gebet die Arbeit, die Gestaltung der Erde gemäß dem Willen des Schöpfers. So haben die Mönche in allen Jahrhunderten von ihrem Blick auf Gott her die Erde lebbar und schön gemacht. Bewahrung und Heilung der Schöpfung kam gerade aus ihrem Hinschauen auf Gott. Im Rhythmus von ora et labora legt die Gemeinschaft der Gottgeweihten Zeugnis ab für den Gott, der uns in Jesus Christus ansieht und von dem angeblickt Mensch und Welt recht werden.

Nicht nur die Mönche beten das Officium, sondern die Kirche hat für alle Ordensleute, aber auch für die Priester und

---

[3] Vgl. II. Vatikanisches Konzil, Gaudium et Spes Nr. 22

Diakone, aus der Mönchstradition das Breviergebet abgeleitet. Auch hier gilt, dass die Ordensfrauen und Ordensmänner, die Priester und Diakone – und natürlich auch die Bischöfe – im täglichen »offiziellen« Gebet mit Hymnen und Psalmen, mit Dank und Bitte zweckfrei hintreten vor Gott.

Liebe Mitbrüder im priesterlichen und diakonalen Dienst, liebe Brüder und Schwestern im gottgeweihten Stand! Ich weiß, dass es Disziplin braucht, ja mitunter Überwindung kostet, treu das Brevier zu beten; doch durch dieses Officium werden wir zugleich reich beschenkt: Wie oft fallen dabei wie von selbst Erschöpfung und Bedrückung von uns ab! Und wo Gott treu gelobt und angebetet wird, da bleibt sein Segen nicht aus. In Österreich sagt man mit Recht: »An Gottes Segen ist alles gelegen!«

Euer erster Dienst für diese Welt muss daher Euer Gebet und die Feier des Gottesdienstes sein. Die Gesinnung eines jeden Priesters, eines jeden gottgeweihten Menschen muss es sein, »dem Gottesdienst nichts vorzuziehen«. Die Schönheit einer solchen Gesinnung wird sich in der Schönheit der Liturgie ausdrücken, sodass dort, wo wir miteinander singen, Gott preisen, feiern und anbeten, ein Stück Himmel auf Erden anwesend wird. Es ist wirklich nicht vermessen, wenn man in einer auf Gott hin konzentrierten Liturgie, in den Riten und Gesängen, ein Abbild des Ewigen sieht. Wie sonst hätten unsere Vorfahren vor Hunderten von Jahren einen so erhabenen Kirchenraum schaffen können wie diesen?! Hier zieht schon die nüchterne Architektur all unsere Sinne hinauf zu dem, »was kein Auge gesehen und kein Ohr gehört hat, was keinem Menschen in den Sinn gekommen ist: das Große, das Gott denen bereitet hat, die ihn lieben« (1 Kor 2, 9). Bei allem Bemühen um die Liturgie muss der Blick auf Gott maßgebend sein. Wir stehen vor Gott – er spricht mit uns, wir mit ihm. Wo immer man bei liturgischen Besinnungen nur darüber nachdenkt, wie man Liturgie attraktiv, interessant, schön machen kann, ist Liturgie schon verfallen. Entweder ist sie opus Dei mit Gott als dem eigentlichen Subjekt oder sie ist nicht. Ich bitte an dieser Stelle: Gestaltet die heilige Liturgie aus dem Hinschauen auf Gott in der Gemeinschaft der Heiligen, der lebendigen Kirche aller Orte und Zeiten so, dass sie zu einem Ausdruck der Schönheit und Erhabenheit des menschenfreundlichen Gottes wird!

Die Seele des Gebetes ist schließlich der Heilige Geist. Immer, wenn wir beten, ist in Wirklichkeit er es, der »sich unserer Schwachheit annimmt, der für uns eintritt mit Seufzen, das wir nicht in Worte fassen können« (vg. Röm 8, 26). Im Vertrauen auf dieses Wort des Apostels Paulus versichere ich Euch, liebe Brüder und Schwestern, dass das Gebet in Euch jene Wirkung hervorbringen wird, die man früher ausgedrückt hat, indem man Priester und Gottgeweihte schlicht und einfach »Geistliche« genannt hat. Bischof Sailer von Regensburg hat einmal gesagt, die Priester müssten vor allem geistlich-Geistliche sein. Ich fände es schön, wenn der Ausdruck »Geistliche« wieder vermehrt in Gebrauch käme. Wichtig aber ist vor allem, dass sich jene Wirklichkeit an uns ereignet, die das Wort beschreibt: dass wir in der Nachfolge des Herrn durch die Kraft des Geistes zu »geistlichen« Menschen werden.

Österreich ist, wie man doppelsinnig sagt, wahrhaft »Klösterreich«. Eure uralten Stifte mit Ursprüngen und Traditionen, die über Jahrhunderte reichen, sind Orte der »Präferenz für Gott«. Liebe Mitbrüder, macht diesen Vorrang Gottes den Menschen deutlich sichtbar! Als geistliche Oase zeigt ein Kloster der heutigen Welt das Allerwichtigste, ja das letztlich allein Entscheidende: dass es einen letzten Grund gibt, um dessentwillen es sich zu leben lohnt: Gott und seine unergründliche Liebe.

Und Euch, liebe Gläubige, bitte ich: Nehmt Eure Stifte und Klöster als das wahr, was sie sind und immer sein wollen: nicht nur Kultur- und Traditionsträger oder gar bloße Wirtschaftsbetriebe. Struktur, Organisation und Ökonomie sind auch in der Kirche notwendig, aber sie sind nicht das Wesentliche. Ein Kloster ist vor allem eines: ein Ort der geistlichen Kraft. Wenn man zu einem Eurer Klöster hier in Österreich kommt, empfindet man dasselbe, wie wenn man nach einer schweißtreibenden Wanderung in den Alpen sich endlich an einem klaren Quellbach erfrischen kann … Nützt also diese Quellen der Nähe Gottes in Eurem Land, schätzt die Ordensgemeinschaften, Klöster und Stifte und nehmt den geistlichen Dienst in Anspruch, den die Gottgeweihten für Euch zu leisten bereit sind!

Mein Besuch gilt schließlich der nunmehr Päpstlichen Hochschule, die im 205. Jahr ihrer Gründung steht und der vom Herrn Abt in ihrem neuen Status der Name des derzeitigen Petrusnachfolgers beigefügt wurde. So wichtig die Integration der theologischen Disziplin in die »universitas« des Wissens durch die Katholisch-Theologischen Fakultäten an den staatlichen Universitäten ist, ist es doch ebenso wichtig, dass es so profilierte Studienorte wie den Euren gibt, wo eine vertiefte Verbindung von wissenschaftlicher Theologie und gelebter Spiritualität möglich ist. Gott ist ja nie bloß Objekt der Theologie, er ist immer zugleich ihr lebendiges Subjekt. Christliche Theologie ist auch nie eine bloß menschenförmige Rede über Gott, sondern sie ist immer zugleich der Logos und die Logik, in der Gott sich zeigt. Darum sind wissenschaftliche Intellektualität und gelebte Frömmigkeit zwei Elemente des Studiums, die in unaufgebbarer Komplementarität aufeinander angewiesen sind.

Der Ordensvater der Zisterzienser, der heilige Bernhard, hat zu seiner Zeit gegen die Loslösung einer objektivierenden

Rationalität vom Strom der kirchlichen Frömmigkeit gekämpft. Unsere Situation heute ist anders und doch sehr ähnlich. Bei dem Mühen um die Zuerkennung strenger Wissenschaftlichkeit im modernen Sinn kann der Theologie der Atem des Glaubens ausgehen. Aber so wie Liturgie, die den Blick auf Gott vergisst, als Liturgie am Ende ist, so hört auch eine Theologie, die nicht mehr im Raum des Glaubens atmet, auf, Theologie zu sein; eine Reihe mehr oder weniger zusammenhängender Disziplinen bliebe übrig. Wo aber eine »kniende Theologie« getrieben wird, wie sie Hans Urs von Balthasar gefordert hat,[4] da wird die Fruchtbarkeit für die Kirche in Österreich und darüber hinaus nicht fehlen.

Diese Fruchtbarkeit zeigt sich in der Förderung und Ausbildung von Menschen, die eine geistliche Berufung in sich tragen. Damit eine Berufung zum Priestertum oder zum Ordensstand heute das ganze Leben lang treu durchgehalten werden kann, bedarf es einer Ausbildung, die Glauben und Vernunft, Herz und Verstand, Leben und Denken integriert. Ein Leben in der Nachfolge Christi bedarf der Integration der gesamten Persönlichkeit. Wo die intellektuelle Dimension vernachlässigt wird, entsteht allzu leicht ein frömmlerisches Schwärmertum, das fast ausschließlich von Emotionen und Stimmungen lebt, die nicht das ganze Leben durchgetragen werden können. Und wo die spirituelle Dimension vernachlässigt wird, entsteht ein dünner Rationalismus, der aus seiner Kühle und Distanziertheit nie zu einer begeisterten Hingabe an Gott durchbrechen kann. Man kann ein Leben in der Nachfolge Christi nicht auf solche Einseitigkeiten gründen; man würde mit diesen Halbheiten selbst unglücklich werden und wohl folglich auch geistlich unfruchtbar bleiben.

---

[4] Vgl. Hans Urs von Balthasar, Theologie und Heiligkeit, Aufsatz von 1948 in: Verbum Caro. Schriften zur Theologie I, Einsiedeln 1960, 195–224.

Jede Berufung zum Ordensstand und zum Priestertum ist ein so wertvoller Schatz, dass die Verantwortlichen alles tun müssen, um die adäquaten Wege der Ausbildung zu finden, so dass zugleich fides et ratio – Glaube und Vernunft, Herz und Hirn gefördert werden.

Der heilige Leopold von Österreich hat – wir hörten es eben – 1133 auf Anraten seines Sohnes, des seligen Bischofs Otto von Freising, der mein Vorgänger auf dem Bischofssitz von Freising war, Euer Kloster gestiftet (in Freising feiert man heute das Fest des seligen Otto) und er (Leopold) hat dem Kloster seinen Namen gegeben: »Unsere Liebe Frau zum Heiligen Kreuz«. Dieses Kloster ist nicht nur traditionell der Gottesmutter geweiht – wie alle Zisterzienserklöster –, sondern bei Euch glüht das marianische Feuer eines heiligen Bernhard von Clairvaux. Bernhard, der mit 30 Gefährten ins Kloster eingetreten war, ist eine Art Patron der geistlichen Berufe. Vielleicht wirkte er deshalb so mitreißend und mutgebend auf viele berufene junge Männer und Frauen seiner Zeit, weil er so marianisch war. Wo Maria ist, da ist das Urbild der Ganzhingabe und der Christusnachfolge. Wo Maria ist, da ist das pfingstliche Wehen des Heiligen Geistes, da ist Aufbruch und authentische Erneuerung.

Von diesem marianischen Ort an der Via Sacra aus wünsche ich allen geistlichen Orten in Österreich Fruchtbarkeit und Strahlkraft. Hier möchte ich, wie schon in Mariazell, vor meinem Abschied nochmals die Gottesmutter um ihre Fürsprache für ganz Österreich bitten. Mit den Worten des heiligen Bernhard lade ich einen jeden ein, vor Maria so vertrauensvoll »Kind« zu werden, wie Gottes Sohn selbst es getan hat. Der heilige Bernhard sagt, und wir sagen es mit ihm: »Mitten in Gefahren, Nöten und Unsicherheiten denke an Maria, rufe Maria an. Ihr Name weiche nicht aus deinem Mund, weiche nicht aus deinem Herzen … Folge ihr, dann wirst du dich nicht verirren, rufe sie an, dann kannst du nicht verzweifeln, denk an sie, dann irrst du nicht. Hält sie dich fest, kannst du nicht fallen; schützt sie dich, dann fürchte nichts; führt sie dich, wirst du nicht müde; ist sie dir gnädig, dann kommst du sicher ans Ziel.«[5]

Aus: www.stift-heiligenkreuz.org/PAPSTBESUCH-2007

---

[5] Bernhard von Clairvaux, In laudibus Virginis Matris, Homilia 2, 12

Bibliographie

Quellen

Die Bibel (Einheitsübersetzung)

Die Benediktus Regel (lateinisch/deutsch), P. Basilius Steidle OSB (Hg.), Beuron 1975

Die Benediktus-Regel (lateinisch/deutsch), im Auftrag der Salzburger Äbtekonferenz (Hg.), Beuron 1992

Gregor der Große, Der heilige Benedikt. Buch II der Dialoge (lateinisch/deutsch), Erzabtei St. Ottilien 1995

Clairvaux, Bernhard von, Sämtliche Werke I, Innsbruck 1990

Zweites Vatikanisches Konzil, Dekret »Perfectae Caritatis – Über die zeitgemäße Erneuerung des Ordenslebens«, 28. Oktober 1965

Zweites Vatikanisches Konzil, Dokument »Nostra Aetate – Über das Verhältnis der Kirche zu den nichtchristlichen Religionen«, 28. Oktober 1965

Zweites Vatikanisches Konzil, Dokument »Dignitatis Humanae – Über die Religionsfreiheit, das Recht der Person und der Gemeinschaft auf gesellschaftliche und bürgerliche Freiheit in religiösen Belangen«, 7. Dezember 1965

Zweites Vatikanisches Konzil, Pastorale Konstitution »Gaudium et Spes – Über die Kirche in der Welt von heute«, 7. Dezember 1965

Papst Pius XI., Enzyklika »Mit brennender Sorge« (Über die Lage der katholischen Kirche im Deutschen Reich), 14. März 1937

Papst Johannes XXIII., Enzyklika »Mater et Magistra« (Mutter und Lehrmeisterin), 15. Mai 1961

Papst Johannes XXIII., Enzyklika »Pacem in Terris« (Über den Frieden auf Erden), 11. April 1963

Papst Paul VI., Enzyklika »Populorum Progressio« (Die Entwicklung der Völker), 26. März 1967

Papst Paul VI., Enzyklika »Humanae Vitae« (Über die rechte Ordnung der Weitergabe des menschlichen Lebens), 25. Juli 1968

Papst Johannes Paul II., Enzyklika »Redemptor Hominis« (Erlöser des Menschen), 4. März 1979

Papst Johannes Paul II., Enzyklika »Laborem Exercens« (Über die menschliche Arbeit), 14. September 1981

Papst Johannes Paul II., Enzyklika »Centesimus Annus« (Das hundertste Jahr), 1. Mai 1991

Papst Benedikt XVI., Enzyklika »Deus caritas est« (Gott ist die Liebe), 25. Januar 2006

Papst Benedikt XVI., Enzyklika »Caritas in veritate« (Die Liebe in der Wahrheit), 29. Juni 2009

Der Katechismus der Katholischen Kirche, 1993 vom Hl. Stuhl herausgegebener offizieller Katechismus, Art. 1806 (»Klugheit«), Art. 1808 (»Tapferkeit«)

Instruktion der Kongregation für die Glaubenslehre »Libertatis nuntius« über einige Aspekte der »Theologie der Befreiung«, 6. August 1984, Verlautbarungen des Apostolischen Stuhls (hg. vom Sekretariat der Deutschen Bischofskonferenz), Nr. 57

Notifikation der Kongregation für die Glaubenslehre zu dem Buch »Kirche: Charisma und Macht. Versuch einer militanten Ekklesiologie«, 11. März 1985, Verlautbarungen des Apostolischen Stuhls (hg. vom Sekretariat der Deutschen Bischofskonferenz), Nr. 67

Instruktion der Kongregation für die Glaubenslehre über die christliche Freiheit und die Befreiung, 22. März 1986, Verlautbarungen des Apostolischen Stuhls (hg. vom Sekretariat der Deutschen Bischofskonferenz), Nr. 70

Literatur

Balthasar, Hans Urs von, Was dürfen wir hoffen?, Einsiedeln 1989

Berger, Klaus, Zölibat. Eine theologische Begründung, Leipzig 2009

Brecht, Bertolt, Die Dreigroschenoper, Frankfurt 1968

Camus, Albert; von Wroblewsky, Vincent (Übersetzer), Der Mythos des Sisyphos, Hamburg 2000

Claudel, Paul, Der seidene Schuh oder Das Schlimmste trifft nicht immer zu, Salzburg 1986

Freud, Sigmund, Studienausgabe in 10 Bänden, Frankfurt am Main 1982

Frossard, André, Gott existiert. Ich bin ihm begegnet, Saarbrücken 2002

Heintel, Peter, Innehalten – Gegen die Beschleunigung – für eine andere Zeitkultur, Freiburg 1999

Herrigel, Eugen, Zen in der Kunst des Bogenschießens, München 2003

Hesemann, Michael, Der Papst, der Hitler trotzte. Die Wahrheit über Pius XII., Augsburg 2008

Höffner, Joseph, Soziallehre der Kirche oder Theologie der Befreiung?, Sekretariat der Deutschen Bischofskonferenz (Hg.), Fulda 1984

Hume, Basil Kardinal, Gott suchen, Freiburg im Breisgau 1979

Hume, Cardinal Basil OSB, Archibishop of Westminster, Searching for God, London 1977

Huntington, Samuel, The Clash of Civilizations, New York 2002
Huntington, Samuel, Kampf der Kulturen. Die Neugestaltung der Weltpolitik im 21. Jahrhundert, München 2002
Kant, Immanuel; Becker, Wolfgang (Hg.), Anthropologie in pragmatischer Hinsicht, Nachwort von Hans Ebeling, Stuttgart 1983
König, Franz Kardinal, Woher komme ich? Wohin gehe ich? Anregungen für ein angstfreies Leben, Wien-Graz-Klagenfurt 2009
Labé, Louise, Die vierundzwanzig Sonette der Louise Labé, übertragen von Rainer Maria Rilke, Leipzig 1917
Lapide, Pinchas E., Rom und die Juden, deutsch von Jutta und Theodor Kunst, Freiburg 1967
Laun, Hellmut, So bin ich Gott begegnet, Eichstätt 2004
Lewis, Clive Staples, Gott auf der Anklagebank, Basel/Gießen 1981
Lütz, Manfred, Gott. Eine kleine Geschichte des Größten, München 2007
Marx, Karl; Engels, Friedrich, Das Kommunistische Manifest. Eine moderne Edition. Mit einer Einleitung von Eric Hobsbawm, Hamburg-Berlin 1999
Meuser, Bernhard, Chant – Leben für das Paradies. Die singenden Mönche von Stift Heiligenkreuz, München 2009
Moody, Raymond A., Leben nach dem Tod. Die Erforschung einer unerklärlichen Erfahrung, Hamburg 1985
Nenning, Günther, Mehr Opium, Herr! Rückwege zur Religion, Düsseldorf 1995
Nietzsche, Friedrich Wilhelm; Schlechta, Karl (Hg.), Werke in drei Bänden, Zarathustra II, Von den Priestern, Seite 351, Band II, München 1954
Popper, Sir Karl, Alles eben ist Problemlösen. Über Erkenntnis, Geschichte und Politik, München 1994

Rahner, Karl, Beten mit Karl Rahner. Von der Not und dem Segen des Gebetes. Gebete des Lebens, Freiburg 2004
Ratzinger, Joseph Cardinal, Zur Lage des Glaubens. Ein Gespräch mit Vittorio Messori, München-Zürich-Wien 2006
Ratzinger, Joseph/Benedikt XVI., Gottes Projekt. Nachdenken über Schöpfung und Kirche, Regensburg 2009
Sartre, Jean-Paul, Ist der Existentialismus ein Humanismus? Frankfurt 1989
Sartre, Jean-Paul, Das Sein und das Nichts, Hamburg 1993
Simson, Otto von, Die gotische Kathedrale. Beiträge zu ihrer Entstehung und Bedeutung, Darmstadt 1991
Speyer, Adrienne von, Nachlasswerk Band 1–12, Einsiedeln 1966–1975
Trojahn, Dominicus, Der Antichrist. Legende oder Wirklichkeit?, Augsburg 2010
Wallner, Karl, Wer glaubt, wird selig. Gedanken eines Mönchs über das Glück, sinnvoll zu leben, Bergisch Gladbach 2009
Wallner, Karl, Der Gesang der Mönche: die Wiederentdeckung des heilsamen gregorianischen Chorals aus Stift Heiligenkreuz, München 2009
Yamamoto, Tsunetomo, Hagakure. Der Weg des Samurai, hg. aus dem Englischen von Guido Keller, München 2003

Vorträge von Abt Gregor
Gedankensplitter, Fragmente und Zitate aus den Vorlesungen von SE Joseph Cardinal Ratzinger, Cardinalpräfekt der Glaubenskongregation vom 24.–27. September 1985 in St. Georgen am Längsee
Europäisches Forum Alpbach 1993, Ora et Labora – Ökonomie und klösterliche Geistlichkeit
Europäisches Forum Alpbach 1997, Inkulturation der Kirche durch Bildung

Europäisches Forum Alpbach 1998, Der Fremde und das Neue – schaffen oder vernichten sie Arbeitsplätze?

Musik

Die Zisterzienser Mönche vom Stift Heiligenkreuz: Chant – Music for Paradise (Special Deluxe Edition DVD), April 2009
Cistercian Monks of Stift Heiligenkreuz, Chant – Music for Paradise, Mai 2008
Cistercian Monks of Stift Heiligenkreuz, Chant – Music for Paradise (Weihnachtsedition), Oktober 2008
Cistercian Monks oft Stift Heiligenkreuz, Chant – Music for Paradise (Special Edition), Dezember 2008
Heiligenkreuzer Choral – Gesungenes Gebet, ORF NÖ, 2003
Charles, Ray, »Ray Charles sings«, including the song »Sinner's Prayer«, Grand Prix du Disque, Denmark 1958
Wonder, Stevie, »Innervisions«, including the song »Jesus Children of America«, 1973
Ellington, Duke, and his Orchestra, »The History of Jazz«, including the song »Rockin' in Rhythm«, 1957
Fendrich, Reinhard, »Zwischen eins und vier«, inklusive des Lieds »Es lebe der Sport«, 1982

Filme

Die Glenn-Miller-Story, Originaltitel »The Glenn Miller-Story«, 1954, Regie: Anthony Mann, Hauptdarsteller: James Stewart
Die Benny-Goodman-Story, Originaltitel »The Benny Goodman Story«, 1956, Regie und Drehbuch: Valentine Davies, Hauptdarsteller: Steve Allen
Das Leben der Anderen, 2006, Regie und Drehbuch: Florian Henckel von Donnersmarck, Hauptdarsteller: Ulrich Mühe, Sebastian Koch, Martina Gedeck, Ulrich Tukur

Dobermann (Kurzfilm) 1999, Regie und Drehbuch: Florian Henckel von Donnersmarck

Der Templer (Kurzfilm), 2002, Regie und Drehbuch: Florian Henckel von Donnersmarck und Sebastian Henckel von Donnersmarck, Hauptdarsteller: Walter Sittler, Erika Marozsán

America, America (britischer Titel: The Anatolian Smile), 1963, Regie Produktion und Drehbuch: Elia Kazan, Hauptdarsteller: Stathis Giallelis

2001 – Odyssee im Weltraum, Originaltitel: 2001 – A Space Odyssee, 1968, Regie: Stanley Kubrick, Hauptdarsteller: Keir Dullea, Gary Lockwood

Uhrwerk Orange, Originaltitel: A Clockwork Orange, 1971, Regie, Drehbuch und Produktion: Stanley Kubrick, Hauptdarsteller: Malcolm McDowell, Patrick Magee

Das süße Leben, Originaltitel: La dolce Vita, 1960, Regie und Drehbuch: Federico Fellini, Hauptdarsteller: Marcello Mastroianni, Anita Ekberg, Anouk Aimée

Wer erschoss Salvatore G.?, Originaltitel: Salvatore Giuliano, 1961, Regie: Francesco Rosi, Hauptdarsteller: Pietro Cammarata, Franck Wolff

Der Leopard, Originaltitel: Il gattopardo, 1963, Regie und Drehbuch: Luchino Visconti, Hauptdarsteller: Burt Lancaster, Claudia Cardinale, Alain Delon

Kongresse, Symposien

»Kirche und Wirtschaft in der Verantwortung für die Zukunft der Weltwirtschaft«, 21. bis 24. November 1985 in den Räumen der Päpstlichen Universität Urbaniana in der Vatikanstadt. Nachzulesen in: Lothar Roos (Hg.), Stimmen der Kirche zur Wirtschaft, Agostino Kardinal Casaroli, Joseph Kardinal Höffner, Joseph Kardinal Ratzinger, Papst Johannes Paul II., BKU (Bund Katholischer Unternehmer) in Zusammenarbeit mit ORDO SOCIALIS, Beiträge zur Gesellschaftspolitik, No. 26, Köln 1986

Kronawetter, Karl-Heinz, Langer, Michael (Hg.), Ratzinger Joseph (Autor), »Gottes Projekt: Nachdenken über Schöpfung und Kirche«, Regensburg 2009 (Dokumentationsband über die Vorträge von Papst Benedikt XVI., die er 1985 als Kurienkardinal im Rahmen der St. Georgener Gespräche in St. Georgen am Längsee gehalten hat)

»5 Jahre Sozialwort«, so lautete der eigentliche Titel des Schlusskapitels im »Sozialwort des Ökumenischen Rates der Kirche in Österreich«, das am 1. Adventssonntag 2003 in Wien mit einem Gottesdienst im Dom zu St. Stephan und einer Tagung in der Evangelischen Akademie der Öffentlichkeit vorgestellt wurde (vgl. Parole sociale des Eglises en Autriche, Evangile et Justice No 75, 2005)

Dank

Unser besonderer Dank gilt Frau Dr. Carmen Sippl vom Residenz Verlag und Frau Waltraud Meijer-Krones, die an der Entstehung dieses Buches maßgeblich mitgewirkt haben. Judith Grohmann dankt Herrn Univ.-Prof. DDr. Peter Hofrichter sowie ihrem langjährigen Mentor Peter-Michael Lingens für die zahlreichen Ideen und wertvollen Anregungen.

Namenregister